人可以被毁灭，但不能被打败

海明威传

Ernest Miller Hemingway

苍月◎著

畅销名人馆

时事出版社

图书在版编目(CIP)数据

人可以被毁灭,但不能被打败/ 苍月著—北京：
时事出版社,2015.1

ISBN 978-7-80232-772-6

Ⅰ.①人… Ⅱ.①苍… Ⅲ.①海明威,E.(1899~1961)-
生平事迹 Ⅳ.①K837.125.6

中国版本图书馆 CIP 数据核字(2014)第254027 号

出版发行：时事出版社
地　　址：北京市海淀区万寿寺甲 2 号
邮　　编：100081
发行热线：(010)88547590　88547591
读者服务部：(010)88547595
传　　真：(010)88547592
电子邮箱：shishichubanshe@sina.com
网　　址：www.shishishe.com
印　　刷：北京建泰印刷有限公司

开本：787×1092　1/16　印张：20　字数：243 千字
2015 年 1 月第 1 版　2015 年 1 月第 1 次印刷
定价：35.00 元

序言

人因梦想而伟大，如果你的心灵不只聆听轻柔细语，那么，圣地亚哥和他的狮子是否走入过你的内心世界？

“人不是因失败而生，你可以被摧毁，但是不能被打败。”这字字铿锵的宣言来自一位真正的硬汉。他有不屈的眼神和一杆猎枪，有浓密的胡子和温柔的情怀，他就是20世纪的文坛巨匠——海明威。

经历过两次世界大战的洗礼，谱写过九死一生的传奇，走上过诺贝尔奖的神坛，他比寻常英雄更多了几分史诗性的光芒。

海明威出生在美国伊利诺伊州芝加哥郊外橡树园镇的一个医生家庭，他从小天赋过人，有着天不怕地不怕的性格，狂放不羁。在迷茫的青年时期，他做过实习记者，在两次世界大战的背景下，这位硬汉活跃在战争的最前线，他认为真正的男子应该拿起武器向敌人宣战。虽然战争给他带来了无法抚平的伤害，但他没有忘记自己手中仍有一杆“枪”，一生勤奋创作，他的作品得到越来越多的人的认可。

海明威晚年创作的一部中篇小说《老人与海》，最广为世人熟知，小说描写了古巴老渔夫圣地亚哥在海上连续 84 天没捕到鱼，终于独自钓上了一条大马林鱼，但鱼实在太大，把他的小船在海上拖了三天才筋疲力尽，鱼被他杀死后绑在小船的一边。在归程中一再遭到鲨鱼的袭击，最后回港时只剩鱼头、鱼尾和一条脊骨，老人也精疲力尽地一头栽倒在地上。那天下午，圣地亚哥在茅棚中睡着了，梦中他见到了狮子。圣地亚哥是海明威所崇尚的完美的人的象征：坚强、宽厚、仁慈、充满爱心，即使在人生的角斗场上失败了，面对不可逆转的命运，他仍然是精神上的强者，是真正的“硬汉子”。海明威独特的写作风格，塑造的硬汉形象对现代欧美文学产生了深远影响。

海明威内心汹涌，却懂得节制，将冰山隐于海面之下，只将山顶露出海面。暗处恢宏壮阔，明处云淡风轻。他藐视一切，对世界无所畏惧，直到当伤病阻断了他思维的自由，他像是丢失了世界的孩子。

1961 年 7 月 2 日，这个描写过形形色色死亡的人举起了自己心爱的猎枪，他曾用那杆枪在非洲打死过一头狮子，现在却对向了自己，手指轻轻一钩，他将自己从世界文坛上击落了。当时，舆论哗然，原来硬汉也可以被命运击溃。人们都把圣地亚哥当成了海明威，却读不懂他内心的汹涌。实际上，在海明威获诺贝尔文学奖之后，他已患有多种疾病，给他的身心造成了极大的痛苦，不能再创作出有影响的作品，这使他的精神长期处在抑郁之中，终日笼罩着消极悲观的情绪，终于以自杀的方式解脱了自己，这也是海明威对“硬汉精神”的一种追求吧。

目录

CONTENTS

第一章

每个人
都不是一座孤岛

成长是充满痛苦和艰熬的，
只有这样才能让自己练就一身“盔甲”，变得更加强大。
如同一只蝴蝶的幼虫，在坚硬的壳中一次次不断撞击，
虽然遍体鳞伤，却从不放弃。
在困难中磨练自己，最终破茧成蝶，
舒展翅膀，在空中尽情飞舞。
人生亦如此，只有历经磨练，才能展现出生命的光彩。

天不怕，地不怕

窗外的鸟儿唱着甜蜜的歌，

欢快地迎接一位小小的生客来到这个美丽的世界。

这是 19 世纪的最后一年，7 月的天气热得让人心烦。那一天，刚过上午 8 点，晴空万里，天空中没有一丝云彩，太阳已经把地面烤得滚烫滚烫；一阵南风刮来，地上卷起一股热浪，使人感到窒息。杂草抵不住太阳的暴晒，叶子都卷成细条。

芝加哥奥克派克北奥克大街 439 号，一户普通人家，在这一天迎来了一个新生命的诞生。婴儿出生时体重九磅半，身长二尺三。头发浓密乌黑，双眸深蓝色，引人注目的两个小酒窝嵌在脸颊两边。

窗外的天气还是一样的燥热，院子里的大黄狗吐着舌头，疲倦地趴在地上，都懒得享用碗里的美食。不远处的一棵杨树，枝繁叶茂，几只红色的知更鸟停在梢头欢快地歌唱，与热浪下的慵懒和疲乏显得极为不和谐。

婴儿落地后的哭声显得洪亮有力，给夏日的烦躁注入了一丝凉意和活力，窗外的知更鸟变得更加兴奋，扑打着五彩的翅膀，不停地在院子里盘旋鸣唱，像是在迎接这个小生命的降生。

婴儿的父亲名叫克拉伦斯·埃德蒙·海明威，不过人们习惯称他为埃德。他在芝加哥鲁斯医学院取得硕士学位后，当了一名医生，也被称为海明威医生。

埃德的父亲安森·海明威参加过南北战争，年老时虽两鬓灰白，不过看上去仍然雄壮有力。

28岁时埃德身高六尺，虎背熊腰，臂力惊人，鹰嘴式的鼻子，锐利深邃的黄褐色眼睛，加上满脸的络腮胡子使他显得更加成熟。他平时喜欢收集动物标本、铜币及邮票。除此之外，他尤其喜爱钓鱼和打猎。

埃德第一次见葛莱丝的时候就被她一头褐色长发和白皙的皮肤深深吸引，尤其她开口唱歌的时候，埃德更是心中荡起涟漪，显得无所适从。葛莱丝在小时候就长得楚楚动人，艺术天赋出众，后来由于种种原因不得不结束艺术生涯。1896年10月1日，葛莱丝与埃德结婚。婚后，他们同葛莱丝的父亲霍尔住在北奥克大街，也就是海明威出生的地方。

婴儿的名字叫欧内斯特·米勒尔·海明威，海明威的姓是从他母亲葛莱丝家族那儿来的，米勒尔是他大姨夫的姓，而欧内斯特则是他外公霍尔的姓。

海明威丰富的童年时光是从他出生后的第二年夏天开始的。那年，全家搬进了贝尔湖边新建的房子里，新家是用白松木建成的，翻新的油漆味混杂着淡淡的松木香，让人在屋内却有身处自然的想象。屋外好一片青山绿水，郁郁葱葱的山坡上长满了树木，一条小河蜿蜒其中，不时有鸭群在其中嬉戏。

夕阳西下，微风徐徐吹过，河面波光粼粼，一边有木屋、鸭群相伴，一边感受自然之乐，惬意的生活，美好的开始。

海明威人生中的第一个冬天过得平静无趣，那时在伊利诺斯，他手里的玩具仅仅是几个普通的小娃娃，母亲还兴致勃勃地把他打扮得和姐姐玛斯琳一样，穿着小碎花边的连衣裙，戴着镶花宽边的小帽。

比起伊利诺斯，这里简直是梦想的天堂，海明威生来就与自然有解不开的缘分，或许是遗传了他父亲的爱好，对动物、植物，自然界的一切都饶有兴趣。这年夏天，海明威与玛斯琳是在水里度过的，他们拿家里的盆当小船，在浅水滩漂流，又唱又跳，模仿大自然各种动物的叫声，炎热的贝尔湖畔少了一份宁静，却多了一些生气。

玩累了，两人躺在“小船”中，望着青山绿树，沐浴着河边小风，伴着知更鸟的歌声进入梦田。

童年时期的海明威表现出与其他孩子不一样的兴趣，在他第一个生日的时候，一本名叫《自然界的禽鸟》的图画集月刊令他非常入迷，他喜欢听人讲故事，尤其是和动物有关的故事，他最喜欢一个关于给他父亲拉大车的黑马的故事。

海明威喜欢给人和物取各种各样的名字。他先给自己取了个名字，叫“奈尼”，这是他许多绰号中的一个。他给外祖父取名“阿爸熊”，称祖母为“爱德莱德·阿妈熊”，把女佣叫作“莉莉熊”，把他那只双头玩具摇摆马唤作“普林斯和查理”。1 月份种牛痘的时候，他把皮肤上的斑点说成是“坏了的蓓蕾”。他给母亲取了个绰号叫“菲蒂”。

据母亲回忆，海明威两岁的时候，“长得胖乎乎的，看起来像个五岁的孩子。头发淡黄，前额剪成刘海式，发端卷曲，蓬蓬松松搭在头上，皮肤赤褐色，看起来十分健壮。栗色眼睛，眉毛浓黑，一张不大不小的口，脸颊两边各有个酒窝”。当他母亲叫他“荷兰玩具娃娃”时，他一边跺着脚，一边大声叫嚷，“我不是荷兰玩具娃娃，我是波尼比尔。砰！我要开枪打死菲蒂。”

那年，海明威随父亲到贝尔湖去钓鱼，度过他的第三个生日。

“他钓的鱼都是大鱼，”葛莱丝写道，“他掌握鱼吃饵的时机，自个儿把鱼拖上来……他是位自然科学家，对自然界的东西样样都喜欢，诸如，臭虫、石子、贝壳，各种飞鸟和动物，昆虫和花卉。”从那以后，海明威对自然的痴迷就跟着了魔一般。

父亲的影响深深地刻在他的灵魂中。他的第四个生日是在船上度过的，一整天都跟随父亲在外钓鱼。那天细雨蒙蒙，他却丝毫不觉扫兴，反而朦胧的雨给山间田野增色不少。看到怡人的自然风光和自由灵动的小动物，海明威就手舞足蹈地露出天真的笑容，可爱的脸蛋上最明显的，还是那一对甜甜小酒窝。

每年的夏天对海明威来说都那么的漫长，但时间总是让人不停地追赶。转眼五年过去了，其间发生了很多事情：这个大家庭又多了两个可爱的妹妹；海明威结识了他最好的玩伴——霍托海湾上蓬发蓝眼的小男孩，威斯雷·迪尔华兹；他还拥有了一台属于自己的显微镜。

而霍尔却死于肾病。最后的时光，虽然身体遭受了病痛的摧残，但当海明威给他讲述如何驯服烈马的时候，霍尔心里为有这勇敢的外孙感到欣慰，微笑恬静地走进天堂。老房子在霍尔死后被葛莱丝卖了，一家人在北肯尼沃思大街购置了新宅。

七岁那年，海明威在贝尔湖边的时光比以往要短得多，但这并不妨碍他浓烈的兴趣，依然是老样子，一进山林，不知疲倦；一见动物，就像走了魂一样。

两岁时，“当有人问他害怕什么的时候，”他母亲说，“他大声地回答，他什么也不怕。”他的愿望是大家要把他当作大人看待。他肩上扛着一支半新不旧的老式步枪，两眼望着前方，正步前进。他能背诵坦尼生《小分队向前冲》的诗句，并把自己比作士兵，把拾来的木片、木棍比作大口径短枪、长枪、来福枪、左轮手枪等。他所表现出来的勇敢和坚韧精神给他的双亲留下深刻的印象。

七年过去了，曾经那个童言无忌、勇敢无畏的小男孩如今还是那个样。

纯真无忧的童年

幸运的少年，

他的整个童年都像在远古时代一般的清新空气里度过。

没有川流不息的人群，没有冒着黑烟的工厂，少年在自然的原野上快乐地成长着。

1910 年的夏天，对于海明威来说是难忘的一天。这是他人生中第一次长途旅行，跟随母亲到南塔克特岛去，虽然见惯了山川河流，但大海仍带给他十分震撼的感觉。

这是海明威第一次见到大海，汹涌的波涛就像是热血在他体内翻滚，他每天都到海边游泳，享受着阳光的沐浴和海浪的搏击，海草抚摸着他的身体，小螃蟹偶尔的“一夹”也让他记忆深刻。他把游泳称为“在海草和子蟹之间穿梭”。

自从他们搬到了肯尼沃思的新家，生活不像以前那么平淡，葛莱丝终于有了自己的领地来弥补年轻时未实现的音乐梦。新家有个练习音乐的专用房间，约 35 平方米，还有一个小阳台，葛莱丝用了一些办法使室内的音响效果达到了十分完美的程度。当然，尤其令她得意的是屋角一架崭新的三角大钢琴，乌黑铿亮，闪闪发光。海明威医生闲暇时也经常光顾，吹吹短号，可总是跑调。

房子的另一半却“别有洞天”，那里有病人的候诊室和医生的办公室，严谨的科学气氛扑面而来。走进海明威医生的书房，最醒目的莫过于壁柜上的那副人体骨架，被称为“他最亲密的朋友”。南边的红木书架上排列着各种古典书籍作品，四周的窗台上是许多瓶瓶罐罐，里面是药水浸泡着的各种人体器官。

埃德与葛莱丝两人性格截然不同因此时常争吵，他们经常为家庭问题、经济问题以及养育孩子的问题发生争执。乔迁新居必然要装修房子，添置家具，这已经花去了葛莱丝一大笔财产。她觉得自己已经做出了很大的牺牲，对家务活毫无兴趣，加之其生性爱慕虚荣，梦想自己成为一名贵妇，因此雇用一位佣人迫在眉睫。

在当时来讲，夫妇俩每月的收入仅够维持家里的正常花销，所以，保姆常常一个月不到便不辞而别，海明威医生被迫只能亲自下厨做饭，料理家务。有一位病人后来回忆道，有一次去海明威医生那儿看肺炎，医生正给家里人打电话说，烤箱里的土司可以拿出来了。

在管教孩子方面，海明威医生比他的妻子要严格得多。作为一名医生，首先要有严谨的精神。他每天都很忙，常常累得直不起腰。此时，孩子如果再表现出懒散的状态，必定会招来他严酷的批评和责骂。此外，海明威医生还制定了多条家规，如每逢主日，禁止一切娱乐活动；每周必须去主日学校，等等。

葛莱丝对待孩子们则宽松许多。她从小就怀有艺术梦，她觉得人生在世，必须要懂得艺术。她希望孩子们每周能唱唱歌，摆弄会儿乐器，听一场交响乐，看一出戏剧……孩子需要充分的自由空间。

海明威小时候喜欢自己猎捕各种野味，如负鼠、雉、浣熊、鹌鹑、鹧鸪、野鸭、野鸽和各种鱼类，并且他还知道每种动物该怎样剥皮，放血、烹饪。

这与海明威医生的言传身教有很大的关系，他教给孩子最多的就是野外的生存技能及对大自然的窥探，尤其是对海明威，这个家中唯一的男孩。他教海明威如何砍伐树木并在空地搭建房屋，如何根据子弹的模型制造出新的子弹，如何在野外生火做饭，如何杀鸡宰鸭等，海明威长大后对父亲最深刻的回忆就是，父亲带着他在湖面钓鱼、在林间狩猎、在谷场收割，父亲永远都是一个辛勤劳动的背影。

当然，海明威医生对海明威最大的影响是教会了他作为一个男人应具备的坚强、挺拔、勇敢无畏的精神。1906 年至 1907 年，海明威从文法学校的第二级逐渐上升，1912 年至 1913 年通过了第八级。

每年冬天，他都等得很不耐烦，盼望着夏天快点到来，想念松软的树叶、清澈的湖水、鸣叫的知更鸟，夜里做梦都是贝尔湖上钓鱼的情景，以及被太阳晒得冒泡的小泥潭。一天，他从学校回家的路上，口里叼着几片叶子，吹着口哨，兴高采烈、又蹦又跳地走下一个山坡，不慎被树桩绊倒，树棍的尖端插进了他的喉壁。幸好他父亲在家，立即给他消毒止血，处理伤口，幼小的海明威没有掉过一滴眼泪。

1911 年复活节后，海明威写出了他第一篇短篇故事，作为他文法学校的作文作业。故事虽然提及他去年夏天去南塔克特岛的事情，但绝大部分情节来自于他的外叔祖父泰勒·汉科克，短文如下：

我的第一次海上航行

欧内斯特·海明威　1911 年 4 月

我出生在马萨诸塞州马萨葡萄园岛上的一所白色房子里。母亲去世的时候我才四岁，后来我的父亲——三桅帆船船长，带着我和小弟弟出海航行，绕过好望角，抵达澳大利亚。去的时候，天气很好，一路上风平浪静。我们常常看见海豚在我们船的周围嬉游，信天翁鼓着双翅飞越海面，一会儿又在双桅船上空盘旋，觅寻食物。

船上水手把饼干放在铁钩上，结果捕获了一只。但水手们十分迷信，认为信天翁是吉祥之鸟，捕捉它会犯罪孽，于是立即又放了它。

有一次，几个水手乘坐一只大木桶，木桶用绳索拴在船头的斜杠上。水手们手拿鱼叉捕捉海豚（他们称其为海猪）。不一会儿便捉住一只大海豚，把它拖上甲板，清除内脏，然后把海豚肉放在锅里煎。吃起来味道有点像猪肉，只是太油腻了一点。

我们很顺利地到达澳大利亚的悉尼港。回来时也很顺利，平平安安地回到家里。

海明威根据自己的亲身经历，借用了别人告诉他的故事，加工创作了新的故事，这种特色在他以后的文学创作中非常普遍。他用“我的小弟弟”代替妹妹卡罗琳和安妮。九年来，这种对弟弟的渴望，多年来一直充斥着他的内心，从来没有衰减。

这年夏天，海明威九年来的愿望又一次落空了。当时他和母亲葛莱丝在温德米尔度假，葛莱丝在西南边的卧房产下了他第三个妹妹卡露。

转眼，这是海明威在贝尔湖度过的第14个夏天，那年，他在屋后的树林里搭了一个帐篷，整个夏天的夜晚他都睡在那里面。

海明威最大的特点就是14年来性格从来没有变过。小时候震天一吼，什么都不怕，至今仍是如此。他有着和他父亲一样敏锐的目光和非凡的胆识，同样也遗传着他母亲的艺术细胞，特别是在书画刻印和油画方面的造诣甚至超过了葛莱丝，这是让葛莱丝万万没有想到的。

1913 年 9 月，他收拾好行装又回奥克派克家中去了。

这是个幸运的少年，他的整个童年都在远古时代一般的清新空气里度过。雨水冲刷他的一身尘埃，树木张开双臂拥抱他瘦小的身体，雷声像是军队走过整齐的脚步声，花花草草摇曳的笑脸，更是温暖了他人生中最美好的年华。

天地之间宏大的舞台，让海明威的性格肆意生长。多年后，那个眼神炯炯然的硬汉子，也会在暗夜里忆起这段美好的时光。

幼小的“灵格·拉德纳”

小小少年才华初现，

尽管笔触尚且稚嫩，但也树立了自己的风格。

有人认为，成熟是一瞬间的顿悟；也有人觉得，成熟是经验的堆积。在时间不动声色地推动过程中，青涩的果实渐渐变换了颜色。

时间过得很快，转眼间，海明威进入中学读书了。这是他人生中一段重要的经历。他每天从家里步行去上学，还是像孩提时代一样，上学路上嘴里叼着树叶，哼着小曲，蹦蹦跳跳的。

位于奥克派克的里沃斯特市立中学是一所历史悠久的学校，站在校门口，就能感觉到这所学校的岁月痕迹，大楼都是用巨型黄砖砌成的，建筑宏伟，斑驳的墙体给人一种肃穆的感觉。

海明威的课程有拉丁文、英语、代数和科普知识，英语对他来说不成问题。但相比之下，其他科目则逊色不少，葛莱丝为此还请了家庭教师专门为他辅导。

刚进中学，海明威经常为自己的身高问题而苦闷，他比玛斯琳足足矮了一头。那时候玛斯琳才 16 岁，但已有了成熟女性的风韵，海明威渴望像别的男生一样高大，他想尽办法，却收效甚微。由于他的体重和身高，足球、篮球、排球等一些主流运动都对他关上了大门。为了弥补这一缺陷，海明威疯狂地练习射击，虽然他先天左眼的视力就不好。

15 岁那年的夏天，全家人在瓦伦湖畔给海明威庆祝生日。哈洛德来邀他去步行旅行度假。整个夏天，他们在农场挤牛奶、收割蔬菜，不管狂风暴雨，他们都准时地运送蔬菜，并把新收获的萝卜、生菜、马铃薯卖给沿湖的住户和饭店。

那个繁忙的夏天过后，奇迹出现了。海明威就像春天的小草一样疯长，每月平均长高一寸多。伴随着身高的变化，海明威的体型也变得魁梧起来，原先的衣服穿在身上，隐约看到了细嫩的肚皮，裤腿也露出了一段脚脖。天渐渐凉了，葛莱丝第一次给他定做了一套衣裤。

10 月 17 日，玛斯琳带海明威参加了一个舞蹈俱乐部，这是他人生第一次接触舞蹈，身材魁梧的他跳起舞来总显得生硬、笨拙、不灵活。对于他来说，动作的不协调带给他无比的苦恼。一谈起这个，海明威总是略带自卑。

但是在一次生物课上，他却取得了一次小小的胜利。他写了一篇关于解剖蚱蜢的论文，一共写了 6 页纸。那时候他就显示出了写作的天赋，那篇论文老师给他 90 分，并注上“很好”二字的评语。

转眼，海明威 16 岁了，他看上去比同龄人成熟，但骨子里还是个孩子。那年夏天，发生了一件令他记忆深刻的事，后来回想起来，他还是心有余悸。那年暑假，海明威失手打死了私人农场里的一只蓝色大苍鹭，还为此上了法庭，还差点儿进入劳改学校。这一幕在 50 年后被他改编成了一则充满孩子气的故事。

海明威喜欢讲故事，更喜欢听故事，他经常在学校的文学小报上发表文章。《关于颜色的问题》是他中学时期的得意之作，是一个拳坛老将给年轻人讲的一个幽默故事。

那个夏天，海明威迷上了拳击运动，他年纪小，但是身材非常强壮魁梧，拳头与拳头的搏斗让小小的海明威体会到了生存的残酷。

在写作短篇小说的同时，海明威还给学校的《特拉伊兹》周报写通讯报道。相比虚构的小说，生动有力的现实生活更能打动他的心扉。1916 年春，周报刊登了他的一篇极为出色的报道。说，那年 5 月的一个夜晚，在自来水厂附近的一口水塘旁边，有人正要跳河自杀。海明威的一个拳友，名叫里曼·华盛顿，见状立即跳入河中将那人救上岸来。“警察局和公共社会福利服务部都高度赞扬里曼·华盛顿救人于危急之中的英勇行为，”海明威写道，“在被接见时，里曼·华盛顿说，如果此事会带来什么不良后果的话，那便是我大衣口袋掉失了为书板报撰写的笑话资料。”

海明威的爱好还有徒步旅行。他与自然难以割舍，每一次的旅行总能让他对自然有新的认识，给他枯燥的学业生活带来些许乐趣。他和劳·克莱拉罕一起出发，随身携带帐子、毛毯、步程计、斧子、安全针、饭锅、钓鱼用具、罐头刀、两张地图、卫生纸、一只表、火柴、盐、胡椒、指南针、一叠明信片、胶布、麦乳精、德国出产的甜味朱古力、两支羹匙、两把两用的餐叉刀、备用短袜、一盒虫鱼饵，还有同样重要的东西——咸肉和玉米粉，准备钓到鳟鱼后煮食之用。海明威还从银行取了 7 元钱作为旅途之用。

海明威升高中的时候，已经身高 6 尺，体重 150 磅。就他现在的身体条件可以参加任何一支足球队，可身材的变化没有改变他的笨手笨脚，他的脚出奇的大，没有一双球鞋适合他。虽然球技不佳，但海明威也乐在其中。

和运动比起来，他感到写作容易得多，老师经常把他的文章作为范文让同学诵读。由于之前做了几年的通讯员，海明威这一时期的文章大多故事情节逼真，人物刻画细腻。海明威在读高中时所写的文章绝大部分是刊登在学校的《特拉伊兹》周刊上的。在 1916 年 11 月和 1917 年 5 月之间，他平均每一星期写一篇以上的文章，大多数写体育方面的情况，有些文笔随意，有些一本正经。

他的得意之作是《灵格·拉德纳》，在芝加哥《论坛报》上连载，受到广泛好评。他在 1916 年 12 月份发表的一篇文章，题目是《小灵格·拉德纳急于发表文章》。但是他还没有掌握拉德纳这个人的写作风格，尤其是那种没有受过教育写出来的文体。

海明威工作草率，这篇文章是他猫在阁楼上，用一台旧得泛黄的打字机猛敲出来的，没有任何审阅，就送给了主任约翰·盖尔曼看。整个初稿拼写错误频出，可与他在文章中所表现出来的横竖不怕的闯劲相比，那些错误就显得十分次要了。后来，他有句口头禅："你写文章，可请别人替你改正错别字。"

不成熟的灵格·拉德纳为海明威开启了写作之路。尽管笔触尚且稚嫩，但也树立了他自己的风格，文章如流水般呼之欲出，从不婆婆妈妈。一腔热情奔流而出，化作铿锵文字。点点滴滴都流露着作者的情怀，不做作、不虚空，犹如遥远的原生态歌声，粗犷但是直抵内心。

从见习记者开始

没有道路直接通向成功，

必须用自己的辛勤与汗水来凝结这条漫长的道路。

如果说，成长历程中的一切遭遇都源于自然演变。那么，成年后的海明威将面临自己的第一个选择——贴上哪一种职业标签。

小时候，职业仅仅是一个概念，或是一些生活中的碎影，比如大人们每天忙碌的身影，相关的话语，或是麻木的表情。如今，作为一种生活方式的寄托，海明威也将与其为伴。但他心里依旧乐观，青春在蓬勃，他愿以职业为舞台，一步步接近理想。

自高中毕业以后，对于未来，海明威有好几种选择：上大学继续深造，参加工作或参军，海明威医生希望他到奥伯林学院去念书，那是他姐姐玛斯琳学习的学校，但海明威对此并不感兴趣。考虑到他年龄小，海明威医生也不批准他参军。

当时海明威并不着急，一来，农场有很多活儿需要他去打理，二来《明星报》的工作要等到10月份才有回应，他可以抓住最后的和自然亲密接触的机会，放慢投身于这个现实社会的脚步。

明星报社在一八零零大道，位于第十八街和第二十街之间，在那个街区是比较显眼的建筑，三层楼，暗红色方砖堆砌的外墙上熙熙攘攘地布着些茎藤。

出了二楼电梯，一间巨大的工作间出现在海明威的眼前。所有的记者、编辑、美编、评论员忙碌地工作着，一行一行办公桌自然隔出各自的区域，阳光透过老式的小木格窗给整个房间印成了个大棋盘。

去《明星报》之前，把海明威介绍给本市新闻编辑乔治·郎根的是亨利哈斯科尔，一位主编作家，毕业于哈佛大学。海明威得到了他人生中第一份正式的记者工作，每周工资 15 元。

海明威对于这份工作极其渴望，他一心想快点摆脱家庭的束缚和父母的管教，想走出奥克派克，去更大的舞台历练自己。他学生时代所发表的故事、随笔只是个人随性的流露，还需要精细地雕琢方能成型。海明威寄予了现在这份工作很大的希望，他想通过记者工作更多地接触现实，丰富社会经验，从而使自己的文章接地气，抵人心。

繁忙的采访活动让尚且年幼的海明威接触到一些超出他阅历的社会情况，同时城市的黑暗面也逐渐印在他内心。后来他回忆道："我进行新闻采访，到的地方不多，其中有在第十五号大街的警察局、火车站和医院总院。在十五号大街我采访过犯罪案情况。一般是小案，但也说不定，有时可能会碰上一个大案。火车站人来人往……我认识一些下等人，也结识了一些著名人物。医院总院在火车站那一头的山坡上，那里经常出问题，常常发生暴力事件。在多雾的天气里，医院窗户里的灯光就像在山坡上那杂乱无章的楼房里发出的指示灯一样。有时，甚至还隔得很远，他觉得自己已闻到一种防腐剂的气味。"

1917 年 10 月份的一大半时间，海明威都寄宿在外祖叔父泰勒家里。这段时间，他还经历了一小段恋爱光景，他经常与隔壁的妙龄女郎雪莱·卡丽华约会。一次，海明威穿着邋里邋遢地陪卡丽华去看喜剧，他的形象让卡丽华极其尴尬，恨不得钻到地缝里，戏剧散场后，两人也就此和平分手。

之前，已经有种种迹象表明，海明威隐约表露出对他父亲的反抗情绪。一次，他的妹妹厄休拉和朋友森尼想把省下来的钱买艘独木舟，海明威便带森尼到瓦伦村货运部去提货，不凑巧的是，那天货运部休息，海明威便写了一张纸条留给发货人，然后撬开库门，拖了一艘独木舟回家了。

令海明威感到奇怪的是，他的父亲居然装作不知。其实这不是海明威医生第一次这样了，沉默不语是家常便饭。实际上，海明威医生是非观念相当强烈，说一不二，眼睛里容不得半点沙子，这可能与他做了半辈子医生有关系。

当孩子们看到他们的父亲脸颊上的酒窝突然消失，和蔼的笑容顿时收敛，变成紧绷的脸庞、严肃的神情时，孩子们便立刻知道他被触怒了。

刚去《明星报》的这段时间，海明威经常向报社经验丰富的老记者和老编辑请教问题，诸如怎样收集新闻素材、怎样布局写作结构、怎样精练语句，等等。

他坐不下来，整天整天地跑到外面采访，有好几次，新闻编辑室都无法跟他取得联系。有同事形容他就像救护车一样，哪里出了事，他都必须到现场看一看。海明威在那时写过两篇出色的报道，一是《出天花小插曲》；二是描述“一个妓女站在装饰得美丽幽雅的舞厅门口哭泣，眼看着她爱上的那个士兵正同一位穿着时髦的女舞伴走进舞厅”。

1911年，《明星报》报社搬离了闹市区，到了一个离市中心很远的地方。许多眼光长远的人都在这里买了房子，短短六年，这一带的空地被一栋栋新楼房取代，可伴随而来的是犯罪率急剧地增加，正义被埋没，社会道德滑坡。

《明星报》一位年轻的编辑戴尔·威尔逊回忆说："有一次，十几个黑人被法庭提审，因为有人控告他们玩投骰子赌博。法官龇牙咧嘴地命令他们站成一行。接着判决那些个子高的坐牢五天，个子矮的罚款释放。在特韦斯大街上，妓女公开拉客，有人别出心裁地把这个地方取名为'乌德娄威尔逊大街上的廉价肉欲市场'。尽管公布法令禁止妓女在二流饭店、旅店的餐桌上拉客，但只要有人主动提出要求，便立即成交，旅店也会向他们大开方便之门。"

海明威在《明星报》的时间虽然不长，但收集的新闻素材可不少。后来他把这些材料加以整理，作为三篇作品的素材。除了写作，海明威最感兴趣的就是谈论战争格局，以及思考如何参加战争。然而，海明威医生也依然坚持对此事的态度，另外，海明威的眼疾也是他参军的一大障碍。

后来，他搬离了卡尔·埃德加的公寓，住进附近一幢老式房子阁楼上的一间又阴暗又窄小的房间。凌晨 4 点，同伴们早已睡去，海明威却仍在工作着，清晨依旧神采奕奕地上班。或许，这就是他和普通人的区别。

事实证明，虽然他只在《明星报》待了短短六个月，且只是人生阶梯的第一步，但这也是他人生非常重要的一步。

没有人生来就是与众不同的。但是在每一个生活的细枝末节里，踏实迈出的每一步和每一个眉头紧锁的思索瞬间，都是他此后成就非凡的推力。此时，海明威还是一个毛头小子，他并不知道，未来的自己将成长为一头狮子。

美国士兵在欧洲战场

无论做什么，只要我有精力的话，

就要首先为我的祖国服务。

一场暴风雨过后，海明威在甲板上看着夕阳下的海面，波光粼粼，此时的他像一头温柔的狮子，打着盹，不过随时都可能会醒来。

巨浪拍打着船体，海明威一个踉跄，差点儿摔了一跤。船上伙食不错，但他丝毫没有胃口，一场严重的寒热症正侵袭着他的身体，他恨不得马上痊愈，盼望着立刻投入战争。

这是一艘样式古老的法国客轮“芝加哥”号，海明威他们下船后将转乘火车，开赴战场，成为一名真正的美国军人，这也圆了他多年的心愿。

“我最初一次上战场，完完全全是个麻木不仁的呆子，”1942 年海明威这样说，“我还记得，当时我认为我们是反抗的一方，奥地利人是侵略的一方。”

1918 年 4 月末，海明威和赛奥多从《明星报》领了最后一个月的工资，正等待应征加入美国的陆军和海军，海明威医生答应一收到红十字会总部的通知，就立刻通知他们。

没想到几天后，好消息就传来了，他俩被通知去纽约参加体格检查，全国有 70 多名志愿者一同前往，大部分不能参军的原因不是体质不合格就是年龄过小。检查结果，海明威是 B 级，血压 128，低压 75，但是视力一向是他的弱项，医生建议他去看眼科医生，并配戴眼镜。

海明威丝毫没有理会医生的建议，反而花了 30 元买了一双崭新的马丁靴，和发给他的那套军装非常相配，他和赛奥多两人穿戴得整整齐齐，满腔热情地参加为期两周的思想教育。

“芝加哥”号到达巴黎后，他们迫不及待地登岸，疯狂地喝着法国红酒，狼吞虎咽地吃着法国大餐，为浪漫之都的空气里注入了些许狂野之气。

最近街上盛传，德国人想用远程炮弹来轰炸巴黎，以此来摧毁士兵士气。炮弹炸裂的巨响时常回荡在巴黎的街头。海明威心里也久久不能平静。赛奥多说：“好像欧内斯特是被派遣到国外完成一项年度的写作任务，我和他一起叫了一部破旧的出租汽车到巴黎街头看被炸弹炸开的弹坑。那真是一次撩人心火的紧张活动。我们听到炮弹爆裂的声音，就立刻不要命般地开着车子往那里跑……可是，等到我们到达那里，又听到城里更远的地方有爆炸声。”

海明威的心思根本就不在巴黎，也就慢慢习惯了这种轰炸下的生活，早就失去了起初的冲击感，对于外面人们的种种反应也呈现出麻木的状态，他希望能快点儿离开这个地方到前线去，但是他们还必须等待，还有一支志愿者队伍未到，总共 150 人。所有人员一到齐，他们立即被运兵大卡车载着奔赴战场。

卡车穿过塞尼峰隧道，越过边界，海明威他们好像去旅行一般，双腿在后车门那儿自然伸出，一路高声歌唱，一路大笑，脸上的表情丝毫没有告诉人们，他们是准备打仗去的，简直像是“乘着可爱的列车，观赏美景到天涯”。

他们到达米兰的那一天，军火仓库不慎爆炸了，这是他平生第一次见到那么多尸体，虽然之前也射杀过很多大型动物，接触过许多动物血腥的尸体，但这毕竟是人，血肉模糊、层层叠叠的人，许多尸体连容貌都辨认不清，整个事发地点除了火光就剩下血腥。

红十字会志愿服务队队长米德·迪特卫拉，把救援队分成25个小组。海明威和赛奥多被分在第四小分队。在军火仓库爆炸后两天，他们便乘火车去维申扎。到了维申扎车站，救护车早在那里等候他们，接着把他们送到多罗米特山麓以西24公里外的斯奇奥去。

海明威在第四小分队的工作就是轮流开卡车去运送伤员。卡车是军绿色的，车身漆着两个大红十字，开起来卡车所有的零件都开始吱吱作响，他每天都在这段路上往返，对他来说没有一点儿新鲜劲儿，因为他就是一门心思想去前线。

奥地利军队开始把注意力转移到维也纳北部的帕维河谷地带。对于海明威来说，这是个好消息，他的机会终于来了。红十字会准备设立战地小卖部，每个小卖部由一名红十字会救护队员负责，该队员间隔几个小时就要把香烟、糖果、明信片等送到前线去。

在那段时间，他每天都往返于前线与小卖部之间，结识了许多前线的战士，当然，他的许多英雄事迹也被广为流传。

一天夜里，没有月光，一片漆黑，只有照明弹升起的时候才能看见东西。敌军在河对岸不停地投射各种小型炮弹，后半夜，敌军在河对岸发射了榴霰弹，有五加仑的液体罐那么大，虽然大家都听见了发射榴弹时的沙沙声，但几秒过后，一声巨响伴随着红色火焰随之而来，那响声能让人瞬间失聪。“我没法呼吸，”海明威写道，“可是我感到窒息……地面被炸开了，一根木柱打中我的前额。恍惚中我似乎听到别人的叫喊声。我准备向叫声的方向走去，可一步也挪不动。这时河对岸的敌军开始用机关枪和步枪向这边阵地射击。”

这一次，强大的海明威倒下了，他双腿像灌了铅一样，怎么也挪不动，皮靴中流出了红色液体，但他一点知觉都没有，他望着周遭的横尸，只能默默地祈祷与等待。

几个小时以后，救援车才赶到，车子整整颠簸了两天才到米兰。那天是 1918 年 7 月 17 日星期三早晨 6 点钟，再过 4 天海明威就满 19 岁了。

初恋是美好的，更是脆弱的

一段恋情的逝去，

失去的只是爱的对象，而不是爱情本身。

人来到这个世界就会接触死亡，就时刻会受到死亡的威胁。死亡是人类不可避免的也是唯一的结局。

死亡是最大的虚无，又是摆脱虚无的最后途径。

米兰的医院非常现代化，医院的外墙是用小砖和混凝土建成的，它不仅有古代建筑的肃穆和凝重，还有现代建筑的简约和奔放，海明威所在的病房区位置非常幽静，在一片绿树环绕之中，城市的嘈杂与烟尘在这里荡然无存。他的房间光线幽暗，通风好，非常凉爽，有利于伤口的愈合。

再坚强的男子也有倒下的一刻，之前在野战医院，海明威血迹斑斑地躺在手术台上，医生从他腿上取出了 28 个碎弹片，还有一些更细小的弹片暂时取不出来，需要转到医疗条件更好的医院进行救治。

医院的生活总是让人觉得非常无聊，每天三点一线的生活方式极其单调。一群美丽的小护士就住在海明威病房的楼下，海明威很快就和她们打成一片。他经常同她们开玩笑，讲一些有趣的故事，还给每个年轻漂亮的护士起了外号。

男人总是抵御不了年轻貌美的姑娘。有一名叫阿格妞丝的护士，有着修长的身材，乌黑亮丽的长发，明亮的眼眸，这些深深地吸引着海明威。在这些女人中，她就是海明威的白衣天使，超凡脱俗。他一心想快点把病养好，可以和阿格妞丝去约会。

海明威动了第二次手术，成功地把残留的弹片取了出来，这个坚强的男人第一次感到死神离他是如此之近，他甚至做好了死后的准备，让别人代领抚恤金和保险费，尤其重要的是收藏那双“沾满鲜血的军靴”。

自从海明威倒下后，很多人都非常关心他的病情，他每天就像元帅检阅部队一样，端坐在病榻上接待来探望他的人们，他在写给他父母亲的信中说：“我想，要是当初我待在家里，你们也许不会赞扬我。而且如果我在战场上牺牲了，你们又亲自看到讣告，那就更光荣了。”接着，他绘声绘色地描述了他如何抢救那个意大利士兵的经过：“趴在我身上的那个意大利士兵的伤口流血不止。血渗透了我的衣衫，裤子上好像涂上了一层软乎乎的红葡萄酱……”

成熟男人总是更能吸引女人，曾经的年少轻狂，经过战火的洗礼，如今的海明威看上去增加了几许厚度，加之从小的特立独行和自然的考验让他在一群病友之中鹤立鸡群。

阿格妞丝也心动了。

这是海明威第一次真正意义的恋爱，阿格妞丝的爱就像涓涓流水和细腻的小风抚慰着这位受伤的男人。

在爱人亲密无间的悉心照料下，海明威病情好得挺快，虽然右脚还穿不了鞋子，但已经可以拄着拐杖到附近的街上闲逛，他写信给父亲说再也不会穿短裤了，因为右腿在子弹进入的位置被挖了一个孔，这是战争留给他永久的不可磨灭的印记。

虽然还无法正常行走，但海明威总是唠叨着有人要任命他加入意大利正规军，毋庸置疑，这一切都是幻想，当一头雄狮困于沙滩时也会有这样的想法。

热恋中的日子总是让人感到甜蜜和回味无穷，但是越美的东西陨落得越快，海明威已经隐隐感觉到不幸的到来。阿格妞丝自愿报名到弗罗伦斯的边界医院服务，图书馆亲昵的最后一夜作为她离开前的温存。

第二天，海明威极不情愿地送她上了一列开往南方的火车。

后来阿格妞丝给海明威的信中写道，“我在弗罗伦斯的医院里很孤单，陪我的只是一个名叫扎米的英国护士”，“因此我将给你写更多的信，这可能是你没有预料到的吧。我将把其中一些信寄到英美俱乐部办公室，因为我不想让人对你产生怀疑。亲爱的，我们彼此分隔得太远了……我一心一意地爱你，加倍地爱你，永远，永远。你的阿格妞丝。”

同样，思念成灾的海明威也每天给她写信，有时甚至一天写两封，阿格妞丝有时会连着收到他五封信，承载着他满满的思念和挂念。

一次，海明威收到他父亲的一封信，这封信延后了一个月才收到。信中他父亲问他准备什么时候回家。他回信说：“他的军人职责要求他等战争结束了才能回家。世界上没有哪一国的军队会接受像他这样脚伤腿残的人，但只要战争还在继续，他就决心留在意大利奉陪到底。”

渐渐地，海明威与阿格妞丝写信的频率越来越低，两人手头各自的事也越来越多。爱情似乎永远战胜不了距离。那次，他想给阿格妞丝一个惊喜，亲自去她住的地方，但是海明威邋遢的装扮让她在朋友面前丢尽了面子，两人的关系发生了非常微妙的转化。

再过几个月，阿格妞丝就要满 27 岁了，而海明威才 20 岁。后来，她悄悄地告诉他，她不准备在米兰和他一起过圣诞节了，并希望他不要为此感到不高兴。

休养了五个月后，海明威又要回到他熟悉的第四分队了。爱情与事业，是人一生中密切相关的两个重要方面。他忽然意识到，他对两者都强烈渴望着。

爱情给人以美好的生活感受，事业给人以价值实现的通道。如果把人生比作搏击风浪的航行，那么事业是船只，爱情则是船上的帆，二者将合力把它推向理想所在的远方。

战士归来了

青春就像是切洋葱，

让人泪流满面，却仍乐此不疲。

男人如果总是沉睡在爱情之中，再坚强的男人也会变得阴柔和迟疑。而狮子永远是属于大自然的，一只困于牢笼的猛兽是没有兽性的，它需要回到属于它的地方。

1月21日，海明威一瘸一拐地从游轮上走下来时，敏感的记者们就从人群中找到了他，滔滔不绝地问了起来。这使海明威感觉受到了英雄般的待遇，自豪感油然而生，记者们对他的过度吹捧，海明威也没有加以拒绝。

第二天，他搭乘火车前往芝加哥，走下火车的一刹那，海明威感到一种从来没有过的陌生感，他两腿硬邦邦地走下车。父亲和姐姐玛斯琳来车站接海明威，见到他平安归来，一向善于掩饰感情的父亲也湿了眼眶。车站前有一排长长的台阶，海明威拄着拐杖，一步一瘸地慢慢走下来。

家中喜气洋洋，像过节一样隆重，欢迎英雄归来，弟妹们都在等着他，只有厄休拉上课未归，二妹松尼已经上中学了，三妹卡露七岁，四妹也有四岁了，因为等待哥哥，所以揉着疲倦的眼睛没有睡。

前厅桌上有两封从意大利寄来的信，其中有一封是阿格妞丝寄来的，海明威迫不及待地爬上他三楼的卧室独自看信。她写道："好了，晚安，亲爱的基德，我多么想知道此刻你在做什么。不过我可以猜到，你这时候一定很好吧……你的俏皮姑娘，阿格妞丝。"

女人的撒娇总能让男人想起些什么，海明威十分想念在意大利疗养的日子，每天可以睡到自然醒，可以等到太阳晒热了屁股才起床。

《奥克派克报》的一位女记者请海明威去办公室谈话，她发现他不喜欢谈论战争的细节，更不喜欢被人称作英雄，曝光于聚光灯下。海明威自己说："我身体好，国家需要我。我上战场，做我所应该做的事。在那里所做的一切都是我应尽的职责。"其实在他心里，做好了随时重返战场的准备。

自从回家后，海明威突然觉得无所事事，他身边的朋友都在做着自己的工作，父亲每天打理着他的小诊所，妹妹照常上学，姐姐每周日才回家，家中只有海明威闲着。玛斯琳回来说，他就好像是一个"被关在一只密闭的大匣子里的人”一样。

人在无聊的时候就会回忆，因为回忆是治疗空虚的最好良药。他很想念阿格妞丝，就写信给她，他在信中告诉她自己目前的无聊状况，很多时候只能靠往天上打照明弹来缓解。

阿格妞丝那边却是另一番风景，她从特雷维苏调到托雷·迪·摩斯达，每天忙得不可开交。但是那里的生活仿佛使她变得年轻了，她在回信中如实地说。

既然在恋人那儿得不到安抚，男人只能选择借酒消愁了，海明威从米兰回来的时候带了不少的酒。有时，他会怂恿玛斯琳和他一起麻醉在酒精之中。

连续两个周末，全家人都去郊外为海明威举行荣誉宴会，一来庆祝他平安凯旋，二来也使得他这段时间沉郁的心情得到了释放。他们准备了大盘大盘的美食，还有红葡萄酒和水果。其间，不善唱歌的海明威还用意大利语唱了支歌颂卡多纳将军的歌，稍微有点走调。

自从《奥克派克报》上登了访问海明威的报道之后，每天都有很多人来拜访他，特别是一些小朋友和年轻人，他们被海明威的勇敢和坚强所折服，尤其惊叹他腿上的那些伤疤，他们还特别喜欢听海明威讲战场上的许多小插曲。

然而不久，不幸的事发生了。海明威每天都给阿格妞丝写信，许多都是充满爱意的长信。3 月的某一天，海明威接到她的一封回信中说："我接到很多你寄来信，实在太多了，我找不出时间去看。我在医院里要工作，这么多的来信，我应付不了，我不像你所想象的那样完美无缺。不过，过去也许是这样，现在，开始不同了。我今晚感到有点不舒服，那么就此搁笔了。晚安，基德。做什么事不要那么匆匆忙忙，还是好好休息吧，怀念你的阿格。"

突然的爱情变故让这个壮汉倒下了。他开始发高烧，精神恍惚，待到清醒时，却又怒火中烧，他一想起她的背信弃义、不忠贞，心就跟着颤抖。

渐渐地，海明威开始频繁喝酒，同时，又搭讪了多名妙龄女子频繁地出游，划船、钓鱼等等。如此，他逐渐学会怎样放下对阿格妞丝的感情，他很快向朋友宣布，对阿格妞丝已经淡忘了。

感情的受伤可以让男人学会如何成熟，怎样练就一颗大心脏。同时，悲愤却易出诗人，孤独、彷徨、痛苦、忧伤让海明威不得不潜心到小说的创作之中。

《匹克斯·麦克卡蒂冲过去》这篇小说，是海明威意欲把它当作架通他中学时代的创作和现在雄心勃勃的计划的桥梁。他有很多自己的体会，还经受过死亡的考验，但海明威不懂得写作应注意的基本规律，甚至不明白小说的高潮怎样展开。

当然，他得从头再写。夏天，他带着一大捆稿纸去密执安度假，来到这个地方，海明威精神焕发，钓鱼、收割萝卜、装马铃薯、打猎，这是他从战场回来后最开心和充实的一段日子。

那时，他还结识了一个女服务员。每天晚上下班之后，海明威就和她去田野溜达。有一天晚上，他们忍不住在码头后面的偏僻角落调情，这使他彻底放下了阿格妞丝。

孤独的男人容易渴望女性的温柔和怀抱，感情上的伤痛让他更加疯狂地寻觅其他的女性。很难说清楚，这种意乱情迷究竟是难以克制的荷尔蒙冲动，还是对空虚生活的过激反应。

独立生活，迷雾笼罩着远方

人生就是这样，你永远不会知道下一刻会发生什么，

也不会明白命运为何这样待你。

再刚强的汉子，也会有疲惫的时刻，也会在无人时流露出软弱的神情。一个在外拼搏多时的游子，不论取得了多大的成就，总是向往着家庭的温暖，母亲的怀抱。

海明威也是一样，他经历了人生百态的记者生涯和生死诀别的战争场面，他累了，需要宁静，渴望自然的簇拥。

刚刚过去的夏天，海明威过着愉快的野营生活。那段时间，他像是回到了 10 岁的时候，几个孩子肆无忌惮地在山间田野里疯狂。

10 月初，海明威结束了那段梦幻般的日子，回到奥克派克的家中。习惯了海水和泥土腥味的他显得有点不习惯，家里很嘈杂，每天都发生着各种琐碎的杂事，海明威想写点东西，但周遭的一切让他的心平静不下来。他把想法与家人沟通后，独自去派托斯基租了间屋子住了下来。

在那里，生活的一切都由他自己掌控，看不见海明威医生冷峻的神情，听不见葛莱丝无休止的唠叨。除了静心写作，海明威经常与朋友结伴出游，或是不定期地举行晚会，生起篝火，品着红酒，高谈阔论，直到微醺。

惬意宁静的生活总能不经意地激发出许多写作灵感。在那里，海明威写了不少的短篇小说。他每写一篇小说，总会给喜欢听他讲述的伙伴们多讲几个故事。他喜欢讲故事，他总说生活就是由一个个故事的片段拼接而成。在给人讲故事的同时，一个新的创作灵感可能已经闪现出来。

12月，公共图书馆请海明威去做一个关于他战争见闻的讲座。那天，他身着帅气的军装，脚踏西班牙高级军靴，在台上侃侃而谈，内容无非还是那些，但考虑到听众大多是孩子，所以加了些奇幻色彩，尤其是最后身负重伤那段儿，讲得神乎其神。

他在听众中认识了一位从多伦多来的杂货店经理康纳，想请海明威去家里陪孩子，顺便照料一下店里的杂务。当时海明威恰巧也快弹尽粮绝了，突如其来的机会当然不可错过。

1月8日，海明威走下到达多伦多的列车，住进了康纳家。他从来没有见过这么美观、现代化的别墅，四周绿树环抱，房子里有音乐室、弹子室、桌球房，屋外还有露天的滑冰场。

从战场回来后，海明威虽然过了许久平静的生活，但心中的野性与斗争欲从未减退。他的腿伤还尚未痊愈，仍然准备参加冰球比赛，手拿球棒，就好像在战场上扛着大枪的士兵那样威武，虽然技术上还不怎么过关。

海明威在康纳夫妇的印象里是个“谦虚，有头脑，细心精明的人”。来多伦多还不到两个星期，他就求康纳先生介绍他到当地的一家主要报社——《多伦多明星报》。康纳把他介绍给主管这份报纸的负责人杜那松，杜那松又把海明威介绍给了两位年轻的编辑。

从那以后，海明威几乎每天都往那儿跑，但有时候过分的热情总是适得其反。起初他并不受到信任，被认为是个“借完钱会溜之大吉的小伙子”。但不懈的努力总是可以换来好的结果，海明威不断地往社里跑，没完没了地提出问题，最终，编辑第一次给他在第一版上留出了版面登文章。

海明威写文章简洁明快，富有很强的幽默感，他一共写了十来篇一千字左右的小短文。编辑克朗斯顿十分赏识他的文风，高兴之余，便把海明威的名字放进名人栏，同时也提高了他的稿费。

令海明威感到费解的是，之前在派托斯基写的小说仍然没人接受，他试着投过几家杂志社，但都是石沉大海，音信全无。“从事写作这个行当，其可笑特点就是你根本无法知道行情，”他后来写道，“我写出来了，可就是不知道谁会要。我看到退回来的稿子，可就是不懂人家为什么不要。但是，有一些却不是永远都退。”他一心想成为一名长期为一家报社写特约稿的作家，但他对短篇小说的看法始终与编辑的初衷大相径庭，究其原因，可能他始终在为自己创作，没有考虑什么样的小说符合读者的口味。

海明威在《多伦多明星报》的良好表现受到父亲的写信表扬，但他并未被报社所束缚，在同康纳签订的合同到期后，就回了奥克派克。

回到家里没几天，海明威就不耐烦了，伺机准备到霍托海湾进行短暂旅行，他和几个伙伴甚至还计划这个秋天去到中国、印度和日本。

多年的丰富经历造就了海明威精明能干的特点，他争强好胜，像一头凶猛的野兽。他会为了证明自己的过人之处，光脚走碎玻璃碴。虽然身高六尺，上过战场，负过伤，同阿格妞丝有过一段风流韵事以及在报社工作取得过一些成绩外，但是在很多时候，他仍然像个小孩子。

葛莱丝和海明威医生日渐老去，他们多么希望海明威能扛起这个家庭的重担，多一份责任，但他们却失望了。

一天半夜，海明威和几个朋友私自举行了一场野营晚会，其中包括几名女孩子，他们肆无忌惮地搂着女孩在角落里亲昵。

这件事彻底触怒了葛莱丝，她给了海明威一封信，信的结尾这样写道：“虽然我们不在一起，愿主耶稣时刻关照着我们，保佑我们，仍然对你怀抱希望，为你祈祷祝福的母亲——葛莱丝·霍尔·海明威。”

就这样，海明威被彻底赶出了家门。这是他出生以来经历过的最迷茫的时刻。他经常外出钓鱼，一去就是几天甚至一星期，有时望着河面发呆，鱼儿上钩也浑然不知。

每到晚上，海明威裹着毯子，听着曼陀林琴声，躺在草地上望着天上的明月。月亮有时候看上去那么近，仿佛一伸手就能摘到，但一抬手却什么也没有。

当地人有个迷信的说法，据说男子汉在外露天睡觉时，如果让月光照在脸上，就会神经错乱。海明威确实有些错乱，船已经下水，但他不知道该驶向何方，腿已经痊愈，但前方的路却不在脚下。路在何方，海明威不知道，心情迷惘，前途难料，但他坚信一定有一片光明在不远的未来。

第二章

游历世界，
却无法逃避内心的召唤

人生能有多少场华丽在等待，
即使旅行岁月也大都平凡罢了。
若能自信地向着梦想行进，努力经营向往的生活，
终会获得意想不到的成功。
不论生命处在哪种阶段，
要面对它，不要躲避它，更不要咒骂它。
大地的表面是柔软的，走过之后会留下足迹，
同样，心灵的行程也会留下印迹。

遇见一种幸福

如果没有冬天，春天不会如此悦人；

如果没有不幸，幸福不会如此让人向往。

生活总是要继续，现实的残酷是永远无法改变的，一头落魄的雄狮最终还是狮子，一个坚强的男人最终还是会站起来的。

海明威离家以后碰了不少钉子，给人写小广告、跟同学合伙搞买卖，对于一名颇有战功的战士，这样的生活未免有些落魄。他经常和伙伴去一家希腊人开的小饭店，因为那里六毛钱就可以吃到些猪肉和土豆。

天生自傲的性格也使他一时间放不下架子，他经常对朋友们吹嘘说每天给《多伦多明星报》写一篇稿子。可事实上，报纸从10月份到年底只刊登了他几篇文章而已。

12月，一个偶然的机会，海明威成了一名专为《共同利益合作报》的撰稿人，每个月薪水40块。

1个月后，海明威第一次用自己赚到的工资买了新衣服穿，这种感觉非常奇妙。他从上到下、从里到外认真打扮了一番，为此他还写信给母亲葛莱丝说，自己遵循了她的教导，学会了自食其力，天天忙于工作。最后还不忘祝全家圣诞快乐，并给全家寄了点钱作为圣诞礼物。

很多人都说，男人能够逐渐成熟少不了女人的推动，海明威也不例外。

他在肯里新居一起居住的那段日子结识了一位姑娘叫哈德莉，28 岁，长着一头金棕色的长发，她父亲早年持枪自杀了，就在这个夏天，母亲病重也离她而去。

遇见她，海明威感受到了传说中的一见钟情。这段时期是他最落魄的时候，但偏偏这样的男人却深深吸引着哈德莉。“红红的脸颊，褐色的眼睛，叉开腿坐在一架钢琴旁边的椅子”，这是她对海明威的第一印象。

良好的眼缘能使双方感情迅速升温，他们后来每周都通一次信，海明威被邀请去她家做客。但他没钱，这时他真的觉得自己是全天下最没用的破烂货。

哈德莉亲切地称他为“我最亲爱的‘亲斯特’”，当他第一次听到时，整个心彻底被对方征服，哈德莉的话就像涓涓细流，抚慰着海明威狂乱跳动的心房。

到了次年 3 月份，海明威穿着一身崭新的西服去圣路易斯看望哈德莉，他的朋友曾劝他千万不要结婚。但他一见到哈德莉，海明威明白两人之间的感情今非昔比，每次一想到哈德莉，他的嘴角都不自主地往上扬。

他在圣路易斯认识了一批志趣相投的年轻人，都热衷于写作，晚上都噼噼啪啪地打字，累了就去天台赛拳、唱歌，一群自得其乐、无忧无虑的年轻人聚在一起喝着红酒。海明威抑制不住内心的喜悦，当众称哈德莉是一朵绣在保加利亚黑缎上的红玫瑰，热情似火，无比艳丽。

女人一旦爱上了男人，就会把自己的全部都奉献给男人，海明威离开前的晚上，哈德莉把拥有“小金库”的事情告诉了他，他们准备去意大利蜜月旅行。

海明威真的快要结婚了，要不是为了选一个良辰吉日，他们在圣路易斯参加周末纪念会时便可举行婚礼，葛莱丝还亲自写信祝福他们，并邀请他们去温德米尔度蜜月。海明威在拳击、钓鱼、写作等方面高超技术着实令周围的朋友惊叹，同时也让哈德莉深深地折服。对她来说，有了海明威，世界就不再黑白，生活就不再单调，无糖的黑咖啡苦涩中永远带着点甘甜。

总有人说婚姻是爱情的坟墓，结了婚，整天就会面对柴米油盐酱醋茶，再也没有恋爱时的红酒、咖啡、香槟、玫瑰，海明威深知他即将改变原来的生活方式，原来他春天可以听着布谷鸟的叫声起床，到布莱克河沿岸露营，驾着小舟钓鱼野餐。而这一切在婚后即将成为奢望。

他们的婚礼定于9月3日在霍托海湾乡村教堂举行。海明威在婚礼前一天抵达霍托海湾，乘着玩兴又去钓了一次鱼，好像结婚以后再也不能钓了似的。回来后，他用又苦又甜的百合花和含苞待放的黄菊花装饰教堂里的圣坛。温德米尔别墅的屋顶、门廊修缮粉刷一新，房内地板重新油漆，一切准备就绪，只等新郎、新娘入住。

这是一生中最庄严的时刻，双方宣誓即象征着一个新的家庭的组成，也开启了双方人生的一段新篇章。海明威医生额头油光闪亮的，穿着一身浅灰色西装；葛莱丝身穿花格长衫，腰束流苏丝带，有庄重的慈母气派。哈德莉由乔治·布莱克牵扶着走进教堂。她金黄色的头发上饰着一个花环，薄薄的白纱从肩背上垂下，她手里拿着一束鲜花，缓缓走来。此时，派托斯基乐队立即奏起了当时流行的婚礼乐曲。

海明威腿上有枪伤，举行仪式跪下时显得有点力不从心，额头冒出不少汗珠，但这是他一生中的最特殊的时期，眼前的这个女人即将成为自己的妻子，他将用坚实的臂膀爱护着她一辈子。

牧师念完婚书，宣布仪式结束，他们在教堂门口照相留念。9月的黄昏，夕阳斜照，给宁静的山野抹上了一层金纱，新娘洁白的婚纱在斜阳下显得通透迷离，浪漫梦幻。

婚后，两人日子过得简朴至极，就为了把钱省下来去欧洲旅行。不久，梦想即将成为现实，他们计划移居巴黎。在开往浪漫之都的船上，海明威结识了一位名作家安德逊，并且安德逊答应把海明威介绍给在国际商会工作格朗狄尔。

安德逊在写给格朗狄尔的信中称海明威是“一个非常出色的记者，他的超人天才不会把他局限于报界”。安德逊对人慷慨大方，但常有点言过其实。

男人结婚后就该用宽广的双肩扛起责任，然而在人生的慢慢长路中，海明威仍然未找到属于自己的光明。不断地迁徙带给他丰富的人生阅历，一次次失败，他却从未放弃。这一次移居，前途未卜，但对于一个身经百战的“英雄”而言，光明或许不远。

那片奢华的精神家园

有些路很远，走下去会很累。

可是，不走，会后悔。

他一生酷爱大海，大海是他激情、创作的源泉，也是他为自己开辟的精神家园。海明威把他熟悉的大海融入自己的作品，他笔下没有靠技巧编造出来的角色，他们必须出自海明威消化吸收了的经验、知识、头脑、内心……所以每个人从生活里得到的一点新东西是十分宝贵的，这是他留给后世唯一的遗产。

第二次海上航行让海明威激动不已，兴奋和喜悦之情溢于言表。海浪猛烈地拍打着船身，随着船体的摇晃，甲板上正进行着激烈的拳击比赛，最终海明威以体重优势压倒对方。

10 月下旬，游船在西班牙短暂停留了四个小时，海里的鲈鱼、金枪鱼跃出水面，又落入水中，看得海明威恨不得立刻下海钓鱼。

船上的时光总是过得那么快，还没来得及回味就过去了，不知不觉已经抵达了巴黎。巴黎给他们的印象是美丽的，一切都打上了浪漫的标签，所有夫妻来到这里都希望体验爱情的永恒。

他们住在卡迪那大街 74 号四楼，整条街道是用崎岖不平的碎石铺成的，路边的水沟总散发出令人作呕的气味，海明威把它叫作“藏污纳垢”的地方。通往他们的住房有一排木质的楼梯，踩上去就会发出嘎吱嘎吱的声音，又黑又窄，里边是一个公寓套间。这条街的居民主要是平民，要强的海明威还总是给朋友写信说他们住在巴黎最好的地方。

一个好作家从来不为自己写东西，也不会在作品中无病呻吟，怨天尤人，一部好的作品一定是有真情实感的，诚挚感人的。从去年冬天离开派托斯基到现在，海明威没有认真写过文章，多年的报社实践经验告诫他“必须写出真实感人的话来。写最熟悉最真实感人的东西”。特别要做到没有用文字上重叠、迂回的修饰语那种真实简洁的陈述句，所写的话应该直接与个人的亲身经验有关。

巴黎的山区令他惊讶，人迹罕至的道路蜿蜒盘行，但山穷水尽之时总有柳暗花明—— 一个拐弯，就出现一家规模可观的度假旅店。海明威风趣地称之为“文明与荒野的混合体”。

蒙蒙细雨的日子逐渐远去，随之而来的是巴黎一年中最寒冷的日子，但空气十分新鲜。海明威嫌住房狭小，跑到一家古老的小旅店租了一个顶楼卧室，生了堆干柴，每天在复古的卧室内踱步冥想，有时停下笔，远望巴黎古老街道的风情，有时下午还踏着碎石路来到附近的画室、博物馆看美术家们怎样创作，仿佛就像在自己卧室构思写作一样。

男人一旦沉迷工作，就会变得像另一个人。海明威是个工作狂，为了琢磨词句，推敲文意，他常常一坐就是几个小时，哈德莉经常被撇在一边，他还振振有词地自诩波德莱尔，认为在积极创作的时候，别人不应该去打扰他。

虽然安德逊之前给他写了介绍信，但海明威到 3 月份才鼓起勇气去拜访格朗狄尔。她住在花园路，她的住处俨然是一间博物馆，暖和、舒适。海明威拿出了一些写好的诗歌和以前的小说给她看。她对他的小说评价一般，说情节描写太浓重，有夸大之嫌，而且也不怎么吸引人。就像写实画家作画一样，大家都画一棵大树，但是不同的人对人生有不同的感悟，会让作品的吸引度产生天壤之别。可格朗狄尔却对海明威的诗歌十分欣赏，称之为“明白晓畅又独具风格”。

除了一些作家文人，海明威还结识了许多巴黎新闻界的人，大多都是通过拳击、赛马等社交活动认识的。他整天沉迷写作，累了便同那些新结交的朋友出去狂欢，自然疏远了一些老朋友，和他们日渐疏离。

初来巴黎的新鲜、兴奋让他差点忘了给《多伦多明星报》写稿，两个月后他才动起笔来。自那以后几乎每半个月给报社寄一次文稿，他现在写作题材丰富多样，作品有《瑞士纪游》、《维果港码头钓鳟鱼》、《德国马克贬值》、《选举第十一届教皇》、《法国政治生活中的克里门斯老虎》等。

海明威逐渐开始尝试各种文体，还写了短篇书评。现在，《明星报》编辑对他的文章很感兴趣。

5 月在热内亚召开的国家会议，海明威代表《明星报》受邀去采访，其间，他大约写了 15 篇有关会议的报道，其中一篇散文式的文章大受褒奖。由此，他信心大增，觉得自己应该恢复散文和诗歌的写作。

他选了五六篇诗稿，寄给芝加哥的哈里特慕罗，请她考虑能否刊登在《诗刊》—— 一个专刊登诗歌的杂志。他在其中一首诗中，把打字机比作机关枪：

神的磨碾机在缓慢地转磨着！
这个磨碾机
却断断续续地发出机械的咔咔声，
我思想上的步兵，
行进在崎岖不平的地面上，
这台科罗纳牌打字机，
便是他们的机关枪。

另一首诗是回忆在密执安度过的童年生活：

一张豪猪皮，
又黑又硬，
这豪猪一定在什么地方死掉。
一只剥制了的有角猫头鹰，
得意自鸣，

一对黄眼睛，
栖在斜横的树枝上，
孤独难鸣，
掉进泥灰里，染黑。
一叠叠的旧杂志，
满屉的书信，
字里行间藏爱情，
它们一定在什么地方丢落了。
昨日的言论，
随同少年时光消失了，
还有撞在河岸上成碎片的船。
充满着暴风雨之夜，
旅店平地起风波，
悉泥·密执安。

这个男人成熟了，他不再浮夸、矫饰。这篇散文诗结构松弛，但言之有物，那冷峻的细节描写和现实的画面感，深深地叩动人们的心扉。就像他自己说的那样，河岸上破碎的船、充满暴风雨的黑夜，在残酷的社会大磨碾机中，他被慢慢地碾磨着，不断地在崎岖的道路上前行。

流过血的意大利战场

第一次世界大战中的英雄，

伴随荣誉的还有赶不走的恶魔般的战争记忆。

“从容面对人生，不论鲜花还是荆棘”，这是一句响亮的口号，实践起来却困难重重。痛苦会使人成长，也会使人颓败。当它降临时，人们无从选择，或是被生活击退了斗志，或是勇敢迎难而上，看看人生会给予自己怎样的答案。

海明威经常对哈德莉提起意大利。那个他曾经战斗过的地方，留给他许多悲惨、血腥的记忆，甚至死亡的警示，可哈德莉似乎不怎么感兴趣。

为了缓和一下长途旅行的欲望，那年春天，他们做了好几次短途旅行：去英格兰看越野赛马、开着福特越野车去郊外野餐、自背行囊长距离徒步等等。

海明威心里还是忘不了意大利。他的钱也筹得差不多了，给《明星报》寄去的文稿为他带来不错的报酬，哈德莉的信贷基金也提供了一部分资助。于是，他们在5月中旬就动身了。

好友琴克正好休假，就和夫妇二人一同前往，多年的老友一见面就分外融洽，他开玩笑地称哈德莉是“泼普斯维特”（即新来的人），很快他就和海明威聊了起来。车站附近有一家颇有特色的咖啡馆，正所谓“藏在深闺人不知”，它隐匿在一个不起眼的巷子里，镂花的水泥围墙上爬着绿色植物，屋顶上爬满了紫藤。他俩坐在院子里喝着大杯黑啤，一时兴起，竟然斗起酒来，回家路上醉醺醺地哼着小曲，最后竟在河边伴着月光睡了一夜。

去意大利的路途还颇为曲折，原本火车可以直达，但偶遇暴风雪，前方封了路。在一个小火车站下车后，他们徒步前行。连日的风雪让积雪漫过了膝盖，飕飕的冷风好似锋利的锉刀划过脸颊，海明威和琴克都穿着厚实的大皮靴，但哈德莉只穿了双黄色薄皮靴，才走了三公里，鞋子就因为渗水而开裂了。

无助之际，一家寺院出现在眼前，他们就像见到了救命稻草一般。晚饭后，哈德莉独自在庭院踱步，发现每扇房门里都盘坐着一位光头和尚。

第二天上路时，哈德莉脚上血泡破裂，疼得寸步难行。海明威和琴克轮流做她的“拐杖”，好不容易才到了前方的火车站，琴克独自回部队去了，哈德莉在开往米兰的火车上一睡不起。

看着妻子遭受如此大罪，海明威看在眼里疼在心里，他真心希望自己可以为妻子分担一些疼痛。

米兰对于海明威来说再熟悉不过了，有那么点儿“回家”的感觉，熟悉的石板街道映出古典的气质。曾经在战争期间用作红十字会医院的大楼已经改了名字，唯一不变的是那高大而古老的建筑风格。走在医院的林荫小道，自己受伤前后的一幕幕像放映机一样在海明威的脑海中迅速闪过，死神的考验让他变得如此强大，唯独阿格妞丝那段记忆变得模糊起来。

婚后的生活让海明威整天沉浸在幸福甜蜜之中，以往的女人都成了生命中匆匆的过客，眼前这位才是最值得呵护和怜爱的。

都摩广场还是那样，就连画廊里的画也没有变过，这些画记录了这个城市的点点滴滴，看着那些画，他也希望用他笔下的激昂文字写下他和哈德莉的生活点滴。

在战争时期，海明威把“斯奥奇”称为世界上最美的地方之一。当还在救护队的时候他经常在那儿的小河洗澡，还常常在洁白的月光下饮酒，所以他非常愿意带哈德莉去看看。

偏偏老天不作美，当他们准备出发时，乌云密布，眼看就要下雨了。这场突如其来的大雨冲散了他回归“故里”的美好心境。

战后几年来，“斯奥奇”变了一副面貌。近处的山峦常年受到雨水侵蚀，美不胜收的景色早已远去，就像美人迟暮一般凄凉，过去那家洁净明亮的旅店变成一间丑陋的小客栈。店内的木质地板走起来咯吱咯吱地响，房里唯一照明的灯光是从悬挂在房中间天花板上那个小灯泡发出来的。那家毛纺厂又开工了，原来的通道用砖块砌起塞住了。从工厂里流出的洗涤羊毛的黑水流进了他曾洗澡的河里，河水被污染了。

海明威冒雨沿着主要街道漫步前进，看着商店橱窗里陈列的衣服、宣传画和廉价的瓷器。

他走进一家酒店，看着面目全非的城镇，匆匆喝了一杯饮料就走了。他现在明白，从前宁静优美的小河和爬满紫藤的花园没有了，或许从来就没有这样的花园，战火的纷飞会让人觉得片刻的宁静就像这世界上最好的景色，而如今时代不同了，心境也就不同了。

第二天，他们又搭乘火车去福萨尔塔。列车的终点是威尼斯，车上挤满了各色人群，大部分是去那里度假的。久违的阳光透过木格玻璃窗照到身上，暖烘烘的。虽然车厢气味冲鼻，但人们心情却好了不少，仿佛威尼斯美丽的轮廓已经出现在眼前。

不久，他们便到了目的地，战争中的颓败景象早已不在，取而代之的是一片片新街区和楼房，刷上了红色油漆，一派生机盎然的景象，也就只有海明威还能隐约辨认出一点原来的痕迹。

故事里，伊人不在，常常是让人最揪心的情节。可是，对于海明威来说，过去的爱情就像水中的波纹一样，一去不复返，更像打碎的古董花瓶，一文不值。

斯特拉斯堡的黑色森林

世上最重要的事，不在于我们身在何处，

而在于我们朝着什么方向走。

死并不是生的对立面，而是作为生的一部分永存。每当想起这句话，都感到无尽的恐惧，像是被带到黑色的森林里，迷了路，在这蔓延着死亡讯息的黑色里，充斥着黑色的枝干、黑色的叶子、黑色的泥土。阳光穿不透这浓重的黑，他在慢慢窒息，慢慢腐化。

走完曾经战斗的地方，海明威夫妇在巴黎的闹市区住了两个多月。这年夏天，海明威只能给《明星报》写几篇捏造的文章，这年夏天实在没有什么重大新闻，海明威善于讲故事，编造几个曲折离奇、夺人眼球的事件应该不难。

由于经常上报，使得海明威在巴黎也小有名气。从美国到巴黎来的同乡几乎都要去拜访他，他心里美极了，上街走路的姿态也高傲了起来。

巴黎这个城市灯红酒绿，夜生活非常丰富，到了晚上，经常可以听到楼宇间传来舞厅的乐曲声。夫妇俩也去过，黑压压的，摆满了木桌和长凳，鱼龙混杂，大部分来这儿的都是船上的水手，来打发无聊的黑夜。凌晨两三点，穿着暴露的妇女们结伴而归，醉醺醺的，嘴里还哼着跑调的爵士乐。在这样的环境下，海明威根本无法专心写作，所以他养成了清晨写作的习惯，点上一支烟，在烟雾弥漫的房间里进行创作。

7月14日是庆祝巴士底日的时候，巴黎的街头到处都是成群结队的人群，打鼓、吹笛、拉小号，路边堆满了大酒桶，人们根本没有休息的意思，一连四天，通宵达旦，举国欢庆。

这一切看起来和海明威夫妇并没有多大关系，为了躲避酷暑和巴黎的喧闹，他们决定立刻动身去德国旅行钓鱼。看了地图，海明威准备坐飞机到斯特拉斯堡，徒步穿越黑森林，去河边钓鳟鱼，紧接着晚上在小客栈过夜。

第二天，海明威夫妇4点就起床了，好不容易在舞厅的一角找到出租车司机，当时他正在拉手风琴，两人乘出租车直奔机场，他们把行李放到座位底下，两人的手紧紧攥在一起，手心都冒出了汗，驾驶员嘱咐他们用棉花堵住自己的耳朵。

飞机起飞了，两人的心瞬间提到了嗓子眼，生怕这大家伙出什么问题，等到飞机平稳地升到空中时，海明威夫妇才渐渐平静下来。这时天已经蒙蒙亮了，这两天大雾，云层很厚，太阳把云彩照得通红，却始终露不出头。

海明威从飞机舷窗仔细往外看，森林就像一条绿色天鹅绒毯子，杜克和南西酒吧的红色屋顶以及圣·米布尔壕沟遥相呼应。

不一会儿，驾驶员轻叩玻璃窗，示意要他们往右下方看去，底下是一条白色的带子，那就是莱茵河。两个小时后，飞机降落在阳光灿烂，长着青草的斯特拉斯堡飞机场，这是他们平生第一次坐飞机，两人都感到十分新奇。

好几天没踏实睡觉了，他们在卢思朗教堂附近的一家旅店住下来，美美地睡了一觉。然后到坎默若尔酒家品尝了鳟鱼，据说这家酒楼 15 世纪就存在了，当地还有一样特色是用莱茵河水酿成的饮料，夫妇俩一致认为这种果汁的味道不错，本想多带走一点，无奈当时德国通货膨胀，价格高昂，最后只能失望而去。

在海明威的印象里，斯特拉斯堡就像格林童话故事中的插图一样，但亲身进入黑森林后，他发现并不如想象得那么好，这大概也就是“只缘身在此山中”的缘故吧。

眼前的森林更像一片荒原，远处是几排长着低矮树木的山峰，地里种着土豆，有些地方杂乱地用竹篱笆围起来作牧场，他们背着旅行包，包上挂着铝锅、铝水壶，叮叮当当的，像小孩脖子上的铃铛。

9 月初，海明威夫妇度完假，便到科罗庚英国部队营地拜访琴克。琴克带他们去看了一尊威尔亨二世骑士塑像。它刚被一伙歹徒毁坏，骑士手中的宝剑被砍断，据说事发时还死了一名警察。这事深深触动了海明威，他当即写了一篇披露德国治安问题的通讯寄给《多伦多明星报》。

他写道：

当一伙歹徒正在破坏骑士塑像时，一个警察走上前去拦阻，想把他们赶走。歹徒们抓住警察，把他扔进冰冷的莱茵河急流中。警察在水中挣扎，游到桥墩附近，双手抓住桥台，一边对着那伙歹徒高声喊叫，扬言要把他们通通捉拿归案，严加惩处。歹徒们一窝蜂似的跑到桥下想再把警察推入水中溺死。不料警察的双手抓住桥墩死死不放。狠毒的歹徒便抡起捣毁塑像的砍柴刀将警察的双手砍掉，沉入河里淹死了。

不久以后，中东地区还真的发生了暴乱。海明威夫妇回到巴黎还不到一周，他接到《明星报》的电话，想派他去采访土耳其和希腊的战争。为了这个事，哈德莉跟他没少吵架，她坚决不同意海明威到中东去，在离家前的几天，夫妇俩没有说过一句话。

海明威还活着，虽然他也会迷茫无助，但快乐总是会占一大部分的。

他总是在痛苦时期待着下一刻的快乐，虽然每个人心里都有一片拒绝他人入内的黑色森林，可是如果没有这黑色森林，又怎能找到出路呢?

海明威需要在这片森林里斟酌思考，需要留点时间自我反思，他甚至可以躲在那里不出来。可是外面只要有他还没放下的人与事，又怎会永远把自己禁锢起来，一直徘徊在黑暗的森林呢?

一场政治洗礼

洛桑城的前线采访，大人物的肮脏勾当，

政治见解在他的笔下锋芒毕露。

笔下思疾苦，两肩挑正义。一个记者想成为名记，必须经受战火的洗礼，看尽悲欢离合，看透人间百态。这样笔触才会有力度，才能像一把匕首，直指人心。

中东之行回来后，海明威的兴奋劲完全过了，疲倦迅速袭来，他整整躺了半个月才缓过来。生死攸关的采访也为他带来了不菲的报酬。一个有野心的人总是贪婪的，他想得到更多，就立马计划着用这笔钱投入新的创作中去。

他心中的世界是跳跃的、丰富的，他想出版一本诗集，并用镶金的厚纸作为包装，膨胀的欲望之花在海明威心里扎根、开花，只是还没有结出果实。

也就是在这个时候，海明威第一次找人给自己画了幅肖像画，坚实的臂膀，伟岸的身躯，看起来确实像个名人。他还兴致勃勃地写信告诉朋友们，不久以后，第一本属于他自己的诗集即将刊出。

男人是天生好胜的动物，时刻对周围充满着野性和斗争欲。给他画肖像的人叫迈克，他也对拳击感兴趣，仅仅这一点就让海明威体内的荷尔蒙燃烧起来。迈克看起来比他还强壮，海明威起初还担心会被对方打败。事实证明，他俩的拳术不相上下，真可谓不打不相识，海明威把那幅画称作拳击肖像画。

从 11 月份开始，海明威的自我感觉越发良好，情绪特别高涨，给《明星报》寄去的文稿得到了很好的反响，写作之余，他经常参加一些作家、画家、记者举办的联谊会，时而品品红酒、喝喝咖啡、下下棋。

海明威看起来容光焕发，仿佛年轻了几岁，又像是快要结婚的订婚男孩。未来对于他来说就像一缕穿透力极强的阳光，不管多厚的云层都能看见。

不知怎么了，他突然想起了阿格妞丝，像是恋恋不忘，又像是想气她，在给她的信中说自己过得很好，已经和哈德莉结婚了，非常幸福，自己的第一本书也即将出版，紧接着又说了一些无关痛痒的话，不知道那一头的阿格妞丝看到后是什么感觉。

现在，海明威不得不承认，要写出好的作品来就要有好的构思，要有丰富的想象力。就像从来没有看过骑士之死，但是文字中的细节却能像身临其境一般。

这些年的摸爬滚打还让他明白了，光会讲故事是万万不够的，就像最早无人问津的几篇作品一样，如果没有深刻的批判意味和伪装的手法，故事还是会归于平庸。

海面上的冰川通常只露了一个角，甚至完全淹没于海平面下，在海浪的拍打下若隐若现，文字要学会伪装，要让读者透过这仅有的信息量去窥探隐藏在深处的事物。

希腊和土耳其将于11月20日在瑞士洛桑城举行和平协商会议来解决领土争端问题。《明星报》迫切地希望海明威去往前线采访。

来不及和家人做更多的道别，他便又一次踏上了征途。会议在一个古堡般的石屋内进行，外表看起来平淡无奇，会议大厅却富丽堂皇。会议安排非常紧凑，整整三个星期，海明威忙得不可开交，根本挤不出一点时间写通讯稿发回报社。

谈判期间，海明威见到了许多从巴黎去的老熟人，他们经常一起交流每天的收获，他用深邃的笔触描写的难民现状给大家留下了很深的印象。

他还认识了一个新朋友，《曼切斯特卫报》的一名记者利欧。经过交谈，海明威对他很感兴趣。虽然他模样怪怪的，下巴又瘦又长，大雾天的时候看见他，你准认为有鬼在跟着你。但正是在他的劝导下，海明威才对国际政治有了进一步的理解。

他们几乎每天一起去吃晚饭。利欧一边喝着白兰地，一边大谈“政治疾病的威力”。那是一种非常复杂的“病状”。开始时怀疑自己被别人感染了，很快就发觉自己已身陷其中，摆脱不了。

利欧的一些话让海明威的政治见解有了突飞猛进的变化，他渐渐地也善于去揭露那些大人物的肮脏勾当，笔下锋芒毕露。

比如他很快改变了对墨索里尼的看法，现今称墨索里尼为“欧洲最大威胁的人物”。在洛桑，海明威见他穿着黑衬衣、白鞋罩。这两样东西配在一起，真令人感到很不顺眼，十分可悲，即使他想大干一番，以便名垂史册。当墨索里尼用他那双充满欲望的大白眼盯着一个叫克莱尔·塞利丹的漂亮女记者看的时候，海明威十分鄙视他。

在一次记者招待会上，墨索里尼板着脸坐在一张大桌子后面，手里拿着一本书。“我蹑着脚悄悄地走到他的背后，看看到底是本什么书，”海明威写道，“天呀！原来是本法英字典，并且还拿倒了。”

不知归期的采访任务让海明威尤其思念哈德莉，他发电报给她，让她尽快坐飞机赶去洛桑，但这次跋山涉水的旅途让海明威夫妇永生难忘。

在旅途中，哈德莉把他的大部分文稿都弄丢了，这是一次刻骨铭心的经历。海明威后来在文章里写道：“当哈德莉告诉我她把东西丢失了的情况时，我看到她那悲痛的程度比起死亡或任何其他的难以忍受的灾难所带来的痛苦要厉害得多，她泣不成声。于是我告诉她，不管所发生的事如何可怕，也不必那样惊恐。她终于把情况详细地告诉我听。我知道她也没有把我的复写纸带来。”

悲痛的心情让他无法再继续工作，海明威请了一名助手代替他处理在洛桑的事务，独自赶回巴黎，他心里明白那一头等着他的是满脸泪痕的妻子。

没有责骂，没有训斥，他只想静一静，自由自在地过一段时间，皑皑白雪，覆盖着青葱的田野，美好的度假生活让他开朗不少。

有时候，失去并不是一件坏事，有舍才有得，有失去才意味着重生。这个世界上只有一种东西，拥有了以后就不会失去，那就是一颗勇敢强大的内心。

巴黎的浪漫时光

收获常常就在不经意间，

一个微笑，一句安慰，一声问候，乃至一缕清风。

大城市的喧嚣和复杂总能给人压力，快节奏的生活和夜晚的灯红酒绿使人的身体得不到休整，不仅如此，渐渐地，心也变得烦躁起来。巴黎的浪漫气氛会让人爱不释手，但酒精的麻醉感总有过去的时候，海明威夫妇累了。

他俩不只一次地议论着要去雷巴罗，迈克和他全家也在那里，还能看到海景，月光下的海特别美丽，摇曳着星光的海湾静静地泊着许多小船。路边的斜坡上到处可见郁郁葱葱的树木，那里的楼房间间隔很大，不像巴黎的闹市区让人压抑得喘不过气。

迈克不断催促海明威夫妇去他那儿旅行，结伴去罗马参观历史古迹。在这样的冬天去地中海，海明威真的不感兴趣，他每天安抚着哈德莉，尽可能地推迟这个计划。

第二年春天，哈德莉怀孕了，天气也暖了，海平面上的冰川也融化了，暖风袭来让人沉醉。他们终于决定到迈克那儿去晒晒太阳，因为这样对胎儿好。

海边潮湿的空气让海明威夫妇不太习惯，呼吸还有一点困难，海浪拍打鹅卵石的声音起初让人新鲜，听多了也有些厌烦。海明威每天最快乐的事就是和迈克赛拳，他巴不得天天训练自己击败迈克。

安逸的生活容易让人懈怠，让大脑停止转动。中国有句古话，“悲愤出诗人。”海明威现在每天和哈德莉睡在大床上，盖着亚麻被子，就是最幸福的时刻。他什么也不愿意去想，静静地躺着，很惬意。

“我正处于最艰难的时期，我再也写不出什么东西了。”这是海明威此时的心声，但他总能遇到贵人，这时他认识了爱德华，是担任年度最佳短篇小说的编辑，他已经编选好了 1932 年最佳小说集，问海明威现在可有作品。

海明威从包里掏出了皱巴巴的《我的老人》。保持一颗平常心就会带来意外的惊喜，失望的来源就是过多的希望。爱德华对这篇文章特别感兴趣，打破了他以往只从杂志里选文章的惯例，最后，文章居然得以发表了。

一个阳光明媚的上午，海明威夫妇和迈克一家外出徒步旅行，他们天南地北聊个不停。面包、奶酪、美酒、干果等东西胡乱地摆在大树底下，弄得跟摆摊的小商贩似的。到了西米诺，他们分开了，迈克夫妇去雷巴罗，海明威夫妇去了威尼斯北部的科迪纳。

一望无际的田野覆盖着厚厚的白雪，冷风刺骨，但空气十分清新，阳光照在身上，暖洋洋的。这是一个小镇，沿街的建筑颇有瑞士建筑的味道，尖顶而又简约。在镇上住的这段日子里，哈德莉还惊喜地结识了一位钢琴演奏家，有一种相见恨晚的感觉，她们聊人生、聊婚姻、聊孩子，一起购物，一起闲逛。

海明威生来就是属于大自然的，清新纯洁的空气马上使他恢复了文学创作的动力，他每天只干两件事：滑雪、写作。

《小评论》的编辑想请海明威为 4 月份的增刊撰写数篇短篇故事，他很快想到了故事的原型，就是他几年前写的一段随笔，被命名为“1922 年的巴黎”的六个句子，他打算把每一句话扩写成段，进而串联成文，最后经过精雕细琢，把一切浮夸的累赘除去，仔细推敲每个字，经过这些步骤之后，必然是有分量的文章。故事显得精巧圆满，同时又具有匕首般尖锐的文字，穿透力极强。

没过多久，六个短篇故事就完成了。和他之前出版的诗集数量一样，六个故事统一命名为《1922 年的巴黎》，其中五篇只是简单的传说故事，重头戏在最后一篇故事上，内容来自报纸上的一篇报道。这篇故事描写了一个得伤寒症的病人，在生命垂危的时候，被人用枪打死，然后放在一个水坑里耷拉着脑袋坐着。他还根据迈克斯特拉特和斯坦恩所提供的情况，写了一篇描述拳击比赛的文章。

他唯一的一篇他亲眼所见的报道文章是他在阿德里诺普见到的希腊难民疏散的情况。由于林肯·斯梯芬十分赏识那篇文章，他便做了大幅度的修改和加工。

3 月份，繁重的采访任务又一次落到了正在度假的海明威身上，他被派去报道法、德两国在鲁尔地区的冲突事件，这不得不使他中断了文学创作，匆匆告别哈德莉，踏上危险的工作旅程。

整个 3 月份，海明威一共写了十篇报道，两万余字，洛桑城的经历让他对时局的把握有了进一步的认识，政治敏感度的提高让他的通讯稿读起来更耐人寻味。德法边界很不太平，德国工人阶级对于法国的行径满腔怒火，并且势头越来越猛。无奈之下，海明威只能被安全撤回巴黎。

回到科迪纳时，积雪已慢慢融化，这时候出游应该带鱼竿而不是雪橇了。工人们劳作的场面让他突发灵感，于是捕捉画面进行新的创作。在上次文稿遗失之后，这还是海明威第一次创作完整结构的短篇小说，可不经意间，他却走出了文学生涯的关键一步。

他正在注意到“一种新的理论，即在文章中如果作者认为可以省略不写的，就应当毫不犹豫地省略。这样省略之后，文章就更有力，读者也感到文章含义更深”。

收获常常就在不经意间，一个微笑、一句安慰、一声问候，乃至一缕清风都可能会使人有意外的收获。海明威的早期文学生涯中，运用美学的理论和观点进行写作的成功之处。也正是在这篇小说里，而不是在那他曾引为自豪的然而十分乏味、毫无感染力的诗歌里，表现出他真正的才华来。而这种才华将在他以后的创作中更明显地展现出来。

西班牙的斗牛赛

看一场真正的斗牛赛，

海明威多年的愿望终于实现。

中国曾经出现过一个马背上的民族，几十万铁骑横踏中原，所向披靡，令西方诸国闻风丧胆。西方也有一个“牛背上的民族”——西班牙斗牛士粗犷豪放，又精致典雅。既有类似远古先民捕猎野兽的壮观场面，又体现出现代文明高雅、胆识、技巧、意志、敏锐的结晶。精美的艺术造型，野性的力量展示。二者充满矛盾，却完美而又统一。

对于海明威来说，西班牙是个神秘的国家，他曾经数次路过这个国度，但终究只是匆匆一瞥，也未见其真容。曾经在自己的文章中幻想出斗牛士的勇猛无敌，但想象终究是想象，无法给人带来真正的灵感。

看一场真正的斗牛赛是海明威内心最大的渴望，凑足了钱，他约了迈克，两人仔细地规划了旅行路线及沿途的相关事项便出发了。

自从和海明威相识后，迈克非常珍惜这份友情，有时甚至到了无事献殷勤的地步。但海明威对此却并没有太大感觉，他反而越来越瞧不起迈克，觉得迈克长着一个小偷脸，尖尖的下巴、媚笑的小眼睛配上长长的脖子，很难看，也只有和他交流拳术的时候才顺眼。

从踏入西班牙国境开始，海明威变得沉默寡言起来，他用冷峻的目光打量着这个国家的风土人情。直到晚上入住一家专供斗牛士住宿的旅店时，他才开始活跃起来，此时他已对这个从未涉足的国家有所了解，并能向别人介绍了。这一点，迈克着实佩服他。

海明威大口地喝着啤酒，再三向人强调，斗牛运动绝不是残忍的行为，这是人们的普遍误解。每一次斗牛都是一场战争，战争总有死伤，最终的幸存者就是王道。

第二天上午，他们在塞维尔看了一场空前盛大的斗牛会，现场的热烈气氛简直快让他们窒息。多年的愿望终于实现。海明威表面上没有什么激动的表现，他依然在用那双锐利的“鹰眼”扫视着四周，当第一头牛把斗牛士撞翻在地时，迈克激动得从座位上跳了起来，海明威鄙视地望了他一眼。

海明威在几年后的一篇小说中，写道：某某今年 27 岁，美国人，男性，大学毕业生。在乡下是个牧童。他带着一瓶白兰地到斗牛场里去——每隔一会儿就要喝几口。当牛把骑马斗牛士弄翻，攻击马匹时，某某就深深地吸了几口气——又喝几口白兰地。

每看一场斗牛会，海明威都在仔细地观察，试图从中找寻到什么灵感。虽然表面看不出他对此有什么热情，但内心狂野的涌动不为人知。事实证明，斗牛给他今后的小说创作注入了潜移默化的通灵之感，他还有另外一句关于斗牛的名言，他说："人生就像是斗牛，不是牛被人杀死，就是人被牛挑死。"

西班牙男人在他眼里像战士那样有魅力，相比之下，西班牙女子则逊色不少。他们看了几场吉卜赛歌舞，身材肥硕的女人边跺脚边演奏着吉他。这场景让他作呕，想尽快离开这个鬼地方。

按照原先的计划，他们转战去了隆达，那是一个依山傍水的小村庄，晚霞照在山崖上美极了，像蒙娜丽莎的微笑那样朦胧，黑色的乌鸦在金色夕阳中盘旋，颇有点土鸡变凤凰的意境。这样天然的景色立刻扫去了海明威心中的些许阴霾。

回到巴黎，海明威每天都跟哈德莉讲述西班牙的种种遭遇，说得已有身孕的哈德莉心里阵阵骚动。没过多久，海明威又想去西班牙采集一些第一手的写作资料，这样还可以顺便满足哈德莉的心愿，同时夫妇俩还一致认为，观看斗牛表演对胎儿是很好的早教。

每年 7 月，西班牙都会举行胜弗明节庆祝会，届时全西班牙的斗牛士和最凶猛的牛都会云集到那儿，他们决定立刻动身，一来躲避楼下震耳欲聋的噪音，二来错开巴黎六七月的梅雨季。

疯狂的西班牙人总算露出了真面目。每天早晨，海明威把哈德莉叫醒，走到窗口，就可以看到不远处一条一里半长的铺着鹅卵石的路上，一群凶横的蛮牛飞奔疾驰，往广场的牛栏那儿去。在牛群前面是庞普罗纳全市的青年男子。他们拿生命开玩笑，向站在周围观看的群众炫耀自己的威风。

有两位斗牛士给海明威留下了很深的印象，其中有一个叫尼卡诺·威拉尔塔，身体无比强壮，雄狮般勇猛刚毅，见到雄牛丝毫不惧，仿佛就是为斗牛而生。夫妇俩还私下商议，要是腹中胎儿将来是个男孩，就取名为尼卡诺·威拉尔塔，希望孩子能成为一个坚强的男人。

在庞普罗纳全部的收获就是观看斗牛，凭这些材料要想构思小说是远远不够的，加之哈德莉一回到巴黎就得了重感冒，海明威的生活被搅得烦躁不安，根本无心创作。

终于，爱人病情的好转让他悬着的心放了下来。接下来的一个月，海明威收获颇丰，他接连写了五篇小故事，内容都取材于在西班牙观看斗牛的情况。其中一篇描写一个骑马斗牛士的马撞倒了一个可怜的流浪汉，马把那人的内脏都踩出来了；一篇描写一个运气不好的斗牛士斗输了，使观众大失所望；一篇叙述一个墨西哥斗牛士如何不负责任。

这些文章都被出版社定了下来，夫妇俩马上要到哈德莉的祖国加拿大去了，他们将在那儿生下他们的第一个孩子。

海明威即将做父亲了，这对于年轻的他来说既兴奋又恐惧，未来一切的未知让他小心翼翼得像一头蛮牛在铺满鹅卵石的小路上奔驰，没错，他就是一头凶猛的公牛！谁能降伏他呢？

灰色加拿大

保护好你的梦想，等到它开花结果的那天，

它会让你俯视所有曾经看低你的人。

为事业、为生计、为理想奔波，是每个人都必须面对的生活命题。不过，外面的世界不论多精彩，人们还是常常牵挂养育了自己的那一方水土。

故乡的家是人生路上的第一个驿站，是生命的开始，是万里长河的源头，是参天大树的沃土，是百丈高楼的根基。所以人们才对故乡有别样的感情。

同时，故乡的家，又是生命的加油站。当人们向着理想的彼岸起航时，家扬起了风帆；当人们在人生竞技场拼搏时，家在为他鼓劲；人们越过一座座山峰，涉过一道道险水，摘取成功的果实时，家总是在沉默中给予其坚挺和力量。

当“安达尼亚号”游轮缓缓地停靠在码头时，哈德莉明显感觉到自己到家了，空气中的味道也不一样了，那是一种似曾相识的味道。刚一下船，夫妇俩就被一群热情好客的朋友围住了，多年未见，感情却像一瓶陈年的美酒，一开瓶就香气四溢。

哈德莉准备住在一个家庭旅店，准备分娩，因为医生说孩子可能会晚产，要到 10 月底或者 11 月初才能正常生下来。海明威有点等不急了，他希望自己立刻能做父亲，享受人生的另一种乐趣。

他去《明星报》找约翰·伯恩，但发现报社的老板换了，他并不认识海明威，也不熟悉他的文风和才华，所以决定让海明威做一般的工作。这还意味着，海明威的名字不仅不会被列入名人栏里，还得接受枯燥的城外采访任务。

海明威现在开始想念巴黎了，他的内心还惦记着自己即将出刊的那几篇文章，《明星报》的日常工作让他觉得既乏味又毫无生气。

这几周的采访生活简直折磨得他受不了，他一刻也不愿意继续在报社干这样的工作了，有时干到一半儿就独自回家了。《明星报》的老板气得咬牙切齿，满世界找他。

也正巧，10 月 9 日那天晚上，雷电交加，海明威正在回家的路上，哈德莉肚子开始剧痛。康纳布尔太太把她送到附近的医院，医生说要她提前分娩了。

第二天凌晨，婴儿出生了，是个男孩。海明威赶到医院时，激动兴奋的心情简直无法用言语形容，他激动地不停地跺着脚，双手敲打着医院的雪白墙壁，好一会儿没有说出话来。

他们的孩子很美，头发像海明威，是暗褐色的，一对蓝色的大眼睛，有七磅五盎司重，胖乎乎的，显得非常可爱。最有特征的还是那只鼻子，像极了海明威的父亲。他对哈德莉说，婴儿的鼻子使他看起来像西班牙的国王，他们甚至给婴儿所取的名字也带有西班牙的风味。为了向婴儿的母亲和斗牛士维拉尔塔表示敬意，他们替婴儿取名为约翰·哈德莉·尼卡诺·海明威。

孩子没出生几天，烦心的事就找上门了。报社又要派海明威到纽约去采访，哈德莉像发疯一样的愤怒和无助，她写信给《明星报》的老板说："我的宝贝男人没有感受到给丝毫的温暖和安慰，他一来到医院，就因旅途的劳累而疲惫不堪，虽然后来好一些。昨天是 10 月 11 日，他在办公室被那毫无良心的人责骂一顿，说他在回报社汇报工作之前不应该先到医院来看我和小孩，我打算在我身体恢复过来以后就尽快离开这个地方。在这里简直太可怕了，真是无法形容，也不值得留恋。要是我们在这里多待一些时候，我的宝贝男人就会被伤害，甚至被害死。他几乎已经发疯了。我们本来应该高高兴兴的，可现在我们的心情却万分地沉重。”

婴儿一天天长大，看着他，仿佛一切都那么生机勃发，他身体非常健康，渐渐不怎么哭了，还学会对爸爸妈妈笑了。后来海明威在文章里说，他对小宝贝的爱越来越深，无法自拔。

如今，海明威可以算是一位成熟的作家了，书柜里整齐地摆放着他自己出版的一些书和诗集，美中不足的是，他的创作并没有引起美国文学界的注意。

此外，在新闻报道方面，他现在只给《明星报》撰写一些特写稿件。他经常跟人说他要回巴黎去，等孩子稳定后立刻就走。他对加拿大的感觉坏极了，在这里，根本没有地方施展他的才能，就好像巨龙被困在了浅滩，走投无路之感跃然心间。他也突然悟出了为什么有些人会自行了断，当前方的路一片迷茫之时，人容易产生幻觉。

海明威性格上最大的特点就是喜欢言过其实，喜欢过分地夸大自己的优点和客观环境的恶劣，就像他自己形容在多伦多的这三个月，他说：“这三个月差点毁了我 10 年的写作生涯。”

失望绝大多数是来自过高的期望值，他原先抱着极大的希望来到多伦多，但无情的现实让他无比地苦闷。

然而失望的生活中也会有惊喜的，《我们的时代》这本书出版了，封面上有着海明威大大的肖像画，这是他最喜欢的设计方式，帅气的拳击画像让他自己看了都怦然心动。虽然只印了 300 多本，但他还是迫不及待地寄出 50 多本作为圣诞礼物送给好友。

其间，他抽空回了趟家，哈德莉没有跟着去。因为路途遥远，带着婴儿不太方便。葛莱丝真心为他的儿子各方面的进步感到高兴，他现在像个男人了，当一位母亲看到自己的孩子有出息时的心情是旁人无法体会的，是一种无法用言语能形容的愉悦。

海明威夫妇马上就要离开多伦多，去纽约来一场漫长的旅行了。他一点也不留恋这个地方，当火车头喷出阵阵白烟，车厢渐渐蠕动时，他内心的激动溢于言表，他根本不想回头再看多伦多一眼，这个讨厌的城市留给他的只有灰色的心情。

第三章

欲望，
一个人青春的内在标志

生活赋予我们一种巨大的、无限高贵的礼品，

这就是青春。

青春是血管中滚滚流淌着地血液，

是产生化学反应的荷尔蒙，是跳动着的肾上腺素。

青春不是人生的一段时期，而是心灵的一种状态，

它充满力量，充满期待，充满求知和斗争的志向，

也充满希望和信心。

父爱如山

儿子、丈夫、父亲，

当一个男人懂得这些角色背后深重的意义时，他才真正成熟。

灰色的多伦多不堪回首，被禁锢已久的心灵终于逃出升天。一缕阳光射了进来，一切又开始变得美好，海浪拍打着油轮，起起伏伏，就像在摇椅上一样惬意，时不时有一群海鸥展翅翱翔，成双结对，在一望无垠的海面上嬉戏，偶尔会有飞鱼蹿出海面，左右各跃出一条，在阳光的映衬下画成一个心形。

在去往巴黎的船上，海明威显得更为自由自在，就像刚从监狱里出来一样，对什么都充满了兴趣。这是夫妇俩第一次带着婴儿踏上旅程，心情格外不同，虽然还在吃奶的宝贝对夫妇俩是个不小的麻烦，但他们想让婴儿感受到大自然所有的美好。

巴黎的房子已经到了租期，现在的首要问题是找房子，原先的地方过于嘈杂，且潮湿，不适合婴儿的成长，他们心里很清楚，婴儿的出生意味着生活的新生。

在城郊的一座山坡上，有一幢房子的二楼有空房出租，夫妇俩认为那里不错。那里有清新自然的空气，附近就是爱丁堡公园，哈德莉可以带孩子去那里遛弯。

世界上的确没有完美的选择，遗憾的是，他们的新家对面有一个锯木厂，整天夹杂着马达的轰鸣声和堆砌木板发出的声响，这使海明威没有办法静下心来写作。

他们的孩子可爱得让人爱不释手，喝橙汁的时候总是嘟着个小嘴吐着泡泡，海明威给婴儿取了许多外号，像“加里多”、“梅特和佐”，等等。但“波比”这个外号似乎更吸引人。因为这是哈德莉给她那长得胖乎乎、暖融融，像小狗熊一般的宝贝儿子所取的绰号。

福特·马多克斯在巴黎创办了一本新的杂志叫《美洲评论》。杂志社就在三山出版社的后面，海明威还在多伦多的时候，福特就曾提过这个事情，但海明威以为他是夸海口的，所以这次行动还真令海明威惊讶。

福特在某一天举办了一个文艺茶会，不修边幅的海明威带着哈德莉前去参加。他穿着旧运动鞋，褪色的牛仔上衣依稀可见几个补丁，这次会上，他认识了一个彬彬有礼、衣冠楚楚的青年，名叫哈洛德罗布，是普林斯顿学校11年前的校友。

海明威夫妇现在的经济状况出了点问题，海明威在福特那一分钱也没拿到，《明星报》那也没有钱给他，哈德莉原先的基金委托给一个朋友，由于经营不善，几乎损失了一半的钱。波比出世，正是需要钱的时候，夫妇俩愁上心头。

《印第安人营寨》这篇小说是海明威从多伦多回来后一直在创作的，小说主要描写了北密执安的印第安人发生的恐怖事件，整个故事是以瓦伦湖为背景的，显然是曾经夏天的度假生活给了海明威灵感，故事中还有一位医生、医生的弟弟及儿子。这明显是以海明威医生、叔叔乔治和海明威自己为蓝本的。

这篇小说的开头原先有一个长达10多页的序曲，但在修改时被删掉了，至于原因有很多种说法，可能是为了适应出版社的字数要求，不过更有可能的是在实行他主张的一种新的写作方法。删掉这一部分，不但使行文简洁，而且使文章更有力，更能引起读者的兴趣、玩味和深思；也可能是作者认为故事中若保留这段序曲就会大大削弱故事的主题——生与死，从而使故事的高潮——暴力摧残受到弱化。

波比五个月大了，夫妇俩带他去教堂做了一个简短的洗礼仪式。洗礼完毕后这小宝贝立刻被尊称为“圣子波比”。

看着小波比一天天茁壮成长，海明威内心希望自己可以为了小波比艰苦卓绝地奋斗。他经常问福特一个问题：“人要成名，非要经过很长的时间吗?”其实福特真心佩服这个副编辑，他有强壮有力的体格，与众不同的思维方式，坚毅勇敢的性格。所以，只要是海明威寄来的文稿，他看几眼就会马上决定发表，他坚信这个特别的年轻人将来必定会一鸣惊人。

天赋再出色，没有坚实的奋斗是不可能成功的。海明威心中深谙此理，于是他每天天没亮就起床，先把波比的奶瓶消毒，再调配奶粉，冲完奶，细心的他还亲自抿了一口，生怕烫着小波比，他每天也就这个时间能做家务了，但作为一个父亲，他认为自己必须表达对孩子深深的爱意。

每日清晨的操劳才让他体会到操持家务的辛劳，这段时间，他准备创作一个篇幅比较长的短篇小说，名字也想好了，叫《滔滔双心河》，写的是关于《印第安人营寨》里的男孩尼克阿丹斯的事迹。现在他已长大了，能单独到密执安北部高原悉尼附近的福克斯河去钓鱼，后来他参军到前线打仗，负了伤回来。但是故事并没有正面明指战争和受伤。

其实海明威这是在影射自己，对当初乳臭未干的不成熟行为感到可笑，如今他才体会到父母的滔滔双心对自己的期许和牵挂。所以取了这个富有诗意的名字，同时他也把自己和哈德莉这两颗滚烫的爱心献给小波比。

那年7月，海明威准备带哈德莉再去一次西班牙，收集些写作资料。在把小波比拜托给邻居波巴奇太太照料后，海明威夫妇便开始他们的第二次（海明威是第三次）的西班牙旅行。

海明威总能做出常人不敢为之事。这次西班牙之旅，他的惊人之举莫过于单独斗牛。他真的太勇敢了，当一头蛮牛向他猛冲过来时，全场的观众都屏气凝神，海明威仍然镇定自若，颇有大将风度，最终他被蛮牛撞倒，断了两根肋骨。这场经历令他永世难忘。

哈德莉心疼极了，她不停地低声责怪自己心爱的男人。海明威却毫不在乎，在他看来，这是一个大丈夫所为，是一个英雄所为，如今所做的一切，小波比以后都会懂得。他希望波比长大后能和自己一样勇敢、坚强，做顶天立地的大丈夫。

父爱如山。他用肩膀挑起生活的重担，任岁月和磨难在肩上磨起厚厚的茧。正如一位中国文人说："作为男人的一生，是儿子也是父亲。前半生儿子是父亲的影子，后半生父亲是儿子的影子。"起初读来没有太多感触，只有深思熟虑之后才会明白什么是真正的父爱。

文字之战

嘴上说的就是人生，一定要说积极向上的话，

并逐渐把说过的话变成现实。

英雄的梦想人人可以拥有，只是冲动需要付出代价，比如那一次斗牛后的负伤。抚平伤痛的唯一解药是时间，在光影交错中，这个骄傲的男人等待着伤口结痂，脱落，变为丑陋但又象征着勇气的伤痕。那仿佛是一种勋章，刻在他的皮肤上。尽管会在雨夜里暗暗发痒，但也时刻提醒着他，他要做一个硬汉，勇敢，无所畏惧。

等海明威的伤势明显好转后，海明威夫妇立即返回了巴黎。他们离开小波比好几个星期了，脑子里全是那小家伙的身影。家里一切都和往常一样，只有小波比每天都会给人惊喜，他正在长牙，每天凌晨两三点钟就会哭闹，惹得全家人不得安宁。海明威为此调整了晚上值班的时间，他每天两三点钟起来做家务，这样即使波比闹得再凶，夫妇俩也能睡得着。

8 月份本来应该是海明威感到兴奋的时候，这是一个适合外出徒步旅行的季节，但看了 8 月刊的《美洲评论》后，这种心情完全消失了。在福特离开的那段时间，海明威尽心尽力地帮他安排好社内的一切事务，早已把 8 月刊的内容完全编排好。

福特回巴黎时，海明威在西班牙斗牛。福特没有同他商量就擅自加了一条编者按语，恶意地指责海明威私自把一个美国青年作家的长篇文章塞进月刊里。海明威觉得被伤了自尊，极其愤怒，实际上他为了帮助福特，自己还为此做出过较大牺牲。

过了一段时间，福特才亲自对海明威表示歉意，并告知他杂志的经费快用尽了，原来的资助人突发癌症病亡，所以杂志从月刊改为季刊。虽然海明威并没有完全消气，但他还是找了曾经的一个老战友帮福特渡过了资金的难关。

烦心事没有了，心境自然平和了许多。每天的生活变得有规律起来：照顾波比，捎带做点儿家务活，剩下的时间便沉心于写作之中。那段时间，他效率奇高，一口气写完了短篇小说《滔滔双心河》，这是海明威有史以来篇幅最长的一篇小说。他仿佛有说不完的话，在小说的结尾之后又加上了3000字，主要是尼克阿丹斯的内心独白以及美学原则的分析与评价。他写道：

通过你虚构或想象所写出来的东西才是真正有价值的东西……佐斯的弱点就在这里。在小说《尤里赛斯》中的人物达达拉斯就是佐斯本人，是个令人可怕的人。关于他，佐斯是那么的罗曼蒂克和有理性。他使布龙出了名。布龙是了不起的。他也使布龙夫人出名，她是世界上最伟大的。这就是迈克的创作方法。迈克的创作太接近于现实。作家要深入体验生活，然后才能创造出你自己的人物来。尼克阿丹斯在小说中不能反映出他的性格。

当然，他从来未见过印第安人的妇女生孩子。这就是好的一方面……他看见过一个妇女在通往卡拉格齐的路上生小孩时，他主动地走过去帮忙，这样做才是正确的。

尼克想成为一个作家，而且自己深信不疑。如果你热爱你居住的这个世界，热爱这个世界的人，那么要成为一个真正的好作家是不容易的，因为要你同时喜欢那么多的地方是困难的……有可供你写作的时间。不是良心，而是行动。这是比任何东西都有趣的。他，尼克，想描写农村，那他就得像赛让恩作画那样，得从你内心的想法做起。他感到这件事做起来十分神圣，但又非常的难办。要是你尽力去做，你就能做好。如果你只是用眼睛观察事物，你就很难谈出什么东西来……他明白赛让恩将如何绘出这一段河流。天啊！要是他能在这里多好呀。他们死去了，真糟糕。人们工作一辈子，到后来就是衰老和死亡。

不要忘了，此时的海明威才年仅25岁。他后来谈到自己的写作时，认为作者首先要有对世界的热爱、对美的追求，描写的内容虽然取材于生活，但不应该与生活等同，应该熟悉生活，然后经过作家大脑的锤炼，创造出典型，如此写出来的东西才会吸引人，不至于干巴巴的。

海明威渴望成为一名作家，一名享誉欧洲的作家。他虽然嘴上不常说，但心里还是很有把握的，他现在不像从前了，渐渐从大量的写作中悟出了点规律，觉得创作是一项抽丝剥茧的工作。

从多伦多回巴黎后，海明威连续不断地写了九个精彩的短篇小说，而《滔滔双心河》是其中一篇。他在创作上所取得的进步和成就是十分迅速且巨大的。除了《印第安人营寨》这一篇外，还写了《医生及其妻子》、《归来的战士》、《落汤鸡》、《史密斯夫妇》，等等。

这九篇小说和之前的诗集相比，无论从数量还是质量上来说都足以引起出版社的重视，有好几个出版商在联系他，相信未来海明威一定会成为一名出色的新型作家。

此时，福特和海明威则彻底闹僵了。海明威写了一篇文章暗指福特不应该急着把《美洲评论》转让给他人，福特被他说成一个十恶不赦的坏人，撒谎、欺骗、道貌岸然，装出一副英国绅士的模样，什么坏事都干尽，以此来掩盖他的无能和内心的空虚。当然，海明威的指责是过分夸大了，这是他一向的处世风格。

福特的态度是温和的，所说的当然也是合情合理的。除海明威外，任何人都会因福特做出种种努力使事情得到和解而原谅他。可是，海明威却认为这是对自己人格的莫大侮辱。事情的起因是福特进行了公开道歉，为海明威攻击艾略特的事情做了声明，表示《美洲评论》对艾略特的诗作非常认同和佩服。新仇勾起了旧恨，想起三个月前福特的所作所为，现在事情发展到了不可收拾的地步，海明威一下子断绝了他同福特的友谊，肆无忌惮地攻击谩骂福特。

然而，一切都枉费心机。该杂志终于在 1925 年 1 月 1 日“寿终正寝”。一场没有硝烟的战争就此结束了，虽然没有战火，却直捣人心。

太坚硬的事物，势必缺少柔韧。海明威自诩为无所畏惧的硬汉，但性格中终究缺失了一些宽容与大度。他敢爱也敢恨，空气中要么是热浪，要么是寒风，让周围的人们，既钦佩，又畏惧。

如冰雪般洁白的“东方王国”

有些路，你不继续向前走下去，

就不会知道那边的风景有多壮美。

11 月份是巴黎的梅雨季节，潮湿的空气让古老的砖木结构的小楼总散发出一股浓浓的霉变味道。海明威夫妇都对这种气候十分厌恶。他们计划一起去阿尔卑斯山去。

海明威曾经说过，此生一定要去白雪皑皑、雪天一色的地方，感受一下大自然的鬼斧神工。但是，他们眼下的困难是资金问题，尽管房租比之前还要便宜，但小波比的出生让这个原本并不富裕的家庭更加拮据。

让海明威感到为难的时候，他的老朋友伯特拉姆霍托曼给他写了封信，信中告诉他在奥地利有个叫斯奇伦斯的小山村，位于苏黎世和莫斯布卢克之间，这个地方景色非常诱人，空气纯净、天然，生活方式简朴，不过更吸引海明威的是滑雪，据说在那里滑雪是件不可多得的人生美事。他们可以把巴黎的房子租给别人，全家安安心心地在大雪纷飞的山区里度过整个寒冬。

在离开巴黎前，海明威按照惯例向新结交的朋友们道别。有一个叫珍妮·弗莱那的女人，是《纽约时报》的特约记者，海明威跟她来往密切，经常去她的住所谈天说地，而且每次去就坐那一把椅子。为此，珍妮还给那把椅子取了个名，叫“海明威椅子”。

海明威的睿智、伟岸给她留下深刻的印象，要不是他已经“名草”有主，恨不得嫁给他。

在去奥地利之前，他的新作《不可战胜的人》出炉了。这个故事在9月份才开始写的，11月就收笔了，整个短篇概括了他三次去西班牙感受斗牛的领悟。他自己很喜欢这个故事，因为题材非常新颖，别人还未涉略，但他不了解读者也就是市场的反应如何。

令他们全家兴奋的时刻即将到来，海明威夫妇起程去了奥地利。经过步行、火车、货车和电车的几经辗转，他们终于到了斯奇伦斯山谷。顿时，他们被眼前的景色惊呆了。

寒冬时节，还有成群的牛羊在草地上悠然地吃草，远处的山脉一片雪白，与天空连成一片，两者之间的强烈反差让夫妇俩不得不佩服大自然的神奇力量。

托布家庭旅店，一幢五层楼楼房，面朝着克奇普拉兹山，海明威夫妇住在二楼的一个套间，海明威独自住在前房，哈德莉和小波比住在毗邻花园的后房。从前房的窗口向外望去，近处的山谷中长满了郁郁葱葱的杉树，一片绿色的海洋，山腰上星星点点地分布着农舍和草地，而远处则山峦重叠，雾雪朦胧，视觉效果极佳。

这座小镇不大，但却让海明威回忆起故乡的味道，村里有一条小河，自然地把整个村镇分割开来，有水的地方就有灵动之气，镇上的人讲蒙太纳方言，一见到陌生人就会脱帽表示问候，嘴里说着欢迎你。

海明威对此地好客的风俗印象深刻，他后悔之前在战场上怎么会把奥地利人作为敌人。这个地方多么好呀！住得舒适，伙食令人满意，有各色各样的啤酒，房里有一架钢琴可供哈德莉使用，还有一位住在旅店附近的漂亮女佣人。她叫玛西德布朗，从第一天见面起，她就非常喜欢波比。

那年冬天，整个欧洲的气候与往年不同，是暖冬，大雪姗姗来迟。秋天的奋发创作让海明威有了些许惰性，他这会儿又需要一个像巴黎这样的大城市来激发他的创作欲望。作家就是这样，思维不停地跳跃，近乎神经质的地步。这座小镇上安静规律的生活让海明威习以为常，外界的松弛给不了他心灵的触动，因而创作想法也少了很多。

大雪终于来了，站在地势较高的山头，望着静静坐落在山谷中斯奇伦斯小村镇，就像一个躺在母亲怀中熟睡的婴儿，身上还盖着一条厚厚的白色毛毯，蜿蜒几公里向南延伸。哈德莉的房里有一架钢琴，此时她正演奏《雪绒花》给波比听：

雪绒花，雪绒花，每天早晨你都欢迎着我，小而白，洁又亮，你看起来好像花朵，很高兴遇见我雪白的花朵，你盛开茁壮，永远开放、成长。

这是夫妇俩对小波比的美好心愿。

哈德莉给海明威织了一件毛衣和一顶滑雪帽。夫妇俩互相依偎着在花园里看雪，他们好久没有如此安静地待在一起了，忙碌的生活压得他们心里十分浮躁。

这大雪一来就像给海明威打了一针强心剂一样，他整个人的精神面貌都变了，食欲也大大地增加了。他后来在小说里写道：“对他来说，每顿饭都是十分重要的。”弗罗涅尔斯负责厨房炊事工作，他监制烧牛肉，在里面加马铃薯、酒和酱油以及鹿肉；还负责制作蛋饼和蛋奶酥以及本地梅酱布丁等。这里有大量的红葡萄酒和啤酒供应。海明威喜欢饮用本地的龙胆紫制成的荷兰杜松子酒和米酒。他蓄起了胡子，人家叫他“黑胡子基督”或“黑胡子酒鬼基督”。

1月中的一天，他收到出版社的来信，他新构思的一个故事被接受了，稿费暂时定为1000法郎，而《三个故事》和《我们的时代》却反响效果不佳。海明威沮丧地觉得，他辛辛苦苦创作了一年，总共才得到1100法郎，他和哈德莉每月只能靠100法郎过日子。

2月初，山中的积雪足够厚实，他和兰特一起从海拔3200公尺的地方往下滑雪，并用12分钟的时间，滑完一条五公里长的冰河。返回来时已是黄昏时刻，海明威满面风霜，疲惫不堪，一进屋便看到两封从山下送来的由斯奇伦斯发来的电报。一封是唐斯梯华特的，另一封是哈洛德·罗勃的。两封电报都不约而同地报告一个喜讯——霍拉斯·里乌怀特已同意出版他的《我们的时代》一书。

海明威夫妇在奥地利住了很长一段时间，在这期间他没有花多少时间在创作上，最多写写信件，修改下原先的文稿，自然给了他心灵的小憩。每天和村民闲聊，谈天说地，置身此地时尚不理解这段经历的真正含义，可能要到很多年后，他才对心里的那个美丽的“东方王国”久久难忘，并暗暗回味，那是多么好听的名字。

和朋友们在一起

青春是一场无知的奔忙，

总会留下颠沛流离的伤，但明天仍有太阳。

童年是一个谜，混沌初开，稚嫩好奇；少年是一幅画，色彩绮丽，烂漫天真；青年是一首诗，浪漫潇洒，热情开朗；中年是一座山，顶天立地，傲视天地；老年是一杯茶，香浓美味，源远流长。

哈洛德听说海明威夫妇从奥地利归来，立刻前去探访他们。他满怀欣喜，因为海明威和他的小说即将由波尼和里乌怀特出版公司出版。哈洛德邀请海明威夫妇去他家举行个小型庆祝会，红酒、咖啡、美食还有悠扬的乐曲，这绝对是一个值得庆祝的事情，所以他们都喝到忘情。

过了不久，波尼两姊妹又到锯木厂对面的海明威的家看望哈德莉和波比。显然，她们姊妹俩已过惯了上层阶级的舒适生活。后来波林对凯蒂说，她对海明威以文学艺术创作为名让他的妻子和儿子过着艰苦的生活，简直十分震惊，她们也难以理解哈德莉竟然能同这样一个男人生活下去。

回到巴黎以后，海明威几乎每天都要去出版社，帮忙参加杂志《季度》的编辑工作。这个杂志刚刚起步，但篇幅不断地在增加，一共有 250 页，海明威在这方面有经验，对于办刊初期所出现的一系列问题也非常了解，他还帮哈德莉报名了校稿员工作。

在工作如此忙碌之际，他收到了从美国寄来的一封信，是《代耳》杂志社寄来的，信中说那篇《不可战胜的人》故事写得非常好，发人深思，但是对于美国读者背景来说，不太合时宜。海明威的心情立刻降到了冰点，他明白，之前的好话都是阿谀奉承之言，对方实际上是在婉言拒绝他的小说。

他立刻给特华尔斯写信，说美国有名声的或无名声的杂志社没有一家愿意接受他的稿子。这虽是有些言过其实，但也确有此事。特华尔斯却给他写了一封赞扬信，随信附上一张莫赫德小姐的汇票。

埃瑟尔·莫赫德买了海明威两篇较长的短篇小说，海明威非常感激她，因为他正好用这笔钱付了房租。

关心海明威小说的出版社渐渐多了起来，波尼买了他的一本故事集的手稿，海明威寄给他们一篇新作品《战斗者》替换原先不走运的那篇文章《在密执安那边》，他欣赏波尼的办事风格——在未经作者本人的同意下，不得修改原文的任何章节。他觉得这是对作者的一种尊重。

毕尔·史密斯来巴黎了，海明威欣喜万分，像对待多年未见的兄弟一样款待他。海明威把自己的书房让出来给毕尔住，没过多久，毕尔拜访了乔达夫妇，双方都有相见恨晚的感觉。海明威还把毕尔介绍给波林·普菲弗。每天下午，海明威在花园里的小桌子上创作，有时还同毕尔·哈洛德和保尔·菲谢他们一起打网球。

和他们一起玩的有一个叫朵芙的英国女人，纤细优美的身段，天蓝色的双眸，金色小卷发，她经常在交谈时发出爽朗的笑声，仿佛就是大自然的布谷鸟在山谷鸣唱，哈洛德第一次见到她就倾心不已。她穿着一条淡淡的花布裙子，没有化妆又好像涂着淡妆，清水出芙蓉，天然去雕饰，那种气质的美，淡雅动人。

5 月里的一天，海明威正坐在第兰布大街丁哥小酒店里同朵芙和帕特谈天的时候，忽然听到身边有人在说话，他抬头一看，原来是曾经介绍他认识马克斯威尔伯金斯的那个人——费兹吉雷德。

和海明威一样，他对写作持严肃认真的态度，有独立见解，从不人云亦云。他年轻乐观，慷慨大方，对人热情。他的衣着比海明威讲究些，生活条件也比他好一些。他虽个子高大，却有点稚气，也有点脆弱。他做了自我介绍，也把与他同来的一个年轻人司各脱介绍给大家认识。海明威立即对这个年轻人产生了兴趣，但对于费兹吉雷德，他还没有具体的看法。他后来写道，他留着卷曲的金发，前额很高，一对充满着激情和友谊的眼睛，优美的宽嘴巴。要是是一个姑娘，定会增添了几分美貌。他脸形匀称，耳朵灵巧，鼻子端正……看了他的嘴巴，你会感到几分疑虑，促使你去了解他。

他们第二次见面的时候，司各脱建议海明威看《伟大的格茨贝》一书，还说他在普林斯顿时就是按这个法则去做的，写了小说《在天堂这一边》，主要是模仿康普通马堪吉的小说以及佐斯的小说《青年的艺术肖像》。海明威也承认他早期的作品受到谢乌·安德逊的影响。安德逊曾积极地把海明威的作品《我们的时代》推荐给里乌怀特，并获得出版。

6 月上旬，海明威历史性地开始动手写起长篇小说来，他自己都觉得不可思议，因为几个月前，他还指责这类作品做作和虚伪。他从自己的诗集中选了一个题目作为小说的标题，叫《和青年们在一起》，主人公叫尼克·阿丹姆斯，这是一个发生在芝加哥夜晚汽轮上的故事。小说全篇以对话的方式行文，这几个青年人经常一起聊天，在甲板、在船舱、在救生艇上，下面是平静的海洋。

当然，海明威写这篇小说的目的还是很明确的，主要是用来影射他自己青年时候的第一次经历、第一次战争、第一次恋爱、第一次受伤等，只要稍加润色，一篇长篇小说就能诞生。可是，《和青年们在一起》这部小说才写了27页就寿终正寝了，尽管如此，对于海明威来说这仍然是一个历史性的突破，对于他未来长篇小说的创作之路有着举足轻重的影响。

在很多时候，文学的探索路上也讲求顿悟。某一个瞬间，读过的书，经历过的人与事，忽然冲开了思维的绳索。于是，头脑仿佛在一瞬间被升级了一样，整个天地都有了新的面貌。

对斗牛的钟爱

困难是上天预设的劫难，

使你坚强，使你充实，让你睿智。

海明威在斯奇伦斯度过了冬天，在巴黎度过了春天，在这期间他一直计划着第三次到西班牙去参加在庞普罗纳举行的一年一度的圣华明节。他从朋友那里筹集了买火车票、观看斗牛的入场票以及预订旅店房间所需的钱并和哈德莉打算在圣华明节之前一个星期在巴格特钓鳟鱼。毕尔·史密斯，唐斯梯·华特和哈洛德·罗勃也将一同前往。

哈洛德告诉海明威，他想到圣路兹吉安海滨去休息一下。其实他已同朵芙约好两人一起尽情地玩一个星期。哈洛德打电报给海明威，告诉他，他不准备去巴格特钓鱼了，到了7月5日那天在庞普罗纳再见。

6 月 25 日星期四的上午，海明威和哈德莉清早就起来收拾行李。他们到达巴格特时，情况的变化使他们大失所望。

由于从去年冬天到今年春天，大批的伐木工人在松林里伐木，并把木材运到河边进行加工。因此河里的鱼都被毒死了，这让他们感到十分扫兴和遗憾。

在庞普罗纳，情况也不如他们原先想象得那么好。海明威希望看到以前那种壮观的场面，可是落空了，因为这一次的斗牛和往年大不相同。在下午的正式斗牛中，斗牛士是一位从隆达来的 19 岁的凯依塔诺奥多涅兹。他在多次的斗牛比赛中，取得了赫赫战果。于是他同猛牛米勒塔相斗表现出高超的竞技，接着又斗了几头牛，最后把猛牛雷西宾多一剑刺死。

唐斯梯觉得，这次旅行西班牙，除观看斗牛外，没有什么别的吸引人的东西，因而感到失望。

唐斯梯知道海明威和朵芙之间有暧昧关系。对于朵芙同哈洛德一起在圣路兹吉安待了一个星期的事，海明威很生气。唐斯梯不知道朵芙是不是已爱上了海明威呢。毕尔也察觉到这种反常的现象。他喜欢哈洛德，对于他的处境寄予同情。

星期六晚饭后，真相大白。当天晚上，格斯里突然喊哈洛德到外面去，哈洛德却转身询问朵芙的意见，海明威见此大发雷霆，他认为哈洛德应该挨揍。哈洛德站起来时脚跟没有站稳失去平衡。他叫海明威到外面去。昔日是好友，今朝却变成不共戴天的仇敌。本以为他们会动手解决，最终还是因为海明威的微笑而不忍动手。

7 月 13 日上午，哈洛德收到海明威写的纸条，上面说他对哈洛德的态度太过恶劣凶狠。他不愿意让哈洛德带着这样的印象和心情离开庞普罗纳，希望撤销他所说的那些庸俗卑鄙的话。海明威对自己的所作所为感到羞辱因而十分内疚。误会消除后，他们就分开了，各自去办理自己的事。

哈洛德和毕尔租了一辆汽车同朵芙、帕特一起出发到贝约恩去。唐斯梯前往法国的雷威拉。海明威和哈德莉坐三等车厢去马德里。路上海明威同一位从多弗拉来的酒商的儿子交谈起来，青年主动拿出样品酒让海明威品尝，结果海明威竟忘记下车，坐过了几站的他十分懊丧。后来同车的人都向乘务员说情，才让他们夫妇继续乘坐到中转站。

海明威夫妇在科尔圣杰罗尼莫的一家膳宿公寓住了下来。他们安排好活动的时间，一个星期里进行两次大活动：一次去参观新修整好的普拉都古老建筑；另一次去观看斗牛。

看斗牛时，一个名叫奥多涅兹的斗牛士把一头牛牵到哈德莉眼前，割下一个牛耳作为纪念。7 月 15 日他们又参加了一次盛大的斗牛会。奥多涅兹又一次给予哈德莉特别荣誉，把他的斗牛披肩递给了她。她和海明威都觉得奥多涅兹真了不起。他的深思熟虑是别的斗牛士所不能比拟的。

海明威决定以他作主人公，写一本取名为《斗牛节》的长篇小说，他用打字机打出了第一章。由于奥多涅兹的下一次斗牛表演将于 24 日在瓦伦西亚举行。海明威夫妇提前许多天出发到那儿去，一方面躲避寒冷，另一方面也可以提前买观看斗牛的门票。他们到达那里，刚好是海明威 26 岁生日的前夕。

海明威迫切地想写一部长篇小说，详细描述庞普罗纳所发生的事情。开始的时候，他准备从巴黎写起，并为他小说中的人物，如布雷特·阿瑟莱、迈克·坎布贝尔和罗伯特·科恩等提供传记资料。住在瓦伦西亚期间，他每天写作，下午同哈德莉去海滨游泳，然后回到多罗斯竞技场观看斗牛英雄奥多涅兹的精彩表演。

海明威在文学闲谈方面很有实践经验，写作技巧也不错，因此也开始写一部小说。小说的开端说，这本小说主要描写一个女人的事迹。这个女人名叫阿瑟莱，住在巴黎。她的身世既充满着浪漫又富有伦理道德。在以巴黎为起点的新的段落里，他写起来就更加顺手。后来的内容就自然而然地展开了。

8 月初，海明威和哈德莉回到马德里，在那里才住了几天，他就写了很多。后来天气炎热异常，他们只好离开马德里到海滨旅店住两天，再从那里出发，越过边界到达亨代尔的一家豪华旅店，那里景色很好，只是房租贵一些。8 月 12 日，哈德莉先乘火车回巴黎打扫房间，准备接她儿子波比回家。这时海明威的两个笔记本已满满地写着他具有童稚痕迹的手抄字体。海明威单独在亨代尔多住了一个星期。因为毕尔在，所以他有点怕回巴黎。海明威害怕自己思想受到毕尔沮丧情绪的影响。在这段时间里，海明威工作更刻苦了，是他有生以来工作最起劲的时候。原先思考的那些词语已经串成句子，只需他立即写下来就行。8 月 19 日他动身到巴黎时，他的那个笔记本已经写了 250 页，心想整部小说的初稿很快就会完成。

女房东乔塔德太太写信告诉海明威，说他们回巴黎住所时要提高房租租金。海明威对此表示不满，扬言要搬到摩洛哥，去投靠他在康斯坦丁堡认识的一个士兵，不过海明威并没有想入非非。因为他清醒地知道，如果那样做，他的长篇小说的创作就会被迫中断，而这绝对不是他所希望的。

8 月底，海明威全力以赴集中描写庞普罗纳节日的盛况。尽管海明威在回巴黎前对毕尔有过惧怕心理，但实际上哈洛德和毕尔对他一如既往。

离开巴黎之前，凯蒂·康纳尔在多洛斯纳格尔饭店举行晚宴为他们饯行。凯蒂邀请了哈德莉和海明威。凯蒂多次建议海明威不要写虚构小说，要写真人真事、情节动人的小说。海明威对此十分赞同，并表示正在写一部情节复杂，富有戏剧性的写实长篇小说，还要把大家都写进去。他们在饭店吃得很愉快。

五天之后，海明威已写满了第六个笔记本，开始写第七个。他已经写完描写斗牛节盛况的章节。而海明威凝视着他写的那部长篇小说的最后那个句子："这个想法不错吧?"最后他补写上一行字："全书完。1925 年 9 月 21 日于巴黎。"

我们的时代

生命中出现的人和事，都是创作灵感的来源，

既是有意的也是无意识的。

对于一个人来说，最能付诸热情和唤起共鸣的事情，莫过于做自已喜欢的事，无论多么沉默寡言的人，提及自己的兴趣也会侃侃而谈；无论多怯懦的人，在维护自己所钟爱的事物时，立场也会无比坚定。无论什么经历，是好，是坏，似乎都可以成为精神上的动力，产生延绵不断的深远影响。比如，那七句独白。

在海明威什么都计划好，却什么都做不成时，他决定带着他那部长篇小说的稿子，独自到查特雷斯去做一次短途旅行，并且在此期间确定了小说的书名《垮掉的一代》，这是最大的收获。

在这期间，他收到朵芙给他的一封短信。这使他回忆起了他与朵芙的点点滴滴，想到了他们来往的信里的七句话：

(1) 你必须认真说明事情的真相。

(2) 你似乎同时与十几个男人相好，但谁也不知道你究竟爱哪一个。

(3) 我们可不能这样做。这样做你会伤害别人的心的。我们都是信奉上帝的人。

(4) 我必须得到我需要的东西，但是我从你那里得不到它。所以我准备要别的东西。

(5) 我从来得不到我想要的东西。

(6) 我看见你，可我受不了眼前所见到的情景。多么丢脸呀！我们要上去，他却不让，把我们压下来。

(7) 到底是什么使你那么开心？几天前究竟是什么使你那么得意？

重新回忆这七句话，想到他与朵芙之间的关系，海明威别有感触，这更给了他创作的灵感。正是朵芙和她的欲望强调了主题——欺骗和出卖。

海明威认为，这是有意或下意识的东西。近几个月来他只写了两个短篇小说，都是围绕着欺骗和出卖这个中心。一篇叫《十个印第安人》；另一个故事《五万美元》是根据 1922 年 6 月 26 日纽约竞技场举行的次重量级拳击冠军赛情况写成的。而后者得到了费兹吉雷德的大加赞赏。

海明威喜欢画。为了一幅《农庄风光》，海明威不惜赌博一把，到最后哪怕急忙地四处张罗借钱、买下后用车子拖回家也感到开心和满足。而那幅画的作者，那位个子矮小、黑皮肤的西班牙人佐安米罗，也为自己的画有幸落到珍惜艺术品的人手里感到非常满意。

正当海明威开始着手写这本书的时候，哈德莉和波比都得了重感冒。他虚构了一则寓言，说明春分这个时节对住在密执安派托斯基两个人的生活受了什么影响。在他确定这个名称时，屠格涅夫的小说《春潮》起决定性作用，而菲尔丁的《汤姆琼斯》却在内容上起着座右铭的作用。这说明一切真正滑稽的东西都是靠模仿得来的。海明威模仿写滑稽作品主要是受安德逊最近写的小说《忧郁的笑声》所影响。这部小说的确恪尽嘲笑讥讽之能事。

海明威除了喜得一幅好画之外，另一件使他高兴的事是10月份正式出版了他的短篇小说《我们的时代》。诸多人给了他赞扬性的评价，当然也不乏反对意见，并且有人拿他的写作和安德逊相比较，他对于这种不恰当的比较感到讨厌。于是在11月，开始筹备写讽刺性的故事，免得被拿去和安德逊比较。

他前不久去探望费兹吉拉德。看见他正在壁炉旁边烤火，竟然把大衣丢到火炉里当柴烧。费兹吉拉德在11月28日半夜以后来找过海明威，当时费兹吉拉德喝得醉醺醺的，海明威马上送他回了家。11月30日，他给海明威写了一封短信，对他前两天的行为表示歉意。信中写道："星期六上午闯入你家的那个可怜的家伙不是我，是一个名叫约翰·斯顿的人，人们总是把他错当作我，这真是奇事。"

写书的过程经历了一些曲折，他人对《我们的时代》和这本讽刺书的理解也各有不同。而最后书的出版更是引发了各方的不同见解之间的碰撞，而其他人如多斯，甚至哈德莉都不认为出版这本书是一个好的做法。然而一切都阻止不了海明威对于创作的执着，真正赞成海明威写《激流》的人是个子矮小的波林·普菲弗。当别人为海明威写这类嘲讽别人的书而感到惋惜时，波林却哈哈大笑说，海明威干得不错，并且鼓励他立即把书寄给里乌怀特看。

对于自己的作品，海明威很自信。他对霍拉斯说，他听到人们的各种议论和批评，哀叹美国缺乏高水平的讽刺作家。假如霍拉斯读了《激流》一书之后，他完全可以要批评家们停止叫喊。

至于《我们的时代》，海明威的父亲给了中肯的意见，认为那本书的内容还缺少奋发精神。他在写给他儿子的信中说道：

相信在你未来的作品中，能看到你描写更多的人物和他们不同的性格。在这书里，你已经向读者指示人的残酷品性一面。今后你应多描写人的欢乐、振奋精神以及乐观向上的性格。这是十分重要的，上帝要求我们每个人尽力而为。我每天都想到你，为你祷告，我亲爱的儿子。

对于海明威来说，没有什么比创作更能激发他的热情，没有什么比对他的批评更能激发他的斗志。人若是能坚持维护自己喜爱的事物，不仅仅是执着，更是勇气。

冒险、雪崩与创作

一个人若在急速滑雪的过程中突然停止心跳，

是一件浪漫的事。

许多人一生都碰不到几次惊心动魄的故事，平平淡淡地终了一生。海明威虽然才30来岁，但人生的经历已经曲折繁复，他上过战场，见过死神，勇斗蛮牛，光荣负伤，这次又遇到了几十年难遇的雪崩，真是跌宕起伏。

这年冬天，海明威夫妇回到斯奇伦斯，天气晴朗，望不到一片云彩，强烈的紫外线晒得人皮肤发疼，积雪足足两尺多厚。山间的积雪让山谷的轮廓显得异常清晰。几天前，海明威患了感冒，但他依然不知道休息，还给新结识的朋友们朗读了《春潮》的全书，现在嗓子已经发展成严重的咽炎，几乎说不出话了。

他只能躺在床上，咽口水的疼痛都让他翻来覆去难以入睡，更别提正常的进食了。这段时间海明威面容憔悴，瘦得可怕，眼窝布满了血丝。身体如此憔悴，海明威还是坚持有时写写信或读点书，他主要读托马斯·马恩和屠格涅夫的作品，如《巴登布鲁克》和《父与子》。他认为这样的书比 H.L.梅肯的《白发男童作家》和幸克莱·路易斯的成名之作《美国的严酷现实》要好得多。

海明威的这种观点使哈德莉感到惊讶。她后来回忆起当时海明威是如何全神贯注地阅读小说《大街》的。除了阅读马恩和屠格涅夫的作品外，海明威的书包里还放着毛姆的《人类的束缚》、康纳德的《潮流之中》以及托尔斯泰的《战争与和平》等。去年夏天旅行西班牙时，这些书籍他一直带在身边。

赫尔华尔德·兰特请了一位滑雪老师，是一个擅长滑雪的德国姑娘，身材健硕美丽。她不建议现在上山滑雪，因为危险性极大，即使已经是 12 月了，但雪崩还是频繁发生，第一次碰上雪崩，遇难最多的是在阿尔贝格莱奇山区，一队德国滑雪者遇难。他们不听劝告私自上山，后来整个斜坡的积雪突然崩塌，像排空巨浪般从他们头顶压了下去，全部都被埋在里面。后来挖救出 13 个人，其中九人已断了气。所以，在雪崩期间，外出滑雪的活动被禁止了。

经过一段时间的调养，海明威渐渐恢复了元气，同时也渐渐恢复了他喜爱的文娱活动，他经常在社交场合和人探讨小说主题的重要性问题。他认为战争是小说最好的主题，因为战争蕴含的内涵极多，又瞬息万变，金钱、地位、谋杀、贪婪、人性、死亡等等无不囊括。

他那部要花整个冬天修改的小说《太阳照常升起》所触及的主题，除了上述第二项和最后一项外，其他概未涉及。但他对这本书却寄予了很大的希望。

凯蒂·康纳尔回到了巴黎，一天在路上偶遇波林，从波林口中得知她准备同海明威夫妇一起去奥地利过圣诞节，还说道海明威要教她滑雪，这让凯蒂极为震惊。她还隐约记得波林以前认为海明威是个好吃懒做的浪荡鬼，如今女人的第六感让她肯定，波林爱上他了。

海明威其实也有同感，但他对此也非常无奈，事态的进展使他心里渐渐明白起来了。后来他是这样描述的：

一个未婚的青年女子一时成为另一个已婚的青年女子的好朋友，并且同那对夫妇住在一起。后来人不知鬼不觉地，她单纯而善良地情愿同那个有妇之夫结婚。这个丈夫后来成为作家，工作繁重，每天的大部分时间都用来写作，很少有时间陪他的妻子玩。这样的生活、工作安排自有其优点。当这位丈夫每天工作完毕，就有两位漂亮的女子在等着他。其中一个是新来的，还不那么熟悉。有时凑巧两个女人都在场，再加上他们的孩子，一共三个人。

开始，还很有情趣，而且持续了一段相当长的时间。世上一切邪恶的东西都是从天真淳朴开始的。人们一天天这样过下去，并已习以为常，无忧无虑。人们撒谎，痛恨生活，生活把你毁灭，危险的因素一天天在增加，这时你仿佛觉得自己置身于战争之中。

3 月份，多斯巴索斯和墨菲夫妇去采访海明威。他们只在巴黎停留一个星期，海明威带他们去滑雪，他们非常喜欢这样的娱乐方式。墨菲夫妇要求海明威读几章他的新作《太阳照常升起》给他们听，海明威满足了他们的要求。听完后他们对其大加赞扬。海明威心里乐滋滋的，觉得世上没有任何别的东西使他感到比这个更愉快的了。

那段时间里，海明威脑海中总是盘旋着命运、死亡、欺骗这些深奥的概念，常常折磨得他心情错乱，夜不能寐。他急于想快点完成《太阳照常升起》这部小说，他说他自己每当心情抑郁的时候，就会想到死亡，想到用各种方法来结束自己的生命，他觉得除了吞食安眠药睡去外，最好的办法就是跳海了，不留下任何痕迹，也不给家人带来负担，甚至还可能受到称赞。

一天晚上，他和格拉斯一起谈论死亡的问题，两人谈到雪崩，他希望人可以在急速滑雪的过程中突然停止心跳，这样还有些浪漫主义色彩，他们聊着千奇百怪的雪崩遇难的场景，仿佛亲身经历一般。

海明威在后来的回忆中写道："我已经成为雪崩的好朋友了。我了解到有各种各样的雪崩。而且知道，怎样才能避开雪崩，或一旦碰上雪崩，怎样应对。那一年，我的大部分作品都是在雪崩的时期写出来的。"

《太阳照常升起》的最后五章终于改完了，手头的工作暂告一段落。雪崩期已经过了，但他内心的苦闷远没有结束，海明威心里可能在不断地雪崩，在波林和哈德莉两个女人之间，他无法割舍，无法做出最终的决定，彷徨地向前走着。

左右为难的爱恋

同时爱上两个人，

是一种折磨，牵扯心扉的疼痛。

女人的感觉向来准确，在感情的世界里，她们总显得比男人细腻、敏感，牵一发而动全身。一有风吹草动，最先感知到的永远是女人。

春天终于来了，罗尔山谷里的树木发出了新芽，吉尼和波林·普菲弗邀请哈德莉乘坐吉尼的汽车到古堡之乡去旅行。她们每天住在上流的旅馆，晚餐极为丰富，中世纪古堡式的建筑以及花园是哈德莉从未见过的，所以兴致勃勃。

波林一路上的奇怪举动引起了哈德莉的注意，她总是突然连珠炮似的跟你谈话，接着就沉默不语起来，你要突然打扰她，她会对你恶语相向。虽然吉尼站出来圆场，但哈德莉心中疑虑始终未消。

一天，她直截了当地问吉尼，海明威有没有同波林有不正常的关系，吉尼只回答了他俩都挺要好。哈德莉再也不问了，她都明白了，只是游玩的热情一下子降到了冰点，这回该她沉默寡言了。

5 月的巴黎阴暗潮湿，哈德莉一直在和感冒搏斗，不停地咳嗽让她患上了咽炎，加之阴霾的心情，病也越发沉重。一天夜里，哈德莉突然对海明威说其实他和波林完全有理由相爱。海明威怪她不应该捅破最后一层窗户纸，这也意味着将他俩最后的联系给掐断了，他跌跌撞撞地走出家门，哈德莉则拖着病躯，暗自流泪。

悲愤的心情总能激发人的灵感和创作欲。5 月初，他就写完了一个短篇故事《阿尔卑斯山牧歌》，描写离斯奇伦斯东边很远的一个叫巴兹南塔耳的地方上的一个农民奥尔兹。海明威把《五万美金》和《阿尔卑斯山牧歌》的稿子邮寄给伯金斯，请他在《斯克里布纳》杂志上发表。该杂志的编辑觉得，《五万美金》文章太长，而《阿尔卑斯山牧歌》比较短，正合适。

同哈德莉的这次吵架让原来去西班牙的度假计划被搁置了，但海明威迫切地想去西班牙参加斗牛节，以便收集材料，创作出新的作品，他准备只身先去，并在那儿大醉一场来排遣苦闷。

这一年气候比较特殊，5 月的马德里仍然没有转暖的迹象，几次大型的斗牛会都取消了，这让他非常沮丧，只能窝在床上一边取暖，一边看书。

这次到西班牙，他随身带了好几个短篇小说的草稿。星期天一天他一口气就改完了三篇。那篇《十个印第安人》，在修改时他删掉了一个情节并以尼克因普鲁蒂变心，爱上了弗兰克华斯本而感到绝望为结尾。另一篇故事开始时取名为《斗牛士》后来改为《殊杀者》。故事发生在派托斯基的供应快餐的小饭馆。第三个故事是他的第一个剧本，描述三个罗马士兵在耶稣遇难那个晚上，在一间酒店里喝酒。这个剧本写得很不成功。

这就是海明威在西班牙的全部收获，回到巴黎，哈德莉的病有了好转，但仍未痊愈。波林说她小时候得过百日咳，不怕传染，于是就住到了海明威家里。

那年夏天，海明威夫妇和波林在吉安拉宾斯的比奈德旅店租了两个房间。这个地方靠近海滨，还有一个花园。每天上午他们在海滨度过，游泳或晒太阳。在花园里吃过午饭后便睡很长一段时间的午觉，然后沿着吉安海湾进行长距离的骑自行车运动。波比和罗巴奇太太住在附近的一幢平房里，他们常在松树林里散步，在岩石上游玩。最坏的事是两个女人都同时爱上一个男人。哈德莉只好装出什么事也没发生，真是哑巴吃黄莲，有苦说不出。

这种对于哈德莉来说如煎熬般的生活终将结束，海明威夫妇受墨菲夫妇的邀请去庞普罗纳参加斗牛节，波林则独自留在巴黎，但是，短暂的离别让波林开始不停地给海明威写信。

海明威心里明白，他将要失去这位他所爱的，并且现在仍然爱着的一起生活五年的女人，他心情无比沉重，他不能相信自己和哈德莉会进行分居生活。

可爱情就是这样转瞬即逝，他想起了一幕幕与妻子外出旅游的情景，白雪皑皑的山谷，青山绿水的田园，浪漫宁静的小镇，嘈杂古朴的巴黎……种种画面像影碟机一样在海明威脑海中飘过。这是他们俩共同留下的足迹，可如今只有形单影只的一个人。

8 月上旬，他把《太阳照常升起》的终稿寄给出版社，并在下面郑重地附上了一句话：“谨以此书献给哈德莉和约翰·哈德莉·尼卡诺。”这是他对这段感情最后的祭奠吧。

第四章

生活 就是一场斗牛赛

命运不会亏欠谁，谁的头顶都有一片蓝天，
谁的心中都有一片花海。
只有春绿冬黄，才能感受自然的交替；
只有晴雨交错，才能领略外界的变幻。
生活就是一场斗牛赛，
你不害怕时去斗牛，不算什么；
你害怕时不去斗牛，也没有什么了不起；
只有在你害怕时，还去斗牛才是真正了不起。

一百天的誓言

最令人痛苦的感觉，

不是成为陌生人，而是逐渐冷漠的态度。

问世间情为何物，让这世间痴男怨女深陷其中无法自拔。爱上一个人只是一瞬间的事，爱情源自冲动，源自不可名状的怦然心动。海明威是个热血方刚的男人，他深爱着自己的结发妻子哈德莉。可是另一段爱情来得太突然，就像春天的第一株嫩芽，悄悄爬上枝头。

爱情的滋味固然美妙，可是他却陷入了两难。他懊恼地发现自己同时爱着哈德莉和波林这两个女人，哈德莉稳重大方，是个贤妻良母，没有她，自己就没有今天。波林妖冶浪漫，精力充沛，他喜欢她的自然不做作。

哈德莉无法容忍海明威的见异思迁，她在一张纸上写了一个誓言，内容是以宣誓这天为准，她要求在 100 天之内海明威和波林不能有任何接触，也不能继续相爱，否则，她将毫不犹豫地离婚。哈德莉深爱着海明威，她心里还是期望他能断绝与波林的关系，早点回心转意。

但波林比哈德莉更浓烈、更痴狂地爱着海明威，她不想放弃这个伟岸的男人。9 月 25 日，当船刚刚离开英吉利海峡，波林的电报就发来了："一切都好，我亲爱的。"她愿意为了永远和海明威在一起而分开这 3 个月，她相信只要忍受 3 个月就好了。

波林有着良好的家庭条件，她的伯父古斯·普菲弗家财万贯，在哈德纳特香水公司里拥有绝对优势的股份。波林的父亲是彼格特克斯顿吉恩公司的董事长，他还在城市的东西两方买了几千亩低洼地，准备开荒。她有个贤良淑德的好母亲，生性淳朴、善良，从不伤害任何人。

在得知波林与海明威相爱的消息后，母亲流下了眼泪，她担心他们这么做会深深地伤害了哈德莉的心。同为女人，她知道这种痛苦一定难以消解。可女儿已经无法自拔地爱上了海明威，她没有办法阻拦，既然孩子们自愿相爱，做父母的唯有祝福。

波林经常写信给海明威，夸他是世界上最潇洒的男人。海明威尚处于同哈德莉分居的痛苦之中，结发妻子这么多年给他的关爱和鼓励是任何人都无法超越的。他知道自己错了，可一切已经无法挽回。即使在这样痛苦的时候，他也依然坚持不懈地写作。美国杂志第一次购买了海明威的短篇小说《残害者》，这为他带来了200美元的收入。同时《太阳照常升起》的样稿也发给了出版社，他感觉到一切都有了新希望。

在巴黎和纽约这类繁华大都市生活过的波林，来到彼格特这样的小城镇，却立即爱上了它。这里大概只有2000名居民，可是一切却安逸而美好。她可以在幽静的小径上任意骑着单车，她可以看书、打桥牌、做衣服，偶尔和父母去看场电影，或者跟年轻人们一起跳舞，闲暇时会给海明威写情意绵绵的信。她发现自己越来越爱海明威，甚至连做祷告时都默默祈祷圣人约瑟能给她这样一个好丈夫。

海明威近来举动非常野蛮，也许是因为内心的懊悔无处排解。波林给他的信里谈到了自己的忧郁，谈到对哈德莉的同情。这更让海明威心痛，他写了很长的回信，向爱人倾诉着、忏悔着，似乎这样做能好受一些。

他不断地做噩梦，甚至考虑过自杀，因为这种辗转变幻的情绪是对他最大的折磨。如果圣诞节前这些麻烦的恋爱事情解决不了，他就要告别这个世界。他希望波林能够理解他的苦衷，对波林的爱让他有沉重的负疚感。他无数次陷入惶惑，爱情不应该是甜蜜的吗，为何却夹杂着如此多的苦涩？

波林之后的回信给了海明威莫大的慰藉，她的善解人意让海明威觉得一切都会慢慢好起来。波林的母亲也已经接受了他，甚至开始提及“等你们结婚时”。海明威也不是天生就擅长忧郁的人，他渐渐地调理好了情绪，已经不像起初那么纠结了。100天很快就会过去，波林终将会回到他的身边，一切只是需要时间。

这期间，他写了两部小说，一个是《金丝雀》，还有一个是回忆在战地医院进行外科手术的故事《在异国他乡》。他靠写故事来排遣内心的孤独和忧郁，最近哈德莉给他开了一个索取家具的单子，他帮她把家具搬送到她在弗勒伦斯街的新居去，东西很多，分了好几趟才搬完。海明威难过地流泪了，他感觉到这好像是真的在分家了，真的要和哈德莉离别了。他难以忍受离别的痛苦。

最可怜的是小波比，他完全不知道父母亲要办理离婚的消息。哈德莉为了保护孩子幼小的心灵，写信告诉海明威，婚姻问题以邮寄的方式解决，以免当着波比的面会伤害到他。这段时间波比一直同海明威住在一起，他活泼好动，虎头虎脑的模样完全是海明威小时候的翻版。

波比爱爸爸，希望能永远跟他热爱的爸爸住在一起。海明威的心难过得好像刀割一般，孩子是无辜的，他无法相信，离婚会对自己可爱的儿子造成什么样的伤害。

为了赎罪，海明威决定把《太阳照常升起》的专利赠给哈德莉。这一生中，哈德莉为他做出了太大的贡献和太多的牺牲，他无以为报。他决定要把他过去、现在以及将来所写的书的全部收入都计入波比的信用基金名下。他对哈德莉的赞美发自肺腑，这份爱在即将逝去时变得异常可贵。

哈德莉不再挽留，她落落大方地开始操办离婚事宜，甚至取消了三个月的禁规。她接受了海明威对于那本书的专利权，并对海明威予以祝福。

作为第一部出版的小说，《太阳照常升起》非常成功。到 12 月中旬时，销售量已经达到 7000 册。在接下来的第二、第三阶段里，这个数量又不断往上涨。评论界对其褒贬不一，格特鲁德斯坦恩的那句“你们都是垮掉的一代”被海明威引用，所以大家都认为这本书是“垮掉的一代”的翻版。

很多与书中人物身份相同的人都很喜欢这本书，因为在书中他们找到了深刻的共鸣，在巴黎，它颇受好评。可是另一些被海明威影射的人却完全无法接受，比如凯蒂·康纳尔看后简直气得发疯，他甚至把这本书压在床垫子下整整三天。海明威很在乎父母的意见，还好父亲既不赞同也不反对，但他给儿子邮寄了一份文学文摘的书评期刊，希望他未来能写一些高思想层次的作品。而母亲葛莱丝为儿子的书能有那么好的销路而感到高兴，母亲是个善良纯真的女人，她相信这个世界的纯净和美好，她给儿子的意见就是希望他能写出真正有益于人类的故事。

海明威没有时间去搜集人们的评论了，因为波林终于要回来了。但不是第 100 天，而是第 107 天。海明威热情地迎接了她，他们去格斯达度冬假。与此同时，哈德莉和海明威也办理了离婚手续，那天是 1927 年 1 月 27 日。哈德莉是一个爱情战士，她决定要勇敢放弃伤心的过去。

海明威或许暂时忘却了那忧郁纠结的心情，他正在阿尔卑斯山和波林滑雪。美好的爱情冲淡了过往的创伤，新人笑如春花，旧人暗然神伤，一段曾经山盟海誓的婚姻彻底画上了句号。

情已逝，往事不可追

若不得不分离，也要好好地说声再见，

感谢他给了你一份记忆。

两个人不管曾经多么相爱，一旦有了感情的裂痕，就很难回到最初了。婚姻是两颗心的结合，离婚则是把牢牢粘在一起的心残忍地撕开。可是很多时候被伤透的心已无法再去爱，但有人欢喜有人忧，有人能迅速把感情转移到新的爱情里；有人则一时难以忘怀。

海明威在离婚的前几个月痛苦不堪，他常常在黄昏时看着夕阳怒吼、流泪。更在他伤口上撒盐的是，有人读过《太阳照常升起》后，竟扬言要杀了他来解气。他干脆逃到瑞士去，那里风景如画，就当去散散心，散开这一片压在心底的乌云。

然而即便是逃到瑞士，也逃不掉那些纠缠他的读者。就在新年那天，一个叫查德波华斯·史密斯的读者给海明威写了一封信。这个人写信是有原因的，海明威把他当作书里的一个牺牲品，而他怒斥海明威是个卑鄙的可怜虫。海明威看后怒不可遏，认为这个人是个懦夫，如果他身在巴黎，史密斯一定不敢写这种信。可是史密斯很坚持，认为海明威是个小人。

其实这段时间以来，海明威的一些恶习越来越明显地表露出来了。别人对他好，他却在背后说人坏话。就像路易斯和玛丽布隆菲尔德好意邀请他去做客，他却在背后讲他们的坏话。其实他并非真的出于坏心，他只是烦躁，想找些乐子。对于海明威来说，生活中唯一快乐的事情就数他的著作了，《太阳照常升起》的销量一直稳步上升。杂志社和出版社都对海明威产生了浓厚的兴趣，渐渐地他的邀约多了起来，价位也抬升了。《美国商报》用 350 美元买了他那篇《五万美金》，这让海明威兴奋了好久。既然在小说领域能有所建树，海明威一旦看到苗头就一定不会停止。伯金斯的建议是，想在这年秋天出版海明威的一本短篇故事集。海明威喜欢秋天，那是个收获的季节。如果一切成功，这将是他的第四本书。他决定给它命名为《没有女人的男人》，就像他现在的状态，内容也不准备表现任何女性娇柔。

波林对于海明威一直延期婚礼很不满，她不明白海明威的心。其实海明威还是深爱着哈德莉，他无法忘怀曾经和结发妻子恩爱的点滴。纵然情已去，往事不可追，但他还是隐隐期望着哈德莉能够再次挽留他，那么他随时做好回到她身边的准备。他想念哈德莉的温柔软语，想念和儿子在一起的轻松时光。但一切都回不去了，哈德莉在巴黎，盖和玛丽希科克在照顾她。

可是海明威不死心，他 1 月份带着波比跟朋友们聚餐，以示跟过去的生活没什么两样，还跟父母说自己跟哈德莉仍是最好的朋友。

盖一直渴望有一次没有女人的旅行，海明威这次鬼使神差地同意了，也许是因为波林的反对激发了他想去意大利走一走的冲动。波林挽留无望，只好顺从他。海明威出去之后，波林给他写信，这是他们固有的交流方式，情深意重都浓缩在小小的一页纸里。波林在家十分想念海明威，但又不愿低头承认自己太想他，就高傲地讽刺说海明威去意大利不过是为了“提高男人社会地位”，以后一旦结婚，波林一定会阻止他去这么长时间的旅行。然而事实上，是因为她无法忍受没有海明威的日子，这个男人深深地刻在她心里。

在海明威旅行的时候，波林已经看中了华罗街的一套房子，租金合理，又大又干净，她计划等海明威回来，便把它租下来准备结婚。

海明威只在意大利待了10天就回来了，此时哈德莉也终于决定要带着波比回到美国。海明威亲自送他们上了火车，这一份牵挂终于能暂时放下。他把精力全部放在了工作上，为《没有女人的男人》做目录，收录自己最得意的短篇小说。

时光倏然划过，波林的愿望终于实现了。5月10日那天，天气晴朗，一对新人在巴黎的普西教堂交换了戒指。波林亲吻了海明威的面颊，幸福的红晕让白纱中的她越发美丽妩媚。他们收获了很多祝福，包括波林的家人、海明威的亲友，这让波林大为宽慰。他们去了隆河三角洲的一个小渔港度蜜月，那里风景怡人，长长的白沙滩洁白细腻，在这样美妙的风景里，海明威无法抑制内心的喜悦。

波林是个好妻子，她从不干涉海明威的自由和时间，这跟她婚前的承诺完全一致。趁这段休息时间，海明威把两部短篇小说《十个印第安人》和《白象山》寄给了伯金斯。

现在海明威已经跟往日大不相同了，他的声望与日俱增。在他准备写第二部长篇小说时，一个喜讯让他快乐地蹦了起来：波林有孕了！波林自己也被快乐冲晕了头脑。在高兴之后，她决定去美国生孩子，哈德莉当年也是那样。不过此时的波林已经32岁了，怀孕的感觉比一般孕妇要痛苦。但她不介意这些，反而海明威因为哈德莉而无法跟波林回美国，这令她心里有些不好受。

波林是个聪明懂事的女人，她知道如今海明威的作品越来越受欢迎，想要守住这个深爱的男人，她需要更加善解人意。现在她比较喜欢坐在床头大声朗读杰姆斯的小说《艰难的时代》，算是暗暗给海明威提个警醒。

这一年很快就要结束了，《没有女人的男人》销量颇丰。海明威心里暖暖的，想到波林肚子里的孩子以及自己正在筹划的第二部长篇小说，一切都充满了希望。他的梦想要一步步实现，未来不能急。过去的梦已碎，那就让它们随风而逝。他明白活着就是要往前看，这样才能活出更精彩的人生。

一切都会好起来的

每个人都是一只风筝，

只有努力向上飞的那只，才能成为天之骄子。

人生就像双页纸，左页写着得意，翻过这页，另一面一定写着失意。没有人会有十全十美的人生，纵然一个人再春风得意，却不能贯穿始终。

海明威刚刚迎来人生中的第二春，就迅速凋零，犹如到秋季。年底结婚后到第二年初，他的生活都不顺心。自从波比不小心挖伤他的眼球，他就惶恐地担忧自己会失明。1 月份，他和马克莱斯去滑雪，也不知道为什么心神不宁，总是摔跤，摔得鼻青脸肿。祸不单行，2 月初回到阴冷的巴黎，屋漏偏逢连夜雨，家里暖气管也冻裂了，海明威硬生生被冻成了伤寒。总之，倒霉事接二连三，让他心力交瘁。他还被碎玻璃划破额头，这道长长的刮痕流了很多血，在医院缝了九针。他正经历着身心的双重折磨。

朋友们都很担心海明威，埃日拉庞德、伯金斯，甚至哈德莉都给他写信，让他一定要乐观。其实这些都不是海明威最沮丧的，身为一名作家，他最纠结于自己写的作品质量不高。他在 2 月份写的短篇小说连自己都看不下去，为了不让伯金斯对自己失望，他唉声叹气地解释过去的一年都经历了什么苦痛。

他隐隐约约觉得自己能着手写一个新的长篇，他设想着，这个长篇应该是战争和爱情双线索的，就像曾经与阿格妞丝的相遇那样刻骨铭心。他写道：“但事情应发生在别的国家里，只是那个妓女已经死去了。”阿格妞丝当然不是妓女，但海明威觉得小说的情节应超于生活，这样的安排有助于推动故事的发展。

他写道：“那年夏末，我们住在河边的一个村子里，河对岸是一片平原，平原的远处有山峦翠嶂。河滩上有无数的碎石和圆圆的鹅卵石。它们经过河水的冲刷，表面洁白可爱，现在被太阳一晒光泽夺目。河水清澈呈浅蓝色，急匆匆地向远处流去……”海明威很喜欢这段话，仿佛看到了美好的过往，看到那金黄色的稻田，动人的震撼，像画一样呈现在眼前。

在写作有了头绪之后，海明威觉得心情舒畅多了。他对波林提议去美国，这是他一直以来的梦。波林立即同意，他们乘坐皇家油轮奥里塔号去哈瓦那旅行，在这 18 天里，他额头那道长疤依然还很明显。4 月上旬，他们在哈瓦那登陆，坐小船去的凯威斯特岛。波林穿着美丽的长衣，怀孕中的她格外楚楚动人，面颊的光泽洋溢着幸福的红晕。凯威斯特岛美不胜收，纯天然的自然风光对海明威夫妻的情绪都有大的改观。但他们只能在这里住六个星期，波林的父母希望他们尽快去彼格特。

来到彼格特，海明威才明白为什么波林会有如此自然的性格。这是个美丽的城镇，虽然居民少但却十分有情调。他喜欢这里的那家西班牙餐馆，杜维尔大街上的咖啡馆，晚上还有热闹非凡的伦巴舞和水手们的猜拳声。海明威常常走在海岸边，静静地看来往穿梭的船只，他渴望能拥有一艘属于自己的小船，能满足他对出海捕鱼的渴望。

在这里，海明威制订了一个写作、钓鱼两不误的计划，这完全是根据他自己的兴趣设计的。在这里，海明威还养成了非常好的生活习惯，他早睡早起，结交了许多有共同爱好的朋友。他很高兴能认识专业捕鱼者布拉桑德斯，这个人对彼格特的海岸特别了解。还有佐西·鲁塞尔、斯基纳、苏里万，等等。在这所有的朋友中，他来往最密切的当属查理斯·汤普森。汤普森经营了一家钓鱼用具商店，跟海明威志趣相投，两人常常相约出海捕鱼，好不快活。

在这期间，海明威的父母突然来佛罗里达州了。海明威是在4月10日接到信时才得知这件事，他赶紧邀请他们来彼格特做客。在码头上迎接父母的那天，海明威心里翻江倒海，十分难过。他看到自己得糖尿病的父亲明显衰弱不少，倒是母亲葛莱丝精神矍铄，让他稍感宽心。

父母的建议是让海明威把波林送到堪萨斯城待产，他接纳了这个意见。海明威则把每天的大部分时间用来写作和运动，生活极有规律。闲来无事时拜访朋友，跟汤普森聊钓鱼。他想去西部旅行，同时写完这本小说的第一稿。他没想到，接下来发生的一件事，对他的这本小说影响甚大，那就是波林分娩。

7月27日对波林来说是个既充满恐惧又充满希望的日子，她在阵痛后被送往医院。可是18小时过去了，孩子还是没生出来。医生果断施行了剖宫产手术，当时的医疗器械还不是很发达，所以剖宫产这样的手术给波林带来了巨大的痛苦。她没有奶水，并且腹痛得无法坐起看一眼婴儿。

海明威和波林一起撑到她和婴儿都能旅行，两人带着孩子返回彼格特。这时海明威已经抽空将小说写到478页，即将大功告成，小婴儿却精力过于旺盛，总是哇哇大哭打断他的思路。这让他无法忍耐，所以，当波林刚刚痊愈，他就坐车独自返回了堪萨斯城。在那儿他能安心写作，还能肆意地享受生活。

他从波林难产的事件中找到灵感，把小说的结尾安排为女主人公凯瑟琳·巴克莱难产死去。这是个落寞的决定，他没有告诉波林，但他觉得艺术是虚构的，高于生活的。

10月份，他的初稿已经完毕，但他一点也不想修改，总觉得还没到修改的时候。写作的那段时间让他心力交瘁，趁这段休息的当口，他决定每天放松心情，跑步、欣赏路边的风景。

他已和波林约定好了，冬天他们将返回凯威斯特岛度过，这样方便海明威修改书稿。小儿子帕特里克也有了一个黑人奶妈，海明威的二妹松尼吉姆也会在感恩节后前来帮忙，照顾孩子、协理书稿。伯金斯已答应支付一万元买下这部小说的版权。

所有的事情都慢慢好转起来。海明威非常欣慰，自己的付出终于有了回报。曾经的彷徨失措，祸不单行，似乎都已在这渐渐平顺的生活里被磨灭，消失在时光深处。

永别了，父亲

人生若没有风雨的洗礼，

怎会有春华秋实的喜悦。

终于踏上了返程的旅途，这三天里，海明威心潮澎湃。对于凯威斯特，他怀着更多的是思乡一般的依赖。

可是父亲的病情让海明威心情沮丧，他听葛莱丝说父亲日渐消瘦，身体每况愈下。他给父亲写了一封深情的长信，希望父亲能振作。可是就在他要跟波比在宾夕法尼亚车站会合的那天，三妹突然发来一封电报，说父亲去世了。

海明威脑子“嗡”的一声，觉得仿佛天塌下来了一样。当冷静过来后先打点好波比的事情，就立即赶夜车前往芝加哥。这是他三个星期内第二次通宵达旦地坐火车，已经没有累的感觉，只有心痛冲击着大脑，他的脑海里不时涌现儿时和父亲在一起嬉闹的场面。

回到家后，葛莱丝告诉他，父亲是自杀的。那天上午父亲烧了很多他私人的文件，谁也没有察觉到他的情绪变化。只一会儿，二楼的卧房就传来了一声枪响，葛莱丝迅速爬上楼，但一切已经太迟了。

海明威很心痛，他知道父亲生前压力过大，沉重的经济负担压得他喘不过气，再加上严重的糖尿病让他长期失眠，无数个夜晚父亲在心绞痛时会有多么的绝望。海明威看着父亲留下的寥寥遗产，觉得自己身负重任，他要好好写书，帮父亲还债。他还要养活两个孩子和母亲，他们对他寄予厚望。

回到凯威斯特后，海明威就着手修改他的小说，他觉得是时候修改它了。每天工作六小时已足够，妹妹还会帮他把改好的稿子打出来。五个星期后，伯金斯奔赴凯威斯特岛亲自验稿，他想知道，这个被海明威称为“与在意大利发生的整个战争和男女之间爱情有关的一个长故事”，究竟有什么魅力。海明威很久没有钓鱼了，他只想把稿子交给伯金斯后，就一心沉浸在钓鱼的乐趣里。

伯金斯很喜欢这本小说，觉得它的瑕疵在自己能接受的范围之内，因此出了 1.6 万元买下了这本小说的版权。冬季到来，海明威邀请朋友们来凯威斯特岛做客，给他们看了自己的手稿，出乎意料地被所有人赞赏，他的心情就像三月的春光般灿烂。

父亲去世后，海明威每月都会给家里寄税金和生活费。母亲想把有些房屋出租或卖掉，他都很赞同。海明威的负担已经太重了，写作是个散漫的工作，需要极强的脑力活动。其实他一直很想写一本有关家庭关系方面的书，可又担心会伤害家人的感情。如今父亲已经去世，他不再有太多顾虑了。葛莱丝把自己的油画寄给了海明威，还寄来了父亲自杀用的手枪。当时参加葬礼时，海明威向她请求过想收藏这把手枪。

4 月份天气刚转暖，海明威就带着全家人，包括妹妹松尼，还有大儿子波比一同漂洋过海到达法国北部海港布伦。家里状况已经一团糟，波林喉咙发炎，帕特里克也受到感染。海明威无法静心写作，只好修改那个即将在杂志上发表的稿子。他对结尾尽心费力，好的结尾是成功的一半。可是当他把样刊寄给伯金斯后，他和奥文维斯特却做了一些画蛇添足的修改，这让海明威很不满。

不过很快就发生了一件令海明威比较开心的事，他的老朋友摩勒·卡拉罕夫妇到巴黎游玩，顺便来到海明威家拜访。老朋友见面分外热情，海明威拿出了拳击皮手套，一定要跟摩勒过招。不过这是明显不公平的比赛，海明威身形魁梧健康，摩勒比他矮得多而且身体状况不好。但摩勒也不是省油的灯，他知道怎么击中海明威的“软肋”。所以两人刚刚过招，海明威就被摩勒一拳击中脸颊。

摩勒对当时的回忆是：“他那双褐色的眼睛一直盯着我。他是想寻找机会向我进攻……大概是由于我的左手向他进攻，打中了他，因而触怒了他。他的嘴开始出血了……他用舌头舔掉嘴唇周围的血。突然，他朝我脸上吐血，满满一口血，正好吐在我的脸上。”

这是拳击手被激怒的表现，可就在摩勒以为海明威怒不可遏的时候，比赛结束了，海明威又恢复了常态，依然把他当好朋友。摩勒无法理解，下午两人在拳击比赛时，他找了司各脱当裁判。没想到司各脱竟然在比赛结束了三分钟后才想起来喊停，但海明威已经负伤了。摩勒明白司各脱从此在海明威心里将失去威信，而摩勒自己也很不安，他胜之不武，以后将惹上麻烦。

在焦灼地校正和等待之后，海明威终于迎来的《永别了，武器》的出版。9 月 20 日他已和波林返回巴黎，28 日伯金斯致电：“书出版之后，评论界反应很好，前途光明。”海明威心中的一块大石头稍稍落下，虽然这是在意料之中，但想到付出的努力终于有了回报，他还是想要欢呼雀跃。

《纽约时报》的海明威研究专家是这么定义的：“这个关于一位英国护士同一个英国救护队军官的恋爱故事，就其主人公的不幸遭遇来说很像罗密欧与朱丽叶。它产生了巨大的艺术效果，堪称为文学上的新浪漫主义。”

让海明威惊喜的是，评论家克里登法迪曼认为它是“现代派作品的顶峰”。相信所有读者都能看到，在经历了婚变、父亲自杀等这一系列打击之后，海明威的内心真正开始成熟了。他思考的问题不再仅限于低级趣味，思想深邃多了，他的感情开始变得丰富，作品散发着浓浓的人情味。

10 月中旬，小说销售量达到了 2.8 万册，这给了海明威充裕的时间来缓解经济压力。可是人一出名就会有诽谤，海明威很苦恼那些诋毁他名声的人，因为他们干涉到了他的家人。他恨不得亲自挥出有力的拳头，把恶意中伤他家人的坏蛋们都打个遍。

万事有利就有弊。从踏上这条路的那天起，很多事情都无法再回头，而是照着既定的结果走下去。两部长篇小说都引起如此轰动的反响，让海明威坚定了要做一名优秀作家的决心。

与野兽的较量

一个心向自由的人，不管他在繁华的都市得到多少荣耀，

永远怀念大自然的亲昵。

海明威在巴黎并不快乐，他想念凯威斯特岛的自然风光。这种冲动让他无法按捺情绪，于是他订了 1 月 10 号起航的波多·奈斯号的船票。这剩下的日子就尽情地休息吧，他和朋友们畅聊，虽然兴致不高，但也能有感兴趣的话题。他元旦也是和这群朋友们一起过的，间隙还为自己的书写了篇序言。

在“波多·奈斯”号途经哈瓦那时，他真挚地去医院探望了好友阿达·马克莱斯。他很喜欢阿达，每次见到她都要把她抱起来。为了让阿达的病尽快好起来，他给阿奇·马克莱斯写信，提议让他俩跟他一起去凯威斯特岛修养身体。可是阿达太虚弱了，不适合旅行，而且阿奇也太忙。海明威只好作罢，但还是觉得如若此二人同往，这次的旅行应该会更圆满吧。

好朋友们约定好都要来凯威斯特岛，约翰·霍尔曼夫妇去年就已经在凯威斯特岛度假了。海明威别提多高兴了，他租了一条能容纳四人的小船供自己划行，并决定成立一个五人旅行小组，他的朋友伯格可以当向导和领航员。

很快，美妙的旅行开始了。船上已经储存了足量的啤酒、罐头、大葱。白天他们钓鱼，观赏沿途的风景；傍晚开始狂欢，品尝各种美味的鱼肉，就着冰块喝酒。马克斯·伯金斯看到深水区神奇的生物，还有五颜六色的水面，提议让海明威写一些类似的文章。但海明威认真地思考后，觉得这些东西自己也不太了解，最好不要轻易下笔。

这一路的高兴事特别多，比如伯金斯钓了一条58磅的大海鱼，而世界纪录正是58磅，这种收获简直太迷人了。距离凯威斯特岛还有70里，沿途还经过了内战时的杰弗森老古堡，为旅行制造了恐怖的气氛。航行中遇到暴风雨也算是家常便饭，虽然这种天气对钓深水大鱼极为有利，但海明威觉得乘着小船做这种事实在太冒险。他们不担心因为时间太久而缺乏食物，因为每天都有新鲜鱼上钩。海明威对吃鱼的热情不亚于钓鱼，他认为吃鱼有助于大脑灵敏度的提升。

在妻子们的翘首企盼中，男人们终于到达了凯威斯特岛。旅行结束后，除了波林之外的女人们都松了一口气。海明威觉得这是波林与众不同的地方，她爱你，但不担心你，因为她相信你能应对所有的困难，这是一种独特的爱的方式。

旅行，除了经历风景之外，还会带来心灵的成长。经过一段时间的旅行休整，海明威恢复了对文学写作的热忱。他接受了马克·吐温文学会的名誉副主席头衔，还同意伯金斯为《斯克里布纳》杂志写了一个短篇《怀俄明的酒》。他觉得凯威斯特岛湿气太重，想去怀俄明山区住一段时间。波林一直以来都尊重海明威的想法，她愿意陪同他踏上西行之路。

海明威开车带着波林和波比，在炎热烧烤的公路上奔驰。路上有一些认出海明威的热情读者，他们积极地邀请海明威一家去家里做客。但海明威只想快点到达目的地，他天性不喜这种纷扰，便委婉地拒绝了邀请。

7 月 13 日，海明威到了目的地。那里到处充满着静谧的味道，四周景色是典型的山地地貌，有一条蜿蜒的小河在房子不远处，河里的鳟鱼悠闲自在地游来游去。这里的马畜让海明威颇感兴趣，山谷不适合开车，骑马成了最舒适的交通方式。绵延的山峰此起彼伏，黑巍巍的帕乐峰和英迪克斯峰就在海明威住处的门口，他随时随地都可以欣赏山峦的美景。

没有什么比这样的状态更自在的了，他像往常一样把时间分为写作和钓鱼。只要伊凡·瓦拉斯找他钓鱼，他总会情不自禁地打乱写作计划，跟着他一同去钓鱼。海明威夫妇很快就得到了当地人的认可，当地人都认为海明威是个了不起的男子汉，而波林则让他们赞叹不已，他们为波林的飒爽风采而倾倒。

8 月份时，一只大黑熊的出现吸引了海明威的全部注意力。消息是河上游的北方传来的，只一个上午大家就都知道爱德西普森牧场来了一只大黑熊咬伤了马匹。伊凡冷静地决定要猎捕这只黑熊，他对海明威讲授捕熊的办法。

“诱捕大黑熊最好用一匹大马，”伊凡告诉他，“这样，熊就会上钩……把打死的马放在有太阳晒到的干燥地方，不要放在潮湿的地方，否则熊就不会来。为了能让熊快点来，你可以用火烧那匹死马。”

于是，一场紧张的猎熊活动开始了。他们做好了记号，就像往常进山打猎或去河边钓鱼一样。可是一匹叫格菲的小马顽劣不羁，竟然误伤了海明威，给他的脸上留了一个长长的伤口。虽然特鲁布拉德医生的手术做得很巧妙，但还是让海明威的脸看上去略显歪斜。海明威买下了格菲，但不是为了骑它，而是打死了它当猎熊的诱饵。当他们捕到那只大黑熊时，发现它果然在狼吞虎咽地啃着死马的肉。

进入 9 月，海明威全身的神经都兴奋得打结，他们要开始为期两周的打猎活动了。这次挑选的马匹极为温顺，海明威有了它简直如虎添翼。他这一生打过很多次猎，但这次的捕麋行动给他留下了难以磨灭的印象。当时是在山谷，海明威听到一阵悠长的鸣叫，他和伊凡匍匐前进，发现了这只美丽的雄麋。树林很茂密，雄麋时而低头安静地吃草，时而挺起胸脯长鸣两声。它的声音极富穿透力，得到了群麋遥远的呼应。但海明威还是一枪猎杀了它，对于海明威来说，这个美丽的生物太诱人，它是第一流的战利品，他必须得到它。

海明威对于生灵的渴求，更像一种对自然的征服欲，他享受打猎带来的成就感。在后来的时日里，那只雄麋的叫声经常会在他脑海中回响。那是一种生命的和谐旋律，毫无警觉的生灵。

伤残的右手

人应该有力量，

揪着自己的头发把自己从泥地里拔起来。

雄麋的鸣声还在脑海里回荡，他却已经踏上归途。在这世界上，有一些分别是为了再次相逢。与群山和河流的分别只算得上是表面的分别吧。在海明威的内心，它们从未真正离开过，不管他身在何处。

返程时有新结识的朋友多斯·帕索斯与海明威结伴，两人有共同的狩猎兴趣，志趣相投。那是 11 月 1 号的傍晚，车子像往常一样平稳地前进。可是在经过一条狭窄的车道上却发生了意外。为了躲避一辆疾驰而来的车，海明威的车翻进了路边的深沟。多斯吓坏了，还以为海明威的腿断了。可当他们把昏迷的海明威拉出来时，却发现他的右臂毫无反应地垂荡。

多斯迅速行动起来，先把海明威送到圣·维生特医院，再给波林发电报通知情况。多年的猎人生涯让他在面对突发状况时，格外沉着。海明威伤势太重，一般的接骨手术无法修复手臂，医生选择用大袋鼠的腱作为连接骨折的中介。海明威等待着，疼痛和绝望使他愤怒地把矛头对准了斯克里布纳杂志社。

海明威认为，自从跟它签订了合约，自己就没有健康地待过一年。不是眼球受伤，就是手指或胳膊，脸也轻度毁容，现在手臂又前途未卜。《斗牛》

那本书的写作被迫中断，一个月里，波林看着海明威如何痛苦难眠。他只能以一种姿势睡觉，手臂的疼痛，焦灼的心情影响着他的生活。夜深人静时，海明威迷上了收音机，或嬉笑怒骂，或义愤填膺。

海明威生病的消息一传开，有很多善良的朋友纷纷前来看望他，其中他最喜欢的是弗洛伦斯修女。海明威天生对温柔的女人没有抵抗力，她轻声细气地给他讲人世间的一切都可以由上帝化解恩怨，真诚地为海明威祈祷。可以说，她是海明威的精神伴侣之一，在伤痛中给了他莫大的抚慰。

海明威住院七个星期后，手臂已经痊愈。他把头发和胡子已留得很长，看上去像个流浪汉。朋友阿奇·马克莱斯专程坐飞机来看望他，海明威怀疑他是来参加自己的“葬礼”的。在彼格特，海明威甚至真的被放学回家的学生们当作可怜的流浪汉，他们谩骂他、侮辱他，海明威觉得这简直像是一场噩梦。斯诺克了解到海明威的精神状态后，写信给伯金斯，预言海明威的写作生涯将会受创。但海明威却借助生病住院的经历，开始构思一部自传体的小故事，当然故事中自然少不了修女和每日晚间的电台节目。

流言蜚语从未间断，1930年又是多事之年。《永别了，武器》带着海明威的期望，被搬上话剧舞台。然而事与愿违，演出被迫在三周后停止，因为演出实在太失败了。相反，好莱坞把它拍成的电影却大获成功，这让海明威得到了一笔丰厚的酬劳。

第二年春，海明威带着家人回凯威斯特岛休养身体。他再一次结交了很多朋友，这些朋友大部分跟他一样喜爱钓鱼。因为手臂并未康复，所以他想顺心地写作是不太可能了，只能用左手操作打字机，速度十分慢。因此，海明威的情绪变得很坏，他不知道该如何控制每天压迫心头的失望感。

3月，伯金斯来凯威斯特岛钓鱼，他已经习惯了每年来凯威斯特岛休假放松心情。可是今年的钓鱼活动没有持续很长时间，伯金斯就要走了。船上缺乏食品和物资的供应，尤其是冷藏鲜鱼用的人造冰。约翰·哈曼恩和伯基决定去凯威斯特岛买冰块，但因为天气原因在路上耽搁了五天，等他们回来时，300 多磅的鲜鱼已经腐烂发臭。为此海明威发了很大的火。他们忍受着海明威的坏脾气，自从手受伤后，海明威的忍耐力下降到了极点。

4 月下旬，波林按捺住内心的喜悦，告诉海明威他们将在 11 月份迎来他们的第二个孩子。海明威连忙给堪萨斯城的格菲医生写信，并制订了波林待产前的计划。他们在 9 月份之前有充足的时间去法国，所以他们会再去西班牙看斗牛，这对海明威正在写的小说有很重要的作用。

波林忙着筹划把巴黎的家具运到凯威斯特岛，他们现在经济宽裕，不再为家庭布置发愁，想购置什么都可以完全顺从自己的喜好。海明威参加了盛大的华明节，这已经是他第七次参加这个盛会。结束后，海明威就把精力放在自己正在编写的《斗牛词汇小辞典》上，他对词汇学有着自己的悟性，也一直做得很出色。空闲的时间用来写他那本《斗牛》的书，现在已经写完了 18 章。海明威已经找好了卷首插画，那就是著名的印象派画家朱安格里斯画的《吉他演奏者》。这种抽象艺术符合海明威的审美，狂放不羁，热烈浓厚。

在幼年时期，海明威曾经那么强烈地憧憬母亲葛莱丝能给自己生个弟弟，可是那个孩提的梦想一直没有实现。如今他已经有两个强壮的儿子，他希望波林能为自己带来一个女儿，一个像小天使一样的女儿。他很喜欢好友阿达的女儿，虽然见面时那个小姑娘已经不认识海明威了，还被他吓哭过。但他还是耐心地花了一个小时的时间去跟她交流，直到她重新接受他。

终于到了波林生产的那天。堪萨斯城对于海明威来说意味深长，那里有他太多等待的痕迹，这种父亲的等待要更为煎熬。消息传来，是个儿子，九磅重，头发乌黑。海明威给孩子取名格雷格里·汉科克，这是为了纪念历史上的几位教皇，也是纪念海明威的外祖母卡洛琳·汉科克·霍尔。

波林一脱离危险，海明威就又把精力放在他即将完成的书稿上。他写完了最后一章，洋洋洒洒3000多字。虽然不是很长，但足以解释他为什么那么强烈地描述斗牛，还有他对西班牙的印象。在他的记忆中，斗牛士热情似火，西班牙的民俗和风情都深深地震撼着他的心，使他难以忘怀。

回忆是深沉而美好的，西班牙情结给海明威留下了一生的印记。人生经历往往决定作家的写作倾向，这种情结让他在后来的创作中倾注了太多的硬汉精神。

钓鱼、狩猎与写作

生活，

一半是回忆，一半是继续。

生活是根绳子，总是牵着我们的鼻子走。为了生活，我们忍让、退缩、扭曲，甚至出卖自己。不要以为这是正常的，很多时候我们习惯的东西，就这样偷偷地改变着我们的性格。

哪怕登徒浪子也渴望有安稳的家，也许越是有一颗天高任鸟飞的心，就越希望能有安稳的归宿。最好的房子不是奢华的宫殿，而是能给人强烈的归属感的地方。在那里，心是安静的。

海明威在凯威斯特岛白头街 907 号的房子是完全属于自己的，他当初买下它，就是因为一见到这所房子，就有种强烈的归属感。它不起眼，四周树木环绕，但式样有点西班牙风格，窗户是法式的，甚至有绿色的百叶窗。他和波林用心地装修，让这个家看上去很温暖。“对于我们这种人来说，家，意味着一个人离开原住地外出远游，回来后有个栖身的地方。人很快就会变老，而经验则往往在家以外的任何地方获得。”

右臂痊愈后，海明威开始筹划去东非旅行。好友汤普森、斯特拉特，还有马克莱斯都欣然同意。他们计划雇用肯尼亚最好的白人猎手菲利普·帕西维尔，又打算请三位向导艾雷斯、里斯和克灵。

与此同时，海明威依然忙碌于新书的事务，他已经把书名定为《下午的死亡》。好友多斯和妻子路过凯威斯特岛，海明威请他为自己的作品提宝贵意见。可是当多斯真的给他提建议时，他又不高兴了。这是海明威的硬伤，他不喜欢别人对自己的书稿做出过多的评论。他认为多斯摆出了“圣人”姿态，而且太追求完美。作品不该有完美的人物性格，否则就不能如实地反映现实。

在《下午的死亡》筹备发表期间，海明威想整理出自己比较重视的短篇小说。除了有一篇描述西班牙客轮沉没事件的故事之外，他还选了六篇编成集，有《怀俄明的酒》、《海变》等等。有两篇是根据自己真实的故事改编，其实他大部分小说都是根据自己的所见所闻，再加上他天生敏感的嗅觉加工而成。

海明威每年必有的活动就是钓鱼了。他在二三月份决定去德怀托特格斯钓鱼，缓解长期伏案工作的疲劳。这次旅行颇有成就，在钓鱼方面海明威从不输给别人，他总能有技巧钓到大鱼。5 月初有件高兴事，那就是去年在“法国之岛”上认识的杰恩和她丈夫也来钓鱼了，他们登上了海明威租的“安妮塔”号，陪他度过几天难忘的日子。很多人甚至认为海明威爱上了热情奔放的杰恩，可事实谁知道呢？

在旅店安静时，海明威就校对《下午的死亡》的稿子，这是根据伯金斯的要求做的修改。他还写了一篇故事《你永远做不到的》，差不多是那个《现在我躺下》的续篇。他说：“当时哈瓦那天气炎热，热浪袭人，使他想起1918年夏天在下派尔维的情形，想起当时他看到一位漂亮的姑娘变得痴情迷恋，疯疯癫癫的情状。”令海明威自己都意外的是，他在古巴时竟然创作欲望极为强烈，简直到了灵感四射的程度。因些他推迟了“非洲之行”。这让伯金斯大喜过望，因为他一点都不想去非洲。可是海明威钓鱼时从不关心自己的身体，一次跟马林鱼较量的过程中，他淋了雨，又适逢降温，不小心染上支气管并发性肺炎。

疾病初愈，海明威就决定去怀俄明，他太喜欢那里了。他十分想念怀俄明的派格特和莫德克斯山峰，想念清晨万物苏醒的生机，想念微风送来阵阵山林和青草的香味，还有那河水叮咚和马儿嘶鸣。

7月12日，海明威已经和波林入住了罗伦斯和奥利弗诺德基斯的第一号房间。他的愿望实现得很快，只要想做，他就会立即去做。

创作欲望迸发时，他就沉默着去小河转弯处的西德莱住所。呼吸着壮丽山川的新鲜空气，聆听鸟儿的欢声笑语，凝望着湛蓝的天空，写作就没有障碍。他喜欢骑马出游，有时也带着波林。夕阳西下，一对璧人驰骋在广阔的绿地，看着夕阳把山脊都染红，温柔无比。

海明威的兴致一直在打猎和钓鱼上，偶尔听闻一些美国政界斗争激烈的消息，但他一点也不感兴趣，收音机播放着竞选，他却觉得还不如听鸟叫。

波林走了之后，海明威又开始筹划猎捕大黑熊，他们杀了一匹马做诱饵，像往常一样等待它上钩。可是这次有三只黑熊的痕迹，而且在诱饵边还有挖的用以掩护自己的大坑，但是他并没有猎到熊。

他们最大的收获还是猎到了麋。那是一只极为顽强的麋鹿，已经身中两枪，却还挣扎着要逃走。海明威又匆匆补了一枪，麋当场毙命。这种生命的搏击，对他来说总是有着一定的冲击力，但他更喜欢捕到猎物的成就感。

不久，《下午的死亡》终于问世。但读者意见寥寥，让海明威很失望。不过伯金斯写信安慰他说："从出版商的角度看，对这本书的评论是相当不错的。当然其中也有提你所不喜欢听的意见的。"而海明威的注意力此时更多地集中在猎熊上，汤普森和斯台布已经猎到一只大黑熊，他却还没捕到。10月11日下午，他和罗伦斯去山林查看死马时，发现一只大黑熊正在偷偷嗜食着死马身上的肉。他两枪让它毙命，这只巨熊重约500磅，比查理斯捕到的那只大太多了。海明威很高兴，他的好胜心让他有赢得了战争的快感。

10月16日他们动身返回，路上风雪交加。海明威迫不及待地想回到凯威斯特岛的家。正如他之前说的，在外游荡的人终会知道家的可贵。这个时候只有凯威斯特岛明媚的阳光、温暖的亲情才能给他抚慰，他向往着与家人团聚。

第五章

处在人生低谷中，最接近真实自己

生命的重量是压在肩头的种种过往和经历，

只有承受，继续承担。

挣扎过来的人，真金不怕火炼，

任何幻灭都不能再动摇他们的信仰，

这样的自信不是一朝一夕即能养成的。

生命的意义，是在你快要趴下的时候咬牙抗住。

生命的精彩，是你负重前行，

最终到达你梦里曾经到过的地方。

胜者无所获

失败后的第一个黎明，

就是争取胜利的新开始。

在外一心想做勇士的海明威，也有柔软的内心。在面对孩子时，海明威的爱更深沉。比起母亲的细腻和博爱，父爱更像是好友的关怀。

海明威回到凯威斯特岛后的家庭生活越发美满。大儿子波比是这个家最活跃的一分子，才九岁的小伙已能说一口流利婉转的法语。凯威斯特岛优越的自然条件，为波比的成长提供了天然的儿童乐园。家里养了四只浣熊、一只可爱的负鼠、几条自由自在的金鱼和三只艳丽的孔雀。波比的童年是愉快的。

但是海明威的生活就没有那么平静，最近他又因为《下午的死亡》这本书引起了评论界褒贬不一的争论。有个批评家毫不客气地说："那本书只是幼稚地堆砌一些词汇，令人可怕地无休止地降临灾难。"另一位评论家说："作者明白通畅的文笔中不时夹杂着隐晦艰涩的字眼，因而大为逊色。"他们觉得海明威过多地致力于渲染人物的男性色彩，这反而让小说索然无味。更多的声音是在调侃海明威对人物性格的刻画，沾染了过多自己的性格特征——桀骜、不羁，这并不被评论界普遍认可。但海明威自己并不以为然，他认为，"只要内容可笑，不管什么事，什么人都可作为取笑的对象，就是自己的母亲也不例外”。

波比逐渐长大，开始觉得有些寂寞。11 月份的时候，海明威开车带他去了彼格特，他们去那里同波林及另外两个孩子一起过感恩节。在途中，海明威思考了秋天的象征意义，他想到了打猎和死亡。一个以父子关系为中心的故事在他脑海中开始形成。

但他目前无暇顾及这个新的故事情节，因为他的《永别了，武器》被巴拉蒙特影业公司搬上了银幕。虽然主角阵容强大，但海明威并不高兴，他忧虑地发现剧本的结尾被改编成了喜剧模式。他觉得人们对他的意图有了原则性的曲解。一到彼格特，海明威就给伯金斯写了封信：

海明威先生是个作家，他郑重声明：在战争末期，他曾随军在意大利待过一段时间。他之所以去意大利，是因为当时待在法国，处境更加危险。这是人所共知的事。他在意大利的任务是开救护车抢运伤病员以及做其他零碎工作，从来没有过显赫的英雄行为。任何有识之士都知道，一个作家是不可能在拳击赛中打败一个重量级冠军的。当然，如果这个作家的名字刚好和拳王格恩坦尼的姓相吻合，那又另当别论。海明威先生感谢报界把他的事迹宣扬得那么动人，并把他的名字列入名人录，但他恳切地要求电影界的先生们切勿歪曲他个人的生活史。

这些烦心事当然要靠狩猎来排忧解闷，海明威最好的伴侣就是伯金斯，两人约着一起打野鸡。

待海明威回到彼格特，一家人住进了普菲费家后面一个修整过的谷仓里，因为这里比较安静，适宜海明威写作。但不幸发生了，有一天全家人正其乐融融吃着早饭，外面的大风突然引发了一场火灾。虽然救火及时，但海明威看着满地被水淋坏的稿件和书，心痛万分。修理工主动帮助海明威烤干书籍，但埃日拉庞德听闻火灾之事后，专门从雷巴罗写信过来：“哈！哈！老兄这回真够呛。你干吗住在谷仓里？火怎么没把你的全部稿子烧掉呢！”

新年过后发生了两件事：一件是他独自开车去纽约，并由伯金斯安排与汤姆·沃尔弗相见，这件事给海明威留下极其深刻的印象。他觉得沃尔弗的举止太幼稚，“天才和儿童就其纯真的方面讲，恰似一对孪生兄弟”；另一件事比较让海明威烦心，他的三妹卡露在佛罗里达温特帕克罗林学院念书时，一个叫约翰·卡德纳的男同学爱上了她。让海明威无法容忍的是，卡德纳居然上门请求他同意把卡露嫁给他。海明威担心这会影响卡露的学习，就断然拒绝，并厉声威胁卡德纳不许再纠缠卡露。

事实证明这种拒绝根本无效。因为第二年，卡露就嫁给了卡德纳。海明威没有参加两人的婚礼，他无法理解美丽的三妹的想法，在他认为，三妹天资聪颖，完全可以嫁给更配得上她的男子。

回到凯威斯特岛后，海明威继续创作。他写了一系列被他称为“安全”故事的短篇小说，用来揭示人们的心灵世界，也就是人们内心的空虚引起的噩梦般的恐惧。随着年龄的增长，海明威发现自己越来越像工作狂，恨不得每天执笔奋力耕耘。

他的灵感，他的构思，为他赢得了作家的生活，赢得了金钱和荣誉。与此同时，他也拥有了正常人该有的幸福的家庭生活。他不禁感慨作家的作品与他的声誉之间有着何种微妙的关系，生前看数量，死后重质量。这就要作家严格地要求自己，辛勤地创作。

在海明威的生活里，悲喜总是风水轮流转。3 月份，海明威去了一次纽约，因为电影公司制片主任鲁伊斯迈尔斯顿想拍一部海明威去西班牙旅行的纪录片。海明威很开心，他担任了制片顾问并帮忙物色客串演员。最令他满意的是他看到了马戏团里的狮子，它是那样傲然，那样雄健，狮子的威武给了他莫大的宽慰。

但朋友格特鲁特·斯坦恩公开却抨击了海明威，这件事还是给了他挺大的打击。自从海明威离开巴黎，格特鲁特对他的态度就来了个大翻转。曾经关系良好的二人，现在淡漠了许多。格特鲁特甚至说海明威是她和谢乌·安德森一手打造的，但没想到他却变成了一个卑鄙小人。海明威对此很痛心，对他来说没有什么比失去心灵伙伴更让人心寒的了。

4 月份时，海明威去了古巴。他租了一艘叫“阿尼塔”号的船，每天出海捕鱼。海明威觉得此行自己学到了许多东西，短短两个月他捕获了 34 条马林鱼。这种生活技能的锻炼，给了他很多感慨。6 月份他终于定下了新短篇小说的名字——《胜者无所获》。他写道：

这不同于其他形式的竞争，实际情况是胜者得不到任何东西，既不自由自在，也不欢乐愉快；既没有任何光荣与自豪，也不可能给他任何奖赏，即使他大获全胜。

他很喜欢自己给小说新命的题目，不同于其他形式的竞争，这是胜者决斗的状态。而对于结果，海明威觉得他的那些小说里有太多对人类社会的冷嘲热讽。

这是海明威最艰难的时期，评论界对他的小说的文风和笔法的质疑声依然一浪高过一浪。对此他极为恼怒，但又无可奈何。在这种旋涡中创作出的

《胜者无所获》，可以说是海明威对人生的反思，也是对他过去10年写作生涯的总结。

如果一定要为它定义一个高度，那就把它看作是海明威最为出色的“墓志铭”。

为更高的理想，战斗下去

理想是一种信仰，

是伟大的情感，一种创造的力量。

人生怎么可能被那些庞杂的外在纷扰所左右，海明威一直在努力地探寻新的生活方式，那是一种更适合自己通往精神境界的方式。

经历那些莫名抨击之后，海明威找到了另一种适合自己逃开这些纷扰的生活方式。他爱上了出海捕鱼，到7月中旬时他欣喜地发现自己已经钓了50条马林鱼。

海明威深深地沉迷于大自然的这种馈赠过程，因为在这样的过程中，他可以什么都不想。每天早晨，待晨曦透过窗帘射入他在安布斯摩多斯旅店的房间，他才醒来去梳洗。随意穿上一件咔叽布裤和衬衫，就在咖啡间的某个角落安静地吃早餐。早晨他一般吃得很简单，就是一小块古巴面包、一杯矿泉水和一杯冰牛奶。船上的冰柜里冷冻着大量的食品、啤酒还有新鲜的鲇鱼和食用的大海鱼，鲇鱼和大海鱼主要是用来当鱼饵的。

对于海明威来说，捕鱼不仅是挑战自己的收获过程，更是他陶醉于大自然的绝佳时机。清晨出海时，海明威喜欢欣赏船舷外生机勃勃的和谐景色。船只摇曳，他最在意的是海域较远的船只，那些大都是为了捕捉马林鱼而远航的渔民。

一般马林鱼都在深水区活动，捕鱼者要在很粗的绳子上系着鱼饵，引诱马林鱼上钩。对于海明威来说，马林鱼无疑是极美的。它们在东北季风来临时从深水露出水面，大镰刀一样的尾巴在波涛涌动的海面划下长长的波痕。海明威最喜欢欣赏它们迎接战斗时的备战状态：背鳍竖起来，蓝色胸鳍迅速向两侧伸开，貌似凶猛的海鹰。

7月6日那一天，海明威幸运地发现一条重750磅左右的大马林鱼咬钩了。他跟它较量了一个多小时，奋力地想拉它入网，可惜在最后关头，因为钓竿折断而让鱼儿逃之夭夭。海明威很恼火，浑身湿淋淋地坐在船头，分不清那是汗水还是海水，心里十分难过。但他转念一想，有多少人能像他那样与大马林鱼相持这么久呢，他是多么具有男子气概啊！

等海明威一回凯威斯特岛，他就给金格里奇的《大众杂志》寄去一篇短篇小说，名叫《一封古巴的来信》。这是他根据这次出海钓鱼的经历，有感而发。不久，海明威就收到了250元的稿酬。他很高兴，没想到自己能再次涉足新闻界，而且金格里奇给了他极大的自由，他可以随意地写自己的见闻感受。海明威特别珍惜这个机会，他能够充分地表达自己的观点，同读者们分享他生活的乐趣。

有件事令海明威十分高兴，那就是他的前妻哈德莉再婚了。新郎是芝加哥《每日新闻》派驻欧洲的记者莫尔。他觉得自己像是卸下了一个心头重担，

6 年来一直缠绕着他的心头之痛正在土崩瓦解。

8 月 4 日，海明威一家抵达哈瓦那。左派分子组织了反对独裁的革命运动，局势动荡不安。但海明威一直忙着捕鱼，很少关注巷战。直到有次波林和吉尼上街时有人向她们开枪，他才开始关注古巴人民的悲惨境遇。他同情他们，希望他们能早日过上安稳的生活。

虽然海明威对政治不怎么感兴趣，但他还是无法忽略西班牙正在爆发的革命运动。想到那里的下层人民生活在水深火热之中，而上层的统治阶级却纸醉金迷，他心里就有一种新的冲动。

这种新的冲动在他回到巴黎后才意识到那具体是什么。再访巴黎，他依然觉得它美丽迷人。他认为，“这是一个人们接受教育的好地方。”确实，巴黎承载了他青年时代的大部分回忆。但是他又说：“我现在爱上了别的东西。如果我参加战斗的话，我要为另外的理想而战斗。”

这另外的理想不是别的，而是他的祖国，为他的祖国而战斗！在海明威心中，从佛罗里达州山脚到怀俄明的高山云峰，都是他的祖国。而他也把自己深爱的西班牙列为自己的第二祖国，因为这热烈的爱，他决心要为他们而战。

海明威还有别的事情烦心，他颇为得意的《胜者无所获》竟然遭到了评论界的苛刻抨击。他们似乎忘了《下午的死亡》，把矛头都对准了这部新作品。伯金斯有所取舍地把一些评论文章寄给海明威，希望他能平心静气地对待这些责难。幸好还有一些足以宽慰海明威的好消息，他的两个短篇《怀俄明的酒》和《暴风雨之后》比较受欢迎，而且他作品的销量蒸蒸日上，截至 11 月中旬就已售出 1.1 万册之多。

海明威不服输的倔强性格又来了。他挑选了一篇名为《致海明威先生的一封公开信》的评论文章，给它的作者克里弗顿·华迪曼写了封回信。之所以选择这篇评论文章，是因为它说海明威作品中的内容不真实，而且觉得作者对体育运动项目或者猝死的描写过多，希望他能写点别的什么东西。海明威写了封很长的回信，大致内容是：

他有很好的孩子，有他理想中的女人做他的老婆，他多次受伤，也多次受奖，看到了世上一切真正诲淫诲盗的东西和行为。到写信之日止，九年来他已经出版了三个短篇故事集，二部长篇小说，一本描写谢乌·安德森的《漫画》和一篇专论斗牛的论文，这就是他的成绩。

对于那些指责他脆弱无用的评论家们，他绝不过多计较。他决心走自己的路，写出更多更好的作品来，到那时他就可以对所有反对他的评论家进行有力的回击。他的写作原则十分简单，就是认真研究你所感兴趣的东西和拿出足够的时间去做。

烦恼并不是生活的主旋律，让海明威心潮澎湃的是，非洲之旅的日期已越来越近了。好友汤普森刚到巴黎，就被海明威邀请一起去他们曾去过的地方打猎。他们收获颇丰，有一对野鸡和几只野鹿。离开巴黎的前一天晚上，海明威一家去了詹姆斯·佐斯家吃晚饭。佐斯盛情邀请好友前来做客，他对海明威诉说了自己的担忧，因为害怕自己的作品内容太单调，觉得必须出去走走，开阔视野，增长见识。

佐斯的妻子诺达挺希望佐斯能去非洲猎狮，但佐斯并不感兴趣。他沉浸在 19 世纪历史学家埃德加·基内特的艳丽词句中，还把其中一些句子用在了自己的新作中。海明威向来不喜欢矫揉造作的词句，但这其中有一句他却甚为喜爱，觉得最能表达自己即将前往非洲的心情，即“战斗日子的来临给我带来新的喜乐”。

狩猎，被染红的尘土

野兽们也有尊严，

是它们对于生的渴望。

11 月的到来，为海明威的人生增添了一抹灿烂的阳光。他终于如愿和好友们驰骋在非洲草原了。对于他来说，没有什么比自由狩猎更舒心的事了。硬汉的人生可能需要更多的汗水和荣耀，但硬汉的内心却是孩童一般的纯真。他单纯地向往着大自然，就像童年生活的那个自然的乐园。

11 月 22 日那天中午，一艘船从马赛港起锚驶向赛伊达港。一路上气候变化多端，但丝毫不影响海明威的好兴致。他和汤普森在甲板上下棋，水手们可没有那么好的雅兴，他们忙着把厚厚的帆布放下来以抵御红海的骄阳。

直至 12 月 8 日才在蒙巴萨上岸，海明威和朋友们在这里度过了旅程的第一个周末。虽然这个半岛城市古老而又破败，但在海明威眼里一切都是新奇而美好的。他们决定乘火车去内罗毕，这样就更方便看窗外美丽的自然景观。那里有郁郁葱葱的尼依卡山地，又有一望无际的平原，海明威惬意地享受着这一切，期待着即将开始的狩猎生活。

内罗毕坐落在一个杯形的凹地中间，四面环山。整个城市的建筑都是石砌的，看上去很有特色。他们住进了斯坦莱旅店后，找到了将陪他们去打猎的白人猎手菲利普·帕西威尔。帕西威尔显然有着丰富的经验，他热情地告诉他们等他们准备好了，就可以一起去开比迪平原狩猎，那里是猎人心中最神圣的天堂。

出于共同的兴趣和爱好，海明威和帕西威尔很快就熟络了。他了解到帕西威尔是个很有名的猎手，而且体格雄健。重要的是他为人很谦逊，丝毫不莽撞。海明威很喜欢他，在他身上有着那个爱尔兰士兵多曼·史密斯的影子。海明威认为有好的同伴对于打猎来说是极有利的。

唯一让海明威不舒服的是非洲内陆高原的气候环境。他刚刚习惯了海上的生活，突然转变为高山气候让他感到极不舒服。而且早上起得太早，整天的打猎生活让他精疲力竭，恨不得倒在床上睡个够。

不过这样的适应期是必经的，但又是短暂的。海明威很快就适应了打猎的节奏，他们收获颇丰，他的胃口也变得很好，越发喜爱这个天然的“角斗场”了。

他们的装备是很充分的，有两部运载帐篷营具用的火车，还有一部乘坐猎人的大座交通车。同行的旅伴有帕西威尔、查理斯、波林、海明威，还有寡言的汽车司机、机械师兼猎手助手本福里。替海明威一家扛枪的是个叫马可拉的伙计，大概50多岁，穿着打扮不是海明威喜欢的类型，反正他觉得自己也不是马可拉喜欢的类型。他唯独中意的两个人是查理斯·汤普森和波林，但波林似乎并不太需要被保护，她独立的性格颇受海明威赞赏。

12月20日的上午，狩猎正式开始了。他们一行人从内罗毕出发，向南走了大约200公里，第一个目的地是赛伦格第平原，那里猎物最多。海明威很高兴，他们在头10天捕获了大量猎物，其中还包括两头豹子。不过让他内心隐隐担忧的是，他染上了阿米巴痢疾，也许是在赛伊达港吃饭时，伙食不卫生导致的。可海明威是个硬汉子，他不愿意为这点疾病拖延自己的旅程，就继续与大家一起坐着汽车，硬撑着狩猎。

海明威的生活似乎总有些不顺心，这次发生的第一件让他不开心的事，是他们捕获的第一只狮子。1 月份的那个傍晚，他们忽然发现在卫矛树下有只蓬头的黄毛大狮子。大家还在惊诧于它的美丽时，波林已经从车上下来瞄准狮子，与此同时海明威也端起了猎枪。在帕西威尔的示意下，两声枪响同时划破夜空。狮子还没来得及反应就已经倒下了，马可拉坚信狮子死于波林枪下，但海明威认为波林的那一枪其实放空了，自己的那一枪才真正将狮子置于死地。但他没有说什么，大家把波林高高抬起，兴奋地庆祝。海明威心中却略有不满，始终欢笑不起来。

但是这种不满并没有持续太久，因为海明威的好枪法使他很快也捕猎到了真正属于自己的狮子。那是一只非常威风神气的雄狮，帕西威尔看到了它，示意海明威站起来瞄准。海明威求胜心切，一枪打中了它的脖子，雄狮应声倒地。帕西威尔忍不住连连赞叹海明威枪法好，但海明威的心情很复杂。他看到前一秒还美丽威武的雄狮，现在却倒在血泊中，被一群争相吸食鲜血的驼蝇纠缠，狮子的脉搏还在轻轻跳动，它死得没有尊严。

后来海明威和查理斯在大草原追逐一群野牛时，也经历了类似的心理波动。野牛矫健的身形十分迷人，两头野牛在枪声中应声倒地，还有一头野牛身中四枪却依然向灌木林奔跑。它是奔向热爱的家园吧，海明威心想。可是此时帕西威尔补了一枪，那头野牛踉踉跄跄地倒下了，鲜血四溅，染红了尘土。海明威心里很受冲击，他没想到野牛的韧性那么强，那是野兽的尊严，是它们对于生存的渴望。

海明威得了痢疾，1 月中旬时已经虚脱得无法参与狩猎活动了。他的精神极度渴望奔跑，无奈身体却毫无气力。他很痛苦，在后来的回忆中说：“我深深感到……我是被指派来生‘耶稣’的，因为他注定要再次降生于尘世。我感到这是一种光荣，只好勉为其难。但我不知道究竟‘耶稣’到了哪个年龄酷像格特鲁德·斯坦恩。我发现……我现在没有力气打那从高空中飞过的野鸡。我只好把身子倚在树上，胡乱地开枪。”

这样的身体状况已经无法再驰骋草原狩猎，恩仰扎维克多利亚方面派来了一架急救飞机。海明威的身体已经极度疲乏，但还是强忍着病痛爬上了飞机。

飞机在草原上空低低飞过，海明威看着猎物们或悠闲、或嬉闹地漫步，心里隐隐不舍。他们朝着北方的内罗毕飞去，东方的天际远远地映衬着乞力马扎罗山顶的皑皑白雪。阳光下的它闪闪发亮，美不胜收。

接受治疗的两周，海明威也没闲着，他趁养病期间，在病床上为《绅士》杂志写稿，还寄去了自己的狩猎照片。让他高兴的是他竟然收到了几个好消息，其中一个是《世界报》的哈里佩恩赞扬了他那本《横越海峡的旅行》，并表示期望能以5500元的价格买他的书稿。

愉悦的心情对痊愈有着很大的作用。很快，他就恢复得差不多了。1月23日，海明威终于回到了日思夜想的山区，他的同伴们热烈欢迎他归队。帕西威尔还请来了一位优秀的野兽追捕手，他的外表给了海明威极大的好感，那正是他赞赏的勇猛、不怯弱之态。

海明威很喜欢这个捕猎的地方，他写道：

这种打猎方式是我真正喜欢的。我们走路，不坐车。这里是山地，不是平原……一边往前走，一边打猎。谁也不知道会碰到什么野兽，我们自由自在，猎到什么就吃什么。对德洛比这种人，我喜欢看他走路的样子。他走起路来，步伐松慢，每挪动一步，脚略微往上一扬。总之，我喜欢他走路的那种模样。我喜欢我的胶鞋踩在草丛上那种松软的感觉，喜欢把猎枪背在身上那种沉甸甸的感觉，喜欢阳光晒在身上热烘烘地使你汗流浃背，喜欢看到草叶上的露珠在阳光下气化升华……我虽然病了些日子，身体虚弱，但每次都有新的事物出现，有陌生的东西可看，我感到无比欢乐。

他们坐在篝火边闲谈，虽然时间并不长，但这样的夜色和清风却也让人心旷神怡。

白天他们捕猎羚羊、野牛，海明威觉得自己在汤普森身上学到了太多狩猎的知识。汤普森甚至捕获了一只他所见过的最棒的野牛，那只野牛角被他暗暗称为世界上最长、最宽、颜色最黑、曲度最长的野牛角，这种上乘货色简直让海明威艳羡不已。

但这些已经不再影响他的心情，他觉得自己进行了一次了不起的旅行，而且决定要让世人都知道这里发生的一切。无疑海明威在这次旅行中，更确切地壮大了自己的心。

猎人皆兄弟

生命并不只是一场竞赛，

有时，它是一段安静的旅程。

一位作家或者用豪情吸引读者，或者用轻柔打动人心。豪情来自天赋禀性，轻柔则来自善良的内心。好的作家往往能在这奔放和细腻之间自由游走，乘着笔做的筏，畅享醉意人生。

海明威的非洲之行已经告一段落，虽然他十分不舍，就算闭上眼，脑海里也都是那奔跑的野牛、威武的雄狮。但那里终究只是他的梦想，是个驿站，他有自己的家，最终还是要返回家中。

他们一行好友先前往蒙巴萨稍作休憩，恢复体力后再回国。2 月底，天气依旧温暖舒适，凉风习习。他们到了马林第的帕尔姆比奇酒店。海明威忍不住为它的豪华奢侈发出感叹，它就像一位风情万种的女子，端坐在海滨等候着海浪的轻抚，游人的倾慕。

海明威一直赞叹汤普森的钓鱼技术，他决心向他求教。他们租来一条名叫“桑拿都”号的船，想快快活活地度过这两周。但这艘船并不争气，不是引擎出问题，就是带领他们去了水质不好的港湾。可是这丝毫不影响海明威和朋友们的兴致，他们分工明细，有的负责钓鱼，有的负责协助，每天都能满载而归。海明威十分喜欢这种生活，他是那么地热爱钓鱼！

到了 3 月 18 日的时候，他们已经辗转到了巴黎。汤普森回家了，而海明威和家人选择多住了几天。巴黎是个梦一样的城市，每次都能给海明威不一样的感觉，好似一个给养生命之源的小溪，静静地流淌着，默默地为爱它的人奉献着慰藉。

海明威天性喜好交友，也许性格豪爽的人更适合交际。他认识了一个叫奈德·卡尔莫的年轻人，海明威心地很善良，在他听闻奈德的女儿阿尔丹没有接受洗礼后，便主动要求做她的教父。奈德的小说虽然快出版了，但他的生活依然很窘迫，甚至连全家回纽约的船票都买不起。海明威知道后很心疼，偷偷地把 350 元的支票塞进了奈德的口袋。

无论走到哪里，海明威都跟女人们有着剪不断的缘分。第一个让他意外的是，他偶遇了凯瑟琳。那是个下雨天，他只是去塞尔维亚·彼奇书店看书，没想到凯瑟琳也在那里。她正在同塞尔维亚聊天，还是那样眉飞色舞。塞尔维亚浑然不知这其中的微妙，她落落大方地说要把这两位美国现代伟大作家介绍给彼此认识。海明威注视着凯瑟琳，她也看着他，但只注视了几秒，眼神很复杂。海明威沉默了，然后转身离开。

海明威第二个遇见的女人，是著名的女演员玛伦迪尔特里奇。这是一个香艳的传奇。海明威是在“法国之岛”轮船上结识她的，当时他应邀赴一个宴会。宴会开始好一会儿了，这位美貌绝伦的女星才匆匆入场。当她发现自己竟然是第 13 位来宾时，觉得这是个不祥的数字而有些不悦。海明威十分绅士地去救场了，他表示愿意陪伴佳人一同赴宴，并把自己列为第 14 位客人。玛伦迪尔特里奇很欣赏海明威，她说自己有个爱写诗的女儿玛利亚，还慷慨地表示如果海明威再想去非洲旅行，她愿意承担全部费用，只要海明威答应带他们夫妻一同前往。非洲之旅最缺乏的就是经费，稿酬已经不能再用于这种耗资巨大的爱好上了。然而海明威经历了激烈的思想斗争，但最终他还是婉拒了好心的夫人，决定靠自己的力量去完成单纯的梦想。

不久，海明威终于回到了心念的凯威斯特岛。在这 7 个月的辗转旅行路途中，他无数次想起这个最温馨的归宿。如今回来了，一切都依然那么美好。老朋友们小聚，海明威很开心，同时他也在构思要把非洲之行写成小说。他想好了标题，就叫《莽莽非洲高原》，副标题就叫《猎人皆兄弟》。他很看重这种在打猎中培养出的情谊，因为他们曾经一同出生入死，一同为收获而欢呼雀跃。

5 月 9 日那天，海明威格外开心，仿佛阳光都在微笑。因为他订购的船到货了！这是他日夜期盼和规划的事情，他甚至已经同波林商量好了，就给它取名叫“彼拉”，这是个圣洁又象征着他与波林爱情美好的名字。

“彼拉”非常精美，船体轮廓分明，闪亮的新油漆好似美丽少女的容颜般夺目。海明威检查了发动机，完全能满足他的任何需求。这简直太完美了，跟梦想中该拥有的船完全匹配。他可以像曾经梦想过无数次的那样，一边写作一边钓鱼，在这样交替的生活中拥有无限满足的幸福感。

就这样到了 5 月底，他的书已经写了 16 页。海明威把想写的东西都展开列出来，他不想漏掉任何一个细节，那些让他魂牵梦绕足以终生回味的细节。海明威心里很清楚，他真正想写的是那些经过自己思考的，真实的东西。正如他说的：“在一些地方住下来，有时暂时离开；对某些人要信任，对另一些人不要信任；对某事不必相信，但对某些事都要深信不疑；关心各色各样的鱼，观察不同的风向、季节的更迭；注意你周围发生的事，坐船去出海、骑马去狩猎；迎送飞雪、静听风雨声；真正做到我要什么就能找到什么，并知道在哪里能够找到。”

也许在非洲患上痢疾的经历给海明威的触动太深，他的很多观念自那之后就改变了，包括他对司各脱的小说《夜晚静悄悄》的看法。曾经他很厌烦司各脱在写作中加入太多弄虚作假的东西，但现在他能接受了，并把它看作司各脱的某些优点，或许这可以称作是他的风格。他忍不住写信给司各脱，表达了自己的心迹，也适当地提了意见。海明威多么希望司各脱能理解他的心情，他只是想让司各脱真实地面对读者，向读者坦白。

可是司各脱并没有那么想，他很快给海明威回了一封极长的信。他感谢了海明威的直言，但他也说："我非常崇敬你的艺术生涯，佩服你的艺术成就，赞同你的艺术观点。这是无可置疑的。我觉得在美国除了几个已经离开人世或距大去之日不远的名家外，你是我唯一敬仰的人。我反复地拜读了你的一些作品和文章。但是为了避免在我的创作过程中，不知不觉地受到你的创作风格和手法所影响，实际上，我停止阅读你的作品已经有一年半的时间了。"

看了这样的回信，海明威淡淡地笑了。他明白司各脱懂他的意思，二人曾经那互相猜忌的嫌疑，都烟消云散了。

海明威对非洲的热爱，世人有目共睹。他的得意之作《哈里摩根》，为他获得了"漫游黑非洲"的称号。这一切都为海明威增添了更多的自信，他很享受这种拥有梦想和荣誉的美好生活，而当下最重要的就是写作和钓鱼。

他知道自己正在写一本从未想过会那么优秀的小说，他有这个信心会让世人接受它、赞叹它。因为他的这部小说来源于他真实的生活，那些文字和情节是他真实的性情，没有什么能比真情实意更打动人了吧。

放缓生活节奏

生活要自由自在，

充满期望与朝气，为了实现目标努力奋斗。

因为童年生活里有太多和自然有关的回忆，也因为他的内心无时无刻不对自由充满渴望，海明威才会那样热切地热爱狩猎、钓鱼。他对于每一个猎物都充满尊重，他喜欢让它们成为自己的战利品，但又尽量保护着它们赴死的尊严。

自从有了“彼拉”，他的生活就在钓鱼和写作中穿梭，就如同一条灵活的马林鱼，畅游在神奇曼妙的文学国度。海明威让自己的生活像在钓马林鱼时那样，充满期望、朝气，永远带着目标地奋斗。

那是7月的一天，好友卡洛斯·格蒂雷兹写信给海明威，通知他马林鱼群终于出现了。海明威很激动，他日思夜盼的时刻终于来了。可惜佐鲁塞尔无法同行，因为他的生意最近受损严重，无心出海。海明威感到十分遗憾，但他能理解好友的苦衷。他唯一的选择是雇请了一个从明尼苏达来的年轻人，他叫阿纳尔德·塞缪尔松，但海明威给他取了个外号叫“马斯特罗”。其实海明威有些失望，他理想中的助手应该是出海后各方面都能帮助他的，而不是这样一个磨磨蹭蹭，甚至还有些晕船的孩子。他还雇了一个名叫朱安的人当舵手和炊事员，这样他就不用为后勤和掌舵而费心。

7 月 18 日那天是海明威挑选的出海日，天气好得不能再好了。海明威心情也如那天空一般晴朗，他甚至开心地哼着歌，站在船头看微风推助着的海浪拍打船舷。

最开始的两周很安静，海明威会跟阿纳尔德讨论文学，当然是用英语讨论。但在其他的场合就全讲西班牙语了，他喜欢这种美妙的语言，音调顿挫有致。

到月底的时候，“彼拉”号迎来了两位客人，一个是费城国家科学院主任查理士·卡德华拉德，另一个是接触的鱼类学家亨利比·弗拉。他们住在安波斯摩多斯，他们每天都会跟随海明威出海。弗拉是个严肃的学者，他对于鱼类的研究给了海明威很大的帮助，同时，海明威又告诉了他很多有关马林鱼的生活习性和常识。他们愉快地修改了马林鱼及其在整个北大西洋的分布情况，大家都觉得这种捕鱼经历更像是一次度假。海明威经常会邀请一些客人前来一同出海，有时是记者，有时是运动员，有时是摄影师。

海明威的生活就这样平静地度过着，他依旧写着他伟大的小说。8 月 20 日时他已经写了 2.3 万字。这时，他刚刚过完 35 岁生日，有了一定的人生经历，也在写作上也有了不小的成就。曾经他决定写书时，家人极力反对，认为他不务正业。可如今他的书出版了，功成名就后的他真正在做游手好闲之事时，人们却认为他是个“财神爷”。海明威感慨人生真的很讽刺，也许是现实太过残酷。

9 月初海明威才返回凯威斯特岛，“波拉”被留在哈瓦那进行清洁和检修。海明威趁此机会全身心投入了他的创作事业，三天就写了 72 页，这种非凡的干劲和才智实在令人钦佩。

13 日夜晚，月色正好，一艘汽车轮渡划破静夜的海面驶向哈瓦那，海明威坐在船舱里，一边构思他的小说，一边憧憬着接下来的捕鱼生活。他知道，此时的马林鱼每日饥肠辘辘，绝对是极佳的捕鱼良机。可是令他极为不快的是，那个厨工兼舵工朱安又出了问题，他阑尾炎发作住院开刀。海明威只好新聘请一个叫波罗的厨工。在这里，海明威还结识了一些古巴朋友，其中一位杰恩·马森经常随他出海。

海明威很喜欢海鸟们在他的船上歇脚，虽然它们有时会弄脏他的船，但这些禽类的温驯让他大为吃惊，它们完全保持着跟人一样的亲和状态。这让天性爱好动物的海明威感到很舒服，他喜欢这些充满灵性的小东西。

还有 件特别有趣的事情，那就是有天中午他们竟然偶遇了鲸群。当时刚吃完午餐，只见不远处的水面隐隐泛着水花，他们惊讶地发现那是一大群鲸鱼。海明威闻讯赶来，只见阳光下的海面，波光闪闪，大约20条鲸鱼在欢快地吐着水，懒洋洋地晒着太阳。卡洛斯迅速行动起来，尽量把船开得离鲸更近。甲板已被淋湿，海明威集中精力瞄准鲸口放了一枪，同时用鱼叉奋力地叉向鲸头。但这一切对硕大的鲸来说，似乎只是蚂蚁轻轻的一咬。它们只是受了点小惊吓，便慢吞吞地隐去深海了。虽然没有捕到鲸鱼，但这次的经历却给海明威留下了难以磨灭的印记。

10月26日返回凯威斯特岛后，海明威的生活又恢复了往日的节奏。偶尔与老友喝酒聊天，安静的夜晚便听听广播。他还会经常帮助一些他敬佩的人，比如普鲁登希奥、奈德卡尔默等。他还鼓励格特诺不要放弃自己的绘画天赋，甚至同人合作推行路易斯金塔尼拉单人蚀板画。

海明威和欧文·斯敦谈到写传记和小说的区别时，斯敦的意见跟海明威相左。他认为他的创作没有海明威顺利，因为他找资料就要找好几个月甚至好几年。但海明威的立场是，写传记一定要真实，而不是虚构。在海明威眼里，小说创作也不是纯粹想象的东西，他的小说大部分都是取材于生活的。当海明威又想起自己正在执笔的非洲记事小说，心里一阵得意，他想这将是自己最伟大的小说。

很快，《非洲大陆之行》，在海明威的笔下已经小有规模。11 月 16 日，海明威的书已经写了 492 页。他难以表述这本书给他带来的巨大快感，以前他从未发觉写作能带给作家如此美妙的感觉。他已经学会用简洁明了的方式来描述事件，别人能说两段的话，他尽量用一段就能表达完整。

可是并不是所有人都看好海明威，多斯帕索斯就对他不太买账，他写过一段话评价海明威：

这个人正处在恍惚迷离的状态之中。这是个他做梦也想不到的地方。蚊虫叮咬着他，有点晕船，皮肤被太阳晒得黑黑的，感到惊奇，又有点害怕，又有点高兴。无论你看海明威钓马林鱼，还是看他捉弄哪个编辑，都会使你感到好笑。金格里奇简直被海明威钓鱼时的模样和神态吸引住了。他慢慢地绕线，让上了钩的鱼有充分的时间挣扎。结果这位编辑也上钩了。

海明威不太在意这些了，他有安稳的家庭生活，有自己喜爱的事业，还有他的船。生活对于海明威，已经恩赐太多，他自知已太需要去感恩现在拥有的一切。

圣诞节前一周，海明威携妻子波林，儿子帕特里克，从凯威斯特岛到彼格特，仅凭他的一辆福特敞篷越野车。一家人很享受这种野外兜风的感觉。海明威喜欢和波林的父母住在一起，家的温馨给了他安全感。

唯独让他遗憾的是，美国中西部发生了旱灾。他们住的地带都成了可怕的龟裂地带，尘土漫天飞舞。几乎没有猎物可寻，海明威干脆用这些时间来沉思，想想该如何给他的小说写一个伟大的结尾。

安逸的家庭生活给了他莫大的心灵宽慰，再刚强的男人都需要一个温暖的家庭。就算他再喜欢乘风破浪，也不会忘记，他真正的港湾永远是他的家。

自在的捕鱼生活

一个内心生活得严肃的人，

也会在外表上生活得朴素。

海明威不喜欢雨天。可窗外雨淅淅沥沥地下着，却没有停的意思。这十天里已经有七天是这样的状态，海明威觉得这种雨天的沉闷足以令他窒息。他最爱的是艳阳天，那样的天气就像他的为人一样乐观、向上，一切都是朝气蓬勃，并富有生命力。

海明威决定到奥尔良去，以摆脱彼格特这种糟糕透顶的天气状况。可是就在他从奥尔良返回凯威斯特岛的那周，曾经在非洲得过的痢疾又来纠缠他。病痛让海明威迅速消瘦了很多，他简直要无法忍受这种疾病引起的不适与疼痛。最糟糕的是他每天都要服用吐根素，这使他头脑昏昏沉沉，完全无法进入写作状态。

好在 1 月中旬时病情有了好转，海明威好像获得了新生一般感恩得来不易的健康。他开始把自己刚写好的《绿色的非洲山峦》稿子拿给好友伯金斯看。伯金斯阅读后很惊讶，并意识到这是部佳作，因为很少有作品能给他这么深刻的印象。但他也不敢随便就以高价买下它，在《斯克里布纳》杂志上连载小说是要考虑再三的。海明威一直期望着这份书稿能为他带来1万元的收入，如果行情好的话，说不定能卖到1.5万或者2万元。但是现实却非常严峻，《世界报》竟然要求他缩写到4.5万字，才会给版权。

面对这样苛刻的条件，海明威很生气地拒绝了。他觉得这简直是对自己这部伟大作品的侮辱。伯金斯看出海明威的失望，他想帮助他，就问能不能以4500元的价格买下书稿。但这跟海明威的估算大相径庭！海明威怒斥伯金斯太不近人情，自1926年开始自己就为《斯克里布纳》撰稿，一直尽心尽力，伯金斯却这样对自己。可是海明威还是无可奈何地以5000元成交，因为他的确需要这笔钱。

海明威的名气一天天大起来，渐渐地，他成了凯威斯特岛最有名气的公民。很多人来这里都是为了一睹海明威的硬汉风采，他们好奇这样一位彪形大汉是怎么在豪情万丈和柔情万种之间变换的。

海明威没有精力去管别人对他的兴趣，因为他已经决定4月份要去巴哈马斯的比米尼岛去旅行钓鱼。4月是盛产金枪鱼的季节，他为自己这个决定而兴奋着。因为这世上没有什么比钓鱼更让他享受的了。

海明威通常的装扮就是光着脚板，两腿叉得极开地站在他的小船边，一手抓着舵轮。他晒得黝黑的脸上戴着绿色护眼罩，穿着简单的圆领汗衫和白色短裤。他的衣服总是脏兮兮的，沾染着机油和鱼血。他结实的右臂总给人留下深刻的印象，这是海明威最得意的部位，肌肉象征着力量。

他为自己换了个新舵工，名字叫布雷特·宾德，还雇用了一个新厨师，一切都准备就绪了。4 月 7 号那天大家起得很早，海明威和他的朋友们登上“彼拉”号起程了，目的地是斯特里姆海湾东北方向的比米尼岛。天有不测风云，本来旅程非常顺利，直到一只大绿龟的出现。

所有人都很兴奋，拿叉的拿叉，找枪的找枪。海明威已经捕到一条鲨鱼，他高兴地把它提上水面，没想到鱼叉却突然断了，慌乱中海明威右手的手枪走火，打中了他自己的大腿。

多斯和迈克迅速反应过来，立即砍断手上的钓索，都朝海明威跑来。布雷特已经调转船头返回凯威斯特岛。他们迅速清理海明威的伤口，可是他已经开始不停呕吐。

好在回到凯威斯特岛后，华伦医生及时给海明威打了预防破伤风的针，并取出了他腿上的子弹片。骄傲的海明威非常难过，他觉得这简直是对他的侮辱，他毁了自己的钓鱼计划不说，还受了伤。

海明威的身体素质极好，一周后他就痊愈了。大家再一次聚在一起为了共同的目标前进，但是迈克没有前来，他找了汤普森代替他。

来到比米尼岛后，海明威一行人才觉得不虚此行。这里简直是人间天堂，很少能有一片土地拥有那么长而迷人的白色沙滩、那么清澈的海水、那么湛蓝的天空，给人以圣洁的感觉。有停船的码头，有简陋但极具特色的小木屋，还有大片大片的棕榈树，他们还惊喜地发现有一家酒吧。

4 月底的时候，波林闻讯前来，她一到比米尼岛就欢呼一定要把孩子们带来度暑假。多思和凯蒂也很兴奋，他们沿着洁白的沙滩冲浪、游泳，捡拾贝壳。

这里无疑是孩子们的乐园，但海明威感兴趣的却不是娱乐。他的目标是钓金枪鱼，因此，决心一定要钓到一条金枪鱼。

乌云压城，很多小船都不敢多做停留，都回到了港湾。海明威孤独地坐在船头，静静地绕线，想把上钩的大金枪鱼拖出水面。没想到竟然引来了几条大鲨鱼，它们异常凶猛地攻击了金枪鱼，等海明威把恶战后的金枪鱼拖上船时，它已经只剩鱼头了。

无论如何，海明威在比米尼岛的钓鱼活动还是收获颇丰的。5 月的最后一天，他回到了凯威斯特岛。但他接着就听说了两个奇怪的消息。一个是金格里奇和伯金斯写信告诉他的，说芝加哥有个冒充他的骗子，四处败坏他的名声。对于这个疯子，海明威决定在全国范围内追查这件事。第二个消息更加奇怪。司各脱正在写一本叫《菲利普的黑暗时代》的书，内容是公元 880 年到 950 年一位法国贵族的生活。让人惊奇的是书里菲利普的肖像竟然以海明威为原型，而且司各脱承认这本书是在描写海明威。这让海明威大感意外，因为司各脱之前还拒绝了他的邀请，不愿意跟他同去比米尼岛。

6 月份时海明威按捺不住对比米尼岛的喜爱，又一次前往垂钓。但这次没有持续太久，因为他又筹划了一件新的事情——赛拳。拳击对于海明威来说一直意味着男人和力量，他深深地喜爱这类运动，让他能够一展雄风。

因为海明威开的条件很优渥，应征者接踵而来。每次比赛都会有出类拔萃者出现。在这次的应战者里，维拉·桑德斯算是比较有威胁性的，据说他曾双手把一架钢琴抬过头，他来找海明威时的态度非常恭敬，他尊重海明威的才华，可见维拉不是个蛮夫。但他不戴手套，两人赤手空拳比拼了两个回合。海明威不在乎受伤与否，他享受的是这个比赛的过程，那是一种拼搏不服输的姿态。

杂家还是作家

爱好广泛让人的生命焕发光彩，

是事业的催化剂和调味品。

一位作家之所以能被人记住，能给人深刻的印象，往往是因为他在某些方面有异于常人的地方。有特点的作家给人以饶有趣味之感，他的作品要有独特的声音，给人无限回味。海明威刚好是这样一位作家，他的思想是20世纪30年代的产物，但他又不完全属于那个时代。

当时很多美国左翼作家对海明威不加入他们的阵营感到强烈不满，并用尖酸刻薄的语言抨击海明威。他们无法理解的是，这样一位有声望有成就的作家，为什么不能在美国经济最困难的时期站在他们的立场，一同投身于拯救世界的事业。

海明威喜爱捕猎狮子、钓马林鱼、拳击、斗牛，这些爱好简直是“不务正业”。海明威就像一只“在文坛上爬行的虱子”，生命力旺盛又不为正统作家所接纳。

海明威的勇敢从来都不只是体现在力量上，他对于文学和写作有自己的观点。他认为，“作家最困难的工作莫过于描写人物时要真实。要做到这一点，作家要十分熟悉自己所要描写的对象，其次必须懂得怎样写。光是这两点就够你学一辈子了。要是有人想从政治上找出路，那简直是自欺欺人。找出路是容易的，但要搞好创作那就很难了。任何一本书，如果要写得真实可靠，就不可避免地要涉及经济上的某些问题。如果你读的那本书是一本真正的好书，那就让那些不懂的人狂吠好了。”在写作的真实性上，海明威总是那么认真地坚持从事实出发，他的人生经历根本不容许他去虚构太多。

可是让海明威伤心的是，不是所有读者都能理解他，为此他和一位叫伊凡·卡斯金的读者展开了辩论。海明威就像一个孤独的战士，为自己辩护，一遍遍地对人们解释着他的观点。卡斯金深深地伤了海明威的心，他在《欧内斯特·海明威：写作艺术的悲剧》中抨击海明威的作品没有情趣，主人公雷同。他可怕地猜测海明威内心充满了矛盾，认为海明威精神或者心理上失调，他甚至很不礼貌地说海明威是“一个健康的身体上长着一个不健康的脑袋”。

海明威觉得自己应该对读者说点什么，所以就在《斯克里布纳》杂志上连载的书里尽力解释他的立场。其实这世上的苦难，邪恶的威胁，甚至包括死亡，他都已经不再害怕。他是从战场上生还的，经历过那些痛苦，没有人比他更能体会到什么是对国家的义务，也没有人比他更了解安静的写作能为他带来什么。

海明威其中有段内容是这样写的：“作家就像吉普赛人，处在社会生活的外围……如果你是一个好作家，你就不会喜欢统治你的那个政府，甚至你会起来反对它……如果一个作家的天赋不好，那他就只有阶级的意识，而缺乏艺术的意识。如果他的天赋很高，那他的艺术才能就会为各阶级所接受。他从他们那里汲取创作的素材，他所创造出来的作品便成为他们共同的财富……真正好的艺术品是不朽的，不管它的政治色彩如何。”

如果还有什么能给海明威希望，那就是他的作品在苏联很受欢迎，或许是当时的苏联格外需要那种昂扬向上的生机感。他还给伯金斯写信描述了自已作品的销售盛况，特别是《下午的死亡》在苏联轰动一时，这让海明威感慨不已，他认为人们喜欢某个作家的作品，并不是因为他的政治观点，而是因为他能够写并且愿意倾尽全力去写。读者总能分辨出好坏的。

8 月份的最后一天傍晚，气温闷热，海明威一边享受冷饮，一边闲来翻开报纸，没想到映入眼帘的新闻竟然是飓风即将登陆的坏消息。他只有 39 个小时去做防护工作了，他的“彼拉”号小船是他最先想到要担心的。整个星期天他都为小船的居处到处奔波，港口已经无法保存了，因为已经停泊了太多的船只。他花了 52 元买了根粗大的绳索，将“彼拉”停靠在潜艇基地他认为最安全的地方，牢牢固定。海明威爱抚着心爱的小船，决心要倾尽全力保护它，因为如果它被飓风刮坏，他就再也没有能力重新购置一艘了。

家里的防护措施也一点点做好，半夜时分狂风大作，温度持续下降。海明威在床上辗转反侧，终于按捺不住跳起来冒着飓风去查看他的小船。没法开车他就只有步行，途中他的手电筒被淋坏了，眼前一片漆黑。

不知过了多久，他终于到了潜艇基地，还好小船还安然无恙。夜色中的港湾仿佛一页疯狂抖动的书页，狂风似乎非要把它撕裂。“彼拉”号小船在这茫茫天地间渺小得就像一片树叶，让海明威感到揪心。

这次飓风带来的灾害大大出乎了海明威的意料，他决定带着食物和供给品去灾害严重的地方帮忙。路途中他看到了狼藉的场面，看到了毁灭，看到了尸体。其中有个熟悉又陌生的面孔，那是佐罗沃，是他的小说《哈里摩根》里的主人公之一的原形。有两个服务员姑娘的死让人触目惊心，是她们的衣服已经不见了，尸体被水和风合力推到了树上，阴森地挂着。那是两个很好的姑娘，海明威痛心地想。

在这样的冲击下，海明威写了一篇 2800 字的文章发表在《新马萨斯》杂志上，他痛斥了华盛顿某些当权的老爷们腐败的官僚作风。有读者认为海明威的思想太过于左翼，但他却并不放在心里，他认为作为一个能反映现实问题的作家，没有必要公开自己的立场。

让他烦心的还有他的作品《非洲大陆的绿色峰峦》，已经一个月了，还没有为它找到出版的地方。他决定把它交给菲利普·帕西威尔·查理斯·汤普森，还有J.B.索里万印刷，也为插图找好了适合的画家。

10 月份时海明威到了纽约，他怀着美好的愿望，希望人们能接受《非洲大陆的绿色峰峦》。跟往常的小说出版一样，评论界又是褒贬不一，但大家还是认为这本书是相当能吸引人的。有的评论家，比如卡尔·凡·杜伦是赞赏派，他认为这本书行文比较流畅，而且情节变化多端，人物形象也很鲜明。可也有一些评论家，比如爱德蒙·威尔逊不买账，他认为这是海明威最差的作品。

海明威已经不再有以前那么大的情绪波动，他也为自己总结了不能受到社会上普遍欢迎的原因。但他乐观地告诉自己，时间是最好的催化剂，人们总会越来越接受一部真正优秀的作品。曾经，《下午的死亡》那么受抨击，如今不也被评为他极为成功的著作吗？他这样鼓励自己。

海明威开始尝试第二本哈里摩根的故事，这本书的名字就叫《商人归来了》。内容上也做了改动，主要描写主人公在凯威斯特岛和马里尔古巴沿岸的朗姆酒私运活动。毫无疑问，海明威在创作上开始有了新的尝试，他很谨慎地在探索，开始对工人阶级的生活进行描绘。

海明威的思想在逐渐成熟，他的作品开始有自己的特色和体系。评论界能看到的是海明威不断挑战自我，看不到的是他集酸甜苦辣于一身的人生经历。曾经经历过的一切，深深地影响着他，在这样的反思、总结中，离一个伟大作家的诞生越来越近了。

他人即地狱

不要太在意别人的观点，

即使是我们最好的朋友也不行。

如果一个人太在意自己的朋友，他就不可能不对朋友的生活加以评论。朋友的忧郁，往往能引起关心他的人恼怒。海明威每次看到司各脱喝得酩酊大醉就特别生气，觉得他是个无药可救的人。

海明威给费兹吉雷德写信描述了司各脱的境况，他竭力想在信中表达圣诞节的愉快，但还是无法掩饰对司各脱的失望。海明威甚至有些黑色幽默，他开玩笑说应该把司各脱带到古巴，在那里由革命者把他分尸。将各个器官分别送给朋友们，再由他把剩下的部分带到开普·德安蒂布斯进行海葬。海明威还写了一首诗，题目就是《为司各脱在艾登洛克举行海葬而作》。

费兹吉雷德对此无动于衷，他的沉默让海明威有些郁闷。但答案很快揭晓了，圣诞节后不久，海明威就收到了一本二月号《绅士》杂志。原来司各脱在里面发表了一篇忏悔式的文章《崩溃》，海明威惊讶地发现司各脱竟然把自己的失败当作一种光荣。司各脱的问题是思路不清楚，可是海明威自己呢？他的思路一直很明晰，但最近也染上了失眠症和精神忧郁症。

他简直无法阻止人们前来登门拜访，这对于写作来说是最大的忌讳，总是写一半就被打断。那一次南希·卡洛尔来访，一大群影迷简直要把他家前院大门踢破。

2月份，老朋友瓦尔多·帕西带着妻子和两个可爱的双生子前来，海明威曾经认识的瓦尔多是个勇猛粗鲁的人，跟人打架时毫无畏惧神色。可是父爱彻底改变了他，海明威惊奇地看到双生子们是如何折磨这个可怜的父亲，而父亲却依旧慈爱地抚摸着他们的头，丝毫不在意。海明威感慨不已，这跟他的教育方式大相径庭。他更喜欢跟自己的儿子无话不谈，亦父亦友。但是他很疑惑，难道父子之间能这么随便吗？最起码的作为父亲的尊严还是应该保留的吧。

非洲之行给海明威留下了极深刻的印象，那段回忆他无法忘怀，总想拿它来做文章。4月19日，一个新的短篇小说诞生了，他给它取名叫《快乐的结局》，哈里巴顿对这个小说特别感兴趣，决定用5000元把它买下来。

故事很吸引人，主人公弗朗西斯·梅坎布取自一位很有钱的国际青年运动员。海明威作品中的女主人公大都是柔情万种又美丽多情的，梅坎布的妻子玛格特是个精心雕琢的形象，美貌出众，最重要的是她有一颗最圣洁的心。海明威参考了很多好朋友的贤妻，综合了她们的优点才塑造出这样一位绝代佳人，她自身的美德就是海明威对女人最好的憧憬。

猎手是必不可少的，所以就有了罗伯特·威尔逊的存在，这个人物也有原型，海明威是以菲利普·帕西威尔为对象刻画出来的。对于这部小说，海明威写得特别细致。以前，他不爱把对话或者人物表情写得那么生动，如今也许是阅历丰富了，他笔下的人物像活了一样，开始在字里行间“走动”。帕西威尔本人则不太担心，他看了小说，觉得海明威技巧高超，几乎看不出原型人物的特征。

4月底，天气一好，海明威钓鱼的兴致又来了。他邀了三五好友从凯威斯特岛出发去古巴海域，他们在那里待到5月中旬才踏上归程。其实这次钓鱼根本没有想象中尽兴，那个海域的马林鱼不多，再加上“彼拉”号今年状况频出，他们收获寥寥。海明威心里很烦，他很不喜欢这种失败的感觉，求胜心对他来说是一种尊严。他骂了请来的有经验的鱼叉手卡洛斯，又对掌舵者波罗怒不可遏。

尽管他不喜欢卡洛斯，但6月份去巴哈马斯时，他还是带着卡洛斯父子和波罗。“彼拉”号在检修后好了很多。7月2日，海明威把船开到米阿米，更是谨慎地把机件全换成了新的。

海明威是幸运的。两天后他们驶向比米尼岛时，一场空前严峻的暴风雨扑向了他们。巨浪翻滚的海面简直失去控制，海明威不敢睡觉，为了全船人的生命安危，他决定亲自掌舵。那天的风舞得像是个恶魔，船的水泵被吸住无法转动。浪头一个接一个，海明威恐惧到极点。但他丝毫不敢松懈，他知道如果放弃，那就真的一点活路都没有了。他告诉自己，他是勇敢的斗士，这样的暴风雨一定会被他踩在脚下。

经过千难万险后他到达了比米尼岛，海明威胜利了。很多有钱的体育爱好者已经到了，码头停泊着各式各样美丽的游艇，它们骄傲地看着刚从“战场”而来的“彼拉”号，似乎特别得意于自己的豪华装备。

海明威认识了很多新朋友，有位罗林夫人虽然已年过40，但风韵犹存。她是个小有名气的斯克里布纳的小说家，听说过海明威，但一直认为他是个“暴戾的恶魔”。海明威真诚地登上了她的游艇，拜访了她。就在他跟她温柔地握手微笑之后，罗林夫人彻底被海明威所折服。她觉得他是这个岛上的居民中最传奇的人物，他的传奇特色已经被很多人写进小说，唱进歌里。

海明威有自己的顾虑，他不是个阿谀奉承的人，可最近交的朋友却都是有钱人。对于一个正直的小说家来说，这似乎有失尊严。他觉得身为一名作家，他应该把精力更多地放在写作上。他跟金格里奇讨论摩根里奇的故事，他想把第三部写成长篇小说，用以打击那些围攻他的纽约文人。可是金格里奇给海明威的意见却是不要那么做，他希望海明威能按照前两部的节奏来安排第三部，他觉得这样才可以将这三部故事练成摩根三部曲，他不明白为什么一定要拿文字当武器去攻击别人。

海明威钓到一条 514 磅重的金枪鱼的消息，像一颗重磅炸弹一样在比米尼岛迅速蔓延。人们争相来看这条巨大的金枪鱼，感慨着海明威的神力。海明威同这条倔强的鱼儿奋战了 7 个多小时，后 4 个小时他已经麻木了，只希望快点结束。不管怎样，他把它钓了上来，得到了它。虽然这条鱼后来被海明威当练拳击的吊袋来用，但这确实是代表着勇者的胜利。

7 月 16 日，海明威回到了凯威斯特岛。他开始构思另一部小说，名字也差不多取好了，就叫《乞力马扎罗的雪》。他决定用全部真实的材料，那些材料足以写四部小说，但他不想那么分散，他想集中精力都用在这一部小说里。他要让它拥有前所未有的丰富内容，这里包含了太多他自己的回忆，而且还带着海明威自己的艺术创作观。就像他曾经对卡斯金说的，作家应该“像吉普赛人那样过着游荡的生活”。

这部小说唯一的麻烦就是涉及了费兹吉雷德，而且还没有把他描述得那么充满魅力。这给正在北卡罗莱纳州的林区养病的费兹吉雷德很大的打击，他愤怒地写下这段话：

亲爱的海明威：请你不要把我的名字写进你的小说里。虽然有时我想写点内容深刻的东西，但这不意味着要我的朋友对着我的尸体大声赞扬。无疑，你的用意是好的，但却使我整整一晚没有合眼。当你把这小说印成书时，我请你把我的名字除掉。这是一篇好作品，是你最好的作品之一。尽管如此，“可怜的费兹吉雷德等一类的话”足以毁了这本书的声誉。

海明威没有立即理睬费兹吉雷德的愤怒，他觉得费兹吉雷德的反应太过于激烈。他觉得一个真正的作家应该郑重地选择一切对他有利的材料，这是一种非常合理的做法。

而费兹吉雷德对于这样的回复感到疯狂，他觉得海明威把他自己当成了不起的大作家了，他更加认定了伊凡·卡斯金所说的，海明威是“一个健康的身体上长着一个不健康的脑袋”。

人们并不理解海明威，他思想上的钟摆正在经历着剧烈的动荡。从狂妄自大摆动到忧郁，在二者之间无穷尽地徘徊。他就像在夜幕中穿行的夜行者，想要攀登到山峰的顶端，可是却看不清路况，摸不出方向。他害怕自己只能爬到半山腰，从此举步不前。

第六章

勇气，
是压力之下的优雅风度

只有阳光而无阴影，

只有欢乐而无痛苦，那就不是人生。

跌到谷底，站在黑暗中，并不可怕，

未来还有更远的路，更大的世界，

更多挑战和危险，需要一个更出众的自己来续写。

在人生的清醒时刻，在哀痛和伤心的阴影之下，

人类与真实的自我最接近。

一场狂热的追求

爱情需要薄薄的一层忧伤，

一点点嫉妒和疑虑，有时，它是一场戏剧性的游戏。

那年 7 月底，一场内战使西班牙硝烟弥漫。原本计划去西班牙旅行的海明威，也改变了行程。虽然目的地与初衷不一样，但他还是满心欢喜地开着自己的福特牌越野车，载着妻子，两个孩子——波比、帕特里克，以及波林的妹妹吉尼和哈利彭斯教授，一同前往这次的终点——新奥尔良。

正是暴风雨时节，旅途中还遇到了特大阵雨，一切都湿淋淋而又闷热。但孩子们很高兴，尤其是到了埃尔巴梯大牧场后，两个小男孩欢呼雀跃，骑马狂欢。

海明威把住处定在河边一处高地上西德莱的小木屋，这里相对宽敞，而且有一间多余的厨房足以当作临时工作室。一切都安逸而宁静，海明威很享受这种惬意的生活。他可以收到全世界各地崇拜他的读者寄来的信，可以纵情山水，与妻儿乐享大自然的盛宴。但他依然为西班牙内战深感不安，懊恼自己无法前往，却又预感自己即将死去。强烈的精神分歧常常折磨他，但他对现有的生活极其热爱，不想被迫拿起枪结束自己的生命。

9 月初，有新的朋友加入新奥尔良旅行计划，汤姆和罗拉恩·谢夫林来与海明威会合了。海明威别提多高兴了，兴致盎然地给他们介绍当地的奇闻逸事。他带朋友们去狩猎，这正是狩猎的大好时节。最好的猎物当属大灰熊，猎捕它要拿驴当诱饵，还要在牧场守候。海明威趁这时将他的小说稿给汤姆·谢夫林看，本想听到溢美之词，却遭到好友的冷淡反应。海明威火冒三丈，跟汤姆翻了脸。可是平静后又主动跟汤姆表示歉意，好朋友的冷战永远不会持续太久。

经过一两天的守候，大灰熊终于上钩。当时海明威正和罗拉恩闲聊，突然听到树林里传来树枝断裂声，海明威料定黑熊逃不掉了，便给枪支上膛等待时机。果然，贪食的灰熊丝毫没有察觉危险，大胆地朝海明威的方向走来。一阵枪响过后，海明威捕到第一只猎物。

接连两天，谢夫林又捕到两只大灰熊，比第一只还要大。虽然海明威有点忌妒，但完全不影响他的欢快心情。他们剥了优质的熊皮，吃美味的熊排午饭，惬意而难忘。

9 月底的时候，家人和朋友已离开牧场回家了。海明威全身心投入小说初稿的完成过程中，他自认为这本书是自己目前相当好的作品，而且他为之付出的努力也更符合一个作家的所为。这本书的情节大多虚构，细节却是根据作者自己的经验写成的。这些都是其次，主要是他的小说主人公大都是以朋友为原型，加以讽刺。比如，他把哈里彭斯教授和阿纳尔德·金格里奇写成了一个爱挖苦人的教授，尤其怪异的是说话时的嘴唇，嚅动得像吃了太烫的东西而受不了的样子。

海明威的生活是丰富多彩又刺激的，远在阿塞维尔的司各脱却饱受舆论的折磨。有个叫米卡尔莫克的记者还把采访他的报道，登在 9 月 25 日的《纽约邮报》上，文章名叫《在天堂的那一边》。这给司各脱带来了极大的困扰，不得不发电报给海明威求助。海明威给他的回复是自己没读过那篇文章，不过愿意尽自己所能帮助他摆脱窘境。司各脱感谢了海明威，可是二人之间的隔阂却渐渐加深，这次求援被冷淡地回复，更标志了二人的友情已处于停顿状态。

10 月底，海明威的稿子已经写了 325 页，近 5 万字。他的感觉就是，“真是累得腰酸背痛”。回到凯岛之后，他开始动笔继续写小说的高潮部分。海明威写小说很有自己的特色，他不喜欢人云亦云，而是有自己明确的立场，爱憎分明，从不盲从于任何人的主观意识。就像这部小说的主人公哈里，他的临终遗嘱就透露着主张独立行动的思想。

海明威一直梦想能去西班牙，感恩节后机会终于来了。西班牙内战已经相对缓和，北美报业联合会总经理约翰·N.维勒，征询海明威能否代表报联社去西班牙做战地采访。这家报联由 60 家报社组成，规模比较庞大。海明威对这个请求自然是求之不得，便立即应允。但不是所有人都对此表示支持，波林和伯金斯就激烈反对，但这些反对之声并不被海明威所接受。他兴致极高，开始准备去西班牙的物资。

与此同时，海明威的写作也依然进行着。如果不是 12 月份的那一天，可能他的生活就会这么按计划平静地走下去。

那天他在斯洛彼佐的酒吧间里和佐鲁塞尔喝酒聊天，门外走进三个人。引起海明威注意的，不是为首的那个 50 岁左右的蓝眼睛女人，而是陪伴着她的一对青年男女。两位年轻人长相都非常俊俏，尤其是那个高个子姑娘，一头金发光彩照人。他们是从圣路易斯来这里度假的。

美丽的姑娘无意间瞟了一眼海明威，他顿时对她产生了兴趣。后来，他们相识了，她叫玛萨，那个俊美的男青年叫阿尔弗莱德。海明威简直无法将目光从玛萨身上挪开，她灿烂的笑、闪亮的金发，都在他脑海里挥之不去。

一切就像曾经发生过一样，海明威觉得这场相遇是命中注定的，但他那时尚未意识到这会对自己产生那么大的影响。

很快他跟玛萨熟络了，了解到她是个极有抱负的姑娘，一心想通过自己的努力成为一个出类拔萃的大人物。她的第一部小说《狂热追求什么》就取得了成功，虽然题名借用了席勒的诗，卷首也是借用海明威的作品。玛萨开始常常去海明威家做客，就在母亲和弟弟都已经返回圣路易斯之后，她仍旧留在凯威斯特岛。她对海明威的影响，身边的所有人都看在眼里，大家虽心知肚明，却不敢张扬。波林是最敏感的一个，但她默默忍受，只盼望一切快点结束，早点恢复平静。

可是波林这次太天真了。1 月下旬，玛萨离开凯威斯特岛。但她没有立即返回圣路易斯，而是前往米阿米游玩。海明威尾随着她，也在去纽约的路途中去了米阿米。两人非常快活地吃牛排饭，还一同乘坐北上的火车。

两个女人之间的暗斗开始了。波林给海明威复电：

的确，谣言是不可信的。海明威在去纽约的途中到米阿米去玩。难道说身体会不好吗？谢谢你对我的关心。

信里争风吃醋的味道人们都看得出来，但这还不是最主要的。几天后，玛萨从圣路易斯给波林回复的信才真正地让波林痛苦不堪。玛萨轻描淡写地描述了对圣路易斯气候状况的不满，表示很怀念跟厄内斯提诺一起吃牛排的时光。她热烈地崇拜海明威，认为他极可爱。

波林痛苦地意识到玛萨现在称呼海明威为厄内斯提诺，更令她心颤的是，这封信与她自己在 1926 年写给哈德莉的信何其相似，仿佛冥冥中就是个轮回，故事的开始都是一样的。

像年轻人一样去战斗吧

人的一生可能燃烧也可能腐朽，

既然不愿腐朽，那就燃烧起来吧。

经历过战争的人对人生的看法将有翻天覆地的改变，更别提一位有着博大胸怀的作家。作家灵敏的触感，使他在接触底层时有更深刻的感触。而作家因为他独特的处境，在上层和中下层之间来回穿梭，对他的人生观也有着巨大的震荡。

如今海明威的写作事业已趋向稳定，去西班牙的费用也渐渐凑齐，只要他写了稿子，就能得到一笔笔稿酬。怀着一颗人文主义关怀之心，他和年轻小说家普鲁丹西哥·德·彼雷达共同完成了一部文献纪录片《西班牙烽火》，详细反映了阿尔卡扎的情况。纪录片在纽约加米奥剧院上映，海明威高兴地发了电报赞美了电影。海明威现在对待战争已不再那么偏激，而是怀着一颗博爱之心，理性地看待战争双方的立场。

因为第一部纪录片的反响颇好，在 2 月份海明威返回纽约时，发现多斯·柏索斯正忙着拍第二部文献纪录片。多斯有一颗善良的心，他希望能通过影片唤起美国人对水深火热中的西班牙人民的同情。

等待许久的欧洲之行终于来到。海明威搭乘的是客轮“巴黎”号，先去巴黎，结伴的有诗人伊凡西普曼，还有西德奈·弗朗克林。他们虽然性格爱好不同，但也相安无事。竟然有个叫艾拉·沃尔夫特的记者把海明威的生活认真地记录了下来，他认为海明威“胸脯像一堵墙一样，把上衣胀得绷紧的”。

海明威在巴黎逗留了10天，因为弗朗克林去西班牙的签证迟迟没办好。这段时间他们没事就去左派诗人罗伯特·迪斯诺家里聚会，西德奈有一些斗牛士服装和剑的收藏，让海明威双眼发光。他悄悄隐藏心里对这些东西的渴望，看着西德奈抓起斗牛布，像个斗牛士那样地喊叫。海明威快乐得不得了，两手靠在耳朵上模仿公牛，和西德奈玩起斗牛游戏，好不快活！

经过一番波折，海明威终于乘坐飞机在西班牙海岸线环绕。海水轻轻卷起浪花敲击海岸，农夫在田里辛勤劳作，工厂照常运作，冒出一股股的黑烟，宁静的气氛看不出这个国家内部的动乱不安。但当飞机飞过瓦伦西亚的黄色高原，处处呈现出一派节日气象。人们喜气洋洋，欢歌笑语，像是在庆祝卡达拉查拉打败了意大利的军队。

为了更深入地了解战况，海明威从瓦伦西亚出版局弄到一辆交通车。司机叫托马斯，侏儒一样的身体套在一件蓝色工作服里，看上去平淡无奇。但当他们来到卡斯迪尔黄色高原时，托马斯忍不住高呼：“首都马德里就是我的生命！”

这着实让海明威震撼了一把，因为过后托马斯就像什么也没发生过似的。海明威急于尽快地赶到战争现场，因为忠于共和政府派的军队，在卡达拉查拉、布里休格这两处打了胜仗。他一定要在清扫战场前赶到那里，所以海明威马不停蹄地赶路。

3月22日的清晨，汉斯陪他一同往北出发。托马斯依然担任司机，但天气状况恶劣。在这旅途中，他见到了太多惨烈的景象。遗弃的武器、战车就不必说了，子弹数不胜数。在布里休格高地上见到的景象才令他们咋舌，前方的地面横七竖八的都是意大利士兵的尸体。真可谓哀鸿遍野，纵然海明威曾经亲历战争，但这样的场景还是让他打了个寒颤。

让海明威惊讶的是，他在“格朗维阿”旅店吃饭时，居然遇到了玛萨和辛德莱·弗朗克林。他俩从别的路线赶到瓦伦西亚，都想拿到第一手的战场资料。

玛萨很劳累，但她更为海明威不冷不热的态度生气。海明威虽然嘴上表示很高兴玛萨能来，但他只给她打了两次电话，别的时间就一心钻进自己的事情里了。不得不承认，玛萨确实极富魅力。海明威带她去电报大楼，让她认识了主持新闻检查的阿杜拉和伊尔沙两位检察官。这两位官员盯着这位金发碧眼的美女，赞叹得合不拢嘴。

海明威亲眼目睹了一颗炮弹落在广场，他匆匆忙忙穿着睡衣下楼，想看清楚到底发生了什么事。只见一位腹部受伤的中年妇女被人抬进旅店大厅，人行道已经被炸了个大坑，一具尸体被碎石灰掩埋。海明威的内心受到了强烈的冲击，在写报道时，他对枪声的拟声词，用得非常讲究。

在这期间，他还同多斯讨论了小说《在西班牙的国土上》。多斯觉得对古老的卡斯迪尔这样的村里乡民普通生活，描写得过于艰苦会让外国人难以相信。海明威比较注重写打仗的场景，比如枪炮的方位或者蔽体。

多斯是个较真的人，他想找20年前结识的翻译家佐斯·罗布尔·派卓斯。但海明威对此有自己的想法，他觉得他写的就是真实情况。然而，多斯没有找来罗布尔，他辗转打听，得知罗布尔已经被处死了。海明威知道罗布尔是犯了罪才被处死的，他觉得多斯这种较真出自于美国人的幼稚和善良，但他又为有这样的朋友而骄傲。

海明威决定定期去盖洛德酒店，那个地方是个俄驻西班牙人员的社会活动中心，很多小道消息都是在这里传出。果然，在海明威连续蹲点的情况下，他获得了很多秘密信息，这些消息为他以后写作提供了真实可信的资料。

在这样奔波于战场和旅馆的生活里，海明威却找到了重燃青春的烈火。他似乎获得了新生，也找回了青春的活力。曾经战后他把战友之间的深厚情谊都抛弃了，现在他试图去找回它们。

海明威想通过自己微薄的努力，为西班牙人民做出自己的贡献。正是因为海明威有了这种新的思想高度，他在今后的创作道路上才有了更大的突破。

在西班牙国土上

文字是有生命力的，

它值得用影像来延续。

在这片西班牙土地上，燃烧的不只是战火，还有热血人士的澎湃激情。他们有的是记者，有的是作家，还有热心的慈善援助家……他们同来西班牙，都是因为一颗赤诚的为民之心，只是想在这里记录那些零碎的硝烟片段，帮助那些水深火热中的人民。

海明威并不是一个人在战斗，这里还有不少他的朋友陪在他身边。玛萨就不用说了，恨不得天天黏在海明威左右。他还认识了外国记者赫伯特·马修斯、赛弗顿·迪尔默，他们来马德里的时间要久一些，对这里的认识也更深刻。马修斯 11 月份来时，就比 7 月份来的迪尔默要乐观得多，他喜欢生活在被围困的马德里，他觉得作为一名新闻记者，这样的生活远比坐在办公室抄抄写写有意义。

海明威心里暗暗觉得自己无法同意这种看法了，而且他觉得远离了妻子、小孩，不用再为家庭锁事等烦扰，让他呈现出一种从未有过的宁静感。

4 月份，海明威的心思全放在电影文献纪录片的制作上，这个片子的名字已经取好，就叫《西班牙土地》。他和制片主任佐罗斯·伊凡斯常在一起讨论电影，摄影师约翰·弗诺话不多，只在一旁擦机器、聆听。在这个非常时期，制作这样一部电影，需要十足的毅力和非凡的胆识。他们跟随忠于共和政府派的坦克和步兵一同深入丘陵地带，山上的灰被大风无情地刮来，落在摄影机的玻璃镜头上，积了厚厚的一层。

这还不是最糟糕的，他们简直无法近距离录影，因为想找到合适的录影方位和角度简直太难了。两军交战时，他们就扛着沉重的仪器上山、下山、躲在壕沟里，亲眼目睹忠于共和政府派的轰炸机如何对反对派的防御工事狂轰滥炸。

战火弥漫，硝烟四起，弗诺匍匐着想找合适的据点。海明威描述当时的情况说：“我们离目标大约有 1000 码远。坦克车看起来像泥色小甲虫在树林里瞎冲乱跑，不时射出一道道火光。跟在坦克后面的步兵像玩具人，时而平卧在地上，时而向前爬行，时而奔跑……随着坦克向前推进，漫山遍野都有他们的人。”

即使忙完一天，他们也无法放松心情。他们要把三脚架都小心拆掉，装在包裹里，悄悄撤退。一路上要时刻提防上空的轰炸机，德国单翼飞机盘旋着，轰轰隆隆似乎永远都不会终止。

令海明威无法预料的事情有很多，这样混乱的西班牙，随时都可能有炸弹在身边爆炸，连自己的生命都无法保障。有一件最让他无法预料的事，就是他和玛萨的相爱。他们终于还是相爱了，玛萨的热情奔放、性感迷人，让海明威无法自持。玛萨对海明威的捉弄，让好友迪尔默常开怀大笑。直到有一天，一颗炸弹在旅店炸开，热水四处流淌，房客们都匆匆从房间奔涌而出，寻找庇护。迪尔默看到海明威和玛萨一同从卧室出来，他呆呆地站在走廊尽头，带着一种沉思了许久才恍然大悟的表情。

海明威没有太多闲暇的时间，既然来到这里，就要更多地搜集第一手资料，为日后的写作积累材料。

他经常去国际第十一旅采访，那是个由德国共产党人组成的军团，旅长名叫汉斯·凯尔。在海明威眼里，凯尔是个相当有传奇色彩的人物，他很想为他写本传记。但他跟凯尔太熟悉，若写的话，可能会无法收尾。凯尔手下的老兵大都参加过帝国战争，一看就是经过严格军事训练的佼佼者。还有特威尔·弗史旅也让他很感兴趣，他觉得这个军团的氛围能让自己有强烈的归属感，好像自己又回到了一个士兵的状态。

而他最不喜欢的当属国际旅旅长安德烈·马提，这个军团驻扎在阿尔贝斯特城附近，相当拥挤。安德烈的长相就给人凶狠阴暗的感觉，他脸色死气沉沉，性情专横跋扈。让海明威高兴的是，爱伦堡也反感安德烈，爱伦堡甚至说安德烈不配当一个军人，能当军官就更是让人想不通。

在一片战火纷飞的土地上生活很容易给人压迫感，4 月份开始，反对派就马不停地轰炸着马德里城。格朗维阿旅店玻璃被震碎已经是家常便饭，子弹经常透过窗户射进卧室。玛萨的房里有一面被子弹打了个孔的穿衣镜，玛萨当时不在房内，回去一见顿时后怕不已。海明威借来一杆猎枪，出去打猎排遣郁闷感。

那天晚上海明威就给报社发了一条快讯，算是他交的一篇稿子。玛萨给西德奈发了一封留言电报后，就随海明威一同去“四个中心防线”采访了。他们找了西波里多来开车，这并不是个轻松的旅程，运气好的时候能一览将士们的风姿，运气差的时候，暴露了自己，就会被反对派的机枪扫射，几次差点命丧黄泉。总的来说，山区各战线还算相安无事。

伊凡斯告知海明威，《西班牙土地》即将完工。胶片全都用完，所有的摄影器材和胶片也都要装箱运回去。海明威要返回美国了，西班牙之行眼看就要告一段落。特威尔·弗史旅特地为海明威举办了告别宴会，海明威很开心。

那天是五一劳动节，很多好友都出席了宴会。宴会持续了很长时间，很晚了，鲁卡兹还在表演节目。他用一支铅笔协助牙齿，吹出一种美妙的音调。那婉转的声音灵动如笛声，静静地飘进海明威的心扉。他不知道，这是他同鲁卡兹，还有赫尔布朗和古斯塔夫雷格勒的最后一次见面。

被激怒的狮子

法西斯统治下不可能出现好作家，

因为法西斯主义是靠刺刀和子弹欺骗人的。

一个人经历过一次战争，就能比一般人见解深刻，对生命的思索更有深度。经历过两次战争的人，往往能在第一次战争的基础上，更宏观地看待第二次战争。

海明威带着一颗疲惫的心踏上了回巴黎的归程，长期的野外工作让他的肤色变成了健康的咖啡色。记者们围着他问此番去西班牙有什么感想，他说自己也没料到战争会持续这么长时间，现在他的首要工作是回美国去修改自己的小说稿。在这一切处理妥当后，他预计自己会回西班牙参加一场“大的运动战”，这是他根据自己这几个月在西班牙的所见推测的，战争应该会在夏天爆发。

5 月 18 日他终于到达纽约，他想念妻子和孩子们，准备一回到凯威斯特岛就带他们去比米尼度假。这期间还有两件重要的事要办：第一件是要在 6 月初于美国召开的第二次作家代表大会上发言，他已经答应了相关委员会一定参加；第二件是《西班牙土地》，他为之付出了相当多心血的电影，要为它做后期剪辑加工，再公开放映。

他在比米尼和家人享受天伦之乐时，伊凡斯给他发来电报，告知海明威罗斯福总统和夫人已经决定在白宫欣赏他们拍摄的这部纪录片。海明威已将影片的主题词修改好，全文如下：

我们通过民主选举取得耕种土地的合法权利。可是现在的一些军事集团和不在位的地主又想重新从我们手里把土地夺走。我们决心为捍卫我们的权利而战斗，把那些地主老爷们恣意让其荒芜的土地耕种好。

6月4日，海明威一早就坐飞机奔赴纽约，他要如约参加之前说好的全国作家代表大会。他见到了司各脱，好在司各脱的思想已经不再混乱，现在他积极投身于写作。见到海明威，他很高兴，并深信海明威对自己有某些精神上的感染力。

大会很隆重，但气味确实不太好闻，满是闷热的烟草气息。海明威将在大会发言，还有两位要发言的分别是美国共产党书记伊尔·布罗德，以及伊凡斯。

布罗德的发言比较直率，他站在人民的视角，觉得人民生活跟艺术创作有着直接关联。而伊凡斯则侧重地在大会上介绍了影片的拍摄过程和内容，最后是海明威发言，他有些紧张地做了如下讲话：

“一个作家所要对待或要解决的问题是不会变的。作家本人及其思想可以变，但那问题是永远不会变的。这问题就是如何写得真实和有了真实的材料之后，如何写出来使读者读后感到是他自己生活经验的一部分……

“任何一个好作家几乎都能在任何一个他所能接受的政府统治下写出好的作品，受到人民的赞扬。但有一种政府是例外。在这种政府统治下不可能出现好作家。这个政府就是法西斯主义。因为法西斯主义是靠刺刀和子弹欺骗人的，不会欺骗人的作家在法西斯主义的统治下是不可能生存的。”

所有人都热烈地鼓掌，没有人在意后半部分的讲话是否有些欠缺逻辑。海明威成功地打动了所有人，他像个传奇人物一样站在讲台，用他的肺腑之言，表达了所有人最想说的心里话。

大会结束后，海明威返回比米尼。可是路上不幸患了脑病，他没法写小说，只好整理已写好的部分。他想把那些散文整理成一个集子，名字就定为《生存还是死亡》。

这期间为了电影《西班牙土地》的剪辑宣传工作，他没少费心，但这都没有听到鲁卡兹和古斯塔夫雷格勒的死讯让他伤心。海明威无法掩饰内心的极度悲痛，这是他的好战友，他在西班牙时生死相依的患难兄弟。在这之后除了忙散文集《生存还是死亡》，他就把心思更多地放在《西班牙土地》上，仿佛只有这样才能更对得起那些死去的战友。

7 月 8 日终于来临，海明威和玛萨、伊凡斯一起做好了拜见罗斯福总统及其夫人的准备。总统府很闷热，饭菜也不可口，但总统和夫人认真地看完了影片，都很感动。他们欣然愿意帮忙宣传这部电影，让它在美国有更广泛的影响。

如今对《西班牙土地》的宣传，已经不再单纯地是为了电影，更肩负着一种使命感。这种使命感使海明威在好莱坞电影城做电影发布会时，能够饱含深情地写满 17 页的讲稿。他尽量还原西班牙内战的严重性，提到了鲁卡兹和赫尔布朗这些朋友的无辜牺牲。他的演讲很动人，从细微之处谋求最大的支持率。很多人都被感动了。

他想要再次返回西班牙战争的消息一传出，就遭到了家人的反对。波林的母亲甚至写了一封长信，劝海明威能够扭转心意，多陪陪家人。可是海明威心意已决，看上去没有什么能够改变他了。

8 月 11 日下午，海明威去找伯金斯讨论事情，却与马克斯·伊斯特曼狭路相逢。伊斯特曼四年前曾对海明威那篇《下午的斗牛表演》颇有微词，当时深深地伤了海明威的自尊心。伯金斯敏锐地察觉到气氛不对，想找别的话题岔开这对冤家。没想到他还没稍微放松警惕，海明威已经和伊斯特曼打了起来。伯金斯吓坏了，赶忙劝架，但已经无法挽回了，两人已经扭打着滚到办公桌下。海明威狂躁敏感的本性被激发，简直像一头被激怒的狮子。

报纸登载了这次打架事件，伊斯特曼甚至公开说自己一定打中了海明威。海明威当然不甘示弱，也在公开场合向伊斯特曼宣战。这样的海明威虽然暴躁又好胜，但这也是他的真性情。

正是因为他有这样敢想敢做的脾性，他才有那么强的感染力，让读者们倾心于他。什么也改变不了的，正是硬汉的本性。

对不起，波林

人活着不是为了证明苦难，

而是亲历过黑暗才配拥有光明。

如果有人利用你的柔软攻击你，利用你的善良欺负你，利用你的宽容践踏你，请不要哭泣。你的柔软、善良、宽容是你值得拥有更好生活的资本，也是你立于这世界真实的支撑。

一个有人文情怀的作家，如果想做申明大义之事，谁也阻挡不了他前进的步伐。西班牙的战火还在蔓延，海明威曾失误地预测了这个夏天的战况，而且战局的发展趋势完全与他想象的相反。

他没想到在他离开的那段时间，忠于共和政府派的军队并没有发动攻势，马德里无法解围，叛军也继续北上进攻。等到 8 月 14 日海明威到欧洲时，叛军已经对圣坦德发动了全面进攻。

9 月，海明威与赫伯特·马修斯重逢，马修斯告诉他们，战势已经相当令人担忧。尤其是弗朗哥已经横扫西班牙领土，并占领了 2/3，现在随时都能攻打马德里。海明威觉得必须找一些第 15 国际旅的志愿军交流，以了解他们在贝尔柴特运用的战术。那些志愿军都交代的是，首领罗伯特·马里曼少校用的那种猛攻硬拼的战术。海明威知道，这种战术讲求不惜一切代价达到目的，因而对马里曼少校刮目相看。

贝尔柴特的采访生活非常艰苦，虽然海明威、玛萨，还有马修斯有心理准备，但还是为吃和住的问题发愁。农民们很敬重他们，给他们提供面包和酒。他们睡在敞篷的卡车里，吃自己烧的饭。玛萨身为一名女子，在恶劣的低温天气里，依然沉默地做好记者的本职工作，从不叫一声苦。海明威都看在眼里，越来越佩服这个女人非凡的胆识和魄力，他没有意识到自己已经无法自拔地爱上了玛萨。后来为了这份爱，他承受了很多痛苦，就像曾经因为爱上波林而为哈德莉承受的痛苦那样。

10 月初，海明威开始带着玛萨和马修斯、迪尔默奔赴布鲁奈特前线采访。叛军在城里肆无忌惮，不过令人惊讶的是，城里的治安非常有序，一点没有混战的状态。虽然他们想方设法表示自己是中立的，但还是险些被叛军打死。

海明威疲于奔波，已经不像 4 月份时那么情绪饱满。但他还是热情地为国际旅志愿军提供帮助，他租用的房间经常有志愿军来访。比如菲尔迪特罗上尉，常常受到海明威的热情招待，海明威从不吝啬为他们提供烈性酒，和他们一起赌钱、听唱片。

《生存还是死亡》已经在 10 月中旬出版了，海明威感到很不安，担心书的销量。他三番五次给伯金斯打电报，希望得到销量的准确信息。还好，伯金斯告诉他，截止到 11 月初，书已经卖出 2.5 万册，在全国排名第四。海明威这才松了口气。像往常一样，评论界对这本书褒贬不一。

路易斯认为这本书的逻辑比较混乱，他肯定了像《摩根》这样的优秀小说，但无法忽视其他一些稍劣质的作品。大多数人觉得这本书没有《永别了，武器》写得好，甚至有人用华尔多帕西的一幅画讽刺海明威已经江郎才尽。

海明威一向不喜欢别人说他的不好，但如今的他已经少了很多过去的狂躁，虽然还是会暴怒，但过阵子就能平静下来。现在他的心思在新构思的剧本上，他早就想写一个剧本。只短短几个月时间，他就给波林写信说剧本已经写好，让她转告伯金斯。在这个剧本未问世之前，戏剧界已掀起轩然大波，很多相关人士都致电斯克里布纳出版社询问细节。

海明威的这个剧本有很多个人色彩，主人公菲利普·罗林斯无论外形还是性格，都跟海明威自己很像。最让人惊艳的是剧中的女记者朵罗西布里奇，那简直是玛萨的化身。她的性格、脾气、品德，甚至穿着都极为相似。玛萨和海明威恋爱的经过，在剧本里也隐约体现。知情的人都能看出，海明威已经沦陷于玛萨的温柔乡。

在巴塞罗那时，海明威生着病，却听到一个惊人的消息：忠于共和政府派的军队要向叛军发动突袭，目的在于占据特鲁尔的叛军防线。海明威连忙和马修斯、迪尔默开车前往瓦伦西亚，他们急忙把消息传送到马德里。在前线的采访也进行得很顺利，海明威和同伴们驱车前往特鲁尔。那里的老百姓特别热情，紧紧握住他们的手，甚至把新酿的酒都拿出来给他们品尝。他们沉醉在这样的气氛里，乐不可支。可是圣诞节前夕，他们就要结束西班牙之行了。

海明威无法控制对玛萨的爱，圣诞节也悄悄和她一起在卡塔洛尼亚度过。波林痛苦不堪，拼命想挽回这场婚姻。她竭尽全力想留住海明威的心，甚至装扮成玛萨的模样，但一切都无法弥补了。

海明威开始变得易怒、暴躁，他的思想斗争异常激烈。他想再访西班牙，又特别想在凯岛安静地写上次在马德里的见闻感受。但他的情绪很不稳定，再加上儿子们生病、闹性子，让他更加恼怒。

他的内心极其痛苦，出版书的事情也无法转移他的注意力。因为他意识到自己已经无法接受跟波林生活在一起，他想和玛萨朝夕相处。这种对波林的始乱终弃，让他回忆起曾经抛弃哈德莉的经历。现在又一次移情别恋，对波林的不忠使他陷入深深的自责和愧疚中。可美丽迷人的玛萨就像一块美味的糕点，让他无法不惦念。这种痛苦折磨着他，还表现在剧本《第五纵队》里。

爱情来的时候挡也挡不住，走的时候也无法挽留。纵然曾经山盟海誓，当爱要离开时，一切都是苍白无力的。

救援事件

战争是冷酷无情的，当枪炮子弹不长眼地四处扫射时，

受苦受难的永远是百姓。

感情的破裂让人伤心，又何尝不让人费神。相见时难，相处更难。没有了爱的婚姻最难以忍受，爱情像是奢侈品，不会一次给你很多。

海明威已经不能在凯威斯特岛长待，虽然是自己家，但他总在潜意识里觉得自己离波林更远了。到了 3 月中旬，他就去给拳击赛当业余裁判。可是海明威的性格狂放惯了，他把胜利的拳击手拉到赛场中央，却对失败者漠然无情，甚至在数数时不理会失败者的教练扔给选手的毛巾。教练怒火中烧，当场跟海明威扭打起来。

海明威的心思已经不在凯威斯特岛，也不在妻子波林身上。他给伯金斯写信，表达了想再次奔赴西班牙的愿望，因为忠于共和政府派的军队情况有变。他让伯金斯放心，自己会带着秋季要出版的小说集的手稿，这将是他的第一部小说集，一定会认真审阅整理。

海明威最喜欢去两军交战的前线采访，这次来访西班牙，有温生特·锡安和灵格·拉德纳的儿子杰姆同行。海明威跟北美报联社签的是六周的合同，锡安还有拉德纳也都是报社的特约记者。大家不论来自哪里，目标都是一样。

4 月 3 日的那天，海明威和马修斯驱车前往塔拉戈纳南部地区。这里是个安宁的世外桃源，山林呈现五彩斑斓的颜色，那是粉色的杏花，浅绿色的果林。可是海明威无暇欣赏这美景，因为稍不注意，敌军就会用机关枪对他们扫射。

在埃布罗河东岸的丘陵地，海明威和玛萨采访时遇上几个从甘德沙郊外山地突围出来的华盛顿林肯营的士兵。他们能在寒夜偷越过敌人的防线，还横渡埃布罗河，对海明威来说简直是奇迹。

最紧张的那天是耶稣受难日，叛军第一次在地中海沿岸露面。忠于共和政府派军队简直无法与敌人抗衡，被迫将防守分割成两半。情况不容乐观，海明威和马修斯、玛萨在上午 9 时匆匆南下，目的地是乌尔德柯纳。去的时候一切还好好的，返回图托沙时他们发现铁桥已经被叛军炸断。还好士兵们搭了一座简易桥，迪尔默开车开得极为小心，回到图托沙，三人都长舒一口气。

难民越来越多，海明威采访过不少难民，有一个已经 76 岁。他神色憔悴，饱受战乱之苦。海明威能感到老人对家的渴望和想念，深受触动，当天就构思了第二篇关于战争的小说。他对西班牙受苦的难民们表现出了深刻的同情，他决定把老人作为一个典型，代表千千万万有同样悲惨经历的人民。

还有一位是医院的护士玛利亚，在战争爆发后被法西斯士兵奸污，让海明威好一阵心疼。海明威对女人有种天生的呵护欲望，他无法忍受暴力分子对女人造成这种无法磨灭的伤害。

五一劳动节那天发生了一件事，对海明威震动很大。那天他去埃布罗三角洲采访，返回巴塞罗那时遇到一辆满载西班牙人的卡车。车上的人都很开心地唱着歌，向海明威他们友好地挥手致意。可是美好的事物总是稍纵即逝，车子转弯时司机无法控制平衡，整个卡车翻倒了。

海明威连忙刹车和佐诺斯赶去救人。在这场救援事件中，海明威表现出的那种人道主义精神，让佐诺斯很受触动。他真正重新认识了海明威的勇敢、坚毅、临危不惧。

可是，北美报联社的约翰·维勒对海明威的有些电讯不太欣赏。海明威发电讯确实有他的缺点，比如带有浓厚的地方色彩，能够采用当地老百姓和士兵的谈话内容，这给人极大的真实感。可是维勒无法接受海明威的某些个人倾向，比如他特别喜欢描写战争中血肉横飞的场面。而且他发来的电讯，明明是跟马修斯、迪尔默合作的，他却想独揽成果。

然而，很多事给海明威留下了深刻的印象，他乘飞机去阿里坎特时，像平时喜欢做的那样透过窗户看下面的景色。维纳罗兹和贝尼卡洛轮廓分明，但这两个地方已失守。

海明威在回忆录里描述："那赤黄色的山脉，像一条巨龙，从内陆一直延伸到海边挡住了弗朗哥军队向卡斯特隆的去路。"处处都有战争的痕迹，人人精神恐慌，担忧下一秒是否会遭到空袭。

许久没来马德里，大约已有五个月了吧。海明威驱车前往那里时，佐诺斯已经在等他。他们一起去佛罗里达酒店的路上，因为政治观点相左而展开了激烈的辩论。

海明威自始至终都站在忠于共和政府派这边，他给约翰·维勒打电报说：

这次到前线采访，发现了许多新的情况。无论白天黑夜人们都在挖防空洞、壕沟，用沙袋修筑工事，企图阻止敌军前进，延缓该城市受包围的时间。预计，将有一场激战。这样，就可使卡斯特隆暂时喘一口气。弗朗哥可能会从特鲁尔挥军直插卡斯特隆和瓦伦西亚之间，把这两个地方分割孤立起来，再各个击破。

显然，不久将发生一场恶战。这是一个战争的年头，丝毫不可乐观。可是欧洲的一些外交家们都说，战争将很快在一个月内结束。

战争是冷酷无情的，战场没有所谓的立场。当枪炮子弹不长眼地四处扫射时，受苦受难的永远是百姓。这样的生活不可能持续太久，和平和光明总会来到。但没有人能预测这还要多久，就算它姗姗来迟，也依然给人以曙光。

勇敢的战地记者

一辈子不可能只爱一个人，

可是一定有一个人让你笑得最灿烂，记的最深刻。

巴黎这个浪漫之都，留下了太多海明威和玛萨的回忆。5 月中旬时，他俩又回到那里，发现几个朋友竟然在里普酒店对面一家叫阿戈恩的旅店里。

这几个朋友是伊凡·西普曼、弗雷迪·凯勒，还有马蒂霍里汉。海明威了解到他们在离开西班牙时遇到了许多波折，就决定带他们好好在巴黎消遣一把。首先当然是去体育馆活动，接着又请他们去里普酒店吃饭。

海明威现在的生活比较矛盾，他的心一直在西班牙，很想返回。但一直以来的前线报道，让他心力交瘁。家庭生活不美满也让他头疼，他在纽约期间去华盛顿广场附近拜访杰伊·阿伦夫妇，其实是想打听波林的详情。海明威不敢承认自己和玛萨的相爱导致婚姻破裂，他把所有责任都推卸到波林的妹妹吉尼身上，说是她的挑唆。阿伦夫妇对此有些怀疑，但也不好多说什么。

波林算是个好妻子，海明威回家后，她虽然很伤心，不想理睬他，但依然关心他生活的各个方面。这样海明威才有时间像往常一样钓鱼、写作。写作的时间分两部分，一半为《肯恩》杂志写文章，一半写小说。之所以为《肯恩》写文章，是因为斯马特对海明威十分放心，不管他写什么都会每周给他 100 元。而且海明威想利用这家杂志反抗法西斯主义。小说则是根据自己在马德里收集的资料改编，这个并不是什么太难的事。

海明威在给《肯恩》写新闻稿时还是比较慎重的，虽然允许他随便写，但他一般都会深思熟虑过才会动笔。这次给《肯恩》发的三篇新闻报道，有一篇是预测最迟 1939 年夏，欧洲会爆发全面战争，结果应验。可见海明威对于战争的发展趋势是有一定研究的。他还在其中一篇狠狠批评了那些无良记者，捏造一些虚假的电讯。

直到 1939 年 1 月，海明威跟《肯恩》的合同到期。不管怎样，该杂志社给了他一个平台阐述一个主题，那就是："必须反对和制止希特勒和墨索里尼在欧洲发动世界大战。"

7 月初，海明威终于决定要给自己的短篇小说集定稿了，接下来就是序的问题。并且他很矛盾要不要发表《第五纵队》这个剧本。他还是很想把它写好搬上舞台的，但事实看起来不太现实。

夏季的凯岛酷热难耐，海明威决定带波林和孩子们去怀俄明山区避暑。但海明威的身体并不怎么好，他的眼疾一直没完全好，这次眼珠又因擦伤引起感染。加之，钱也用光，他脾气暴躁地给伯金斯写信要钱。

海明威总觉得他的剧本能赚一大笔钱，剧本不同小说，它可以被买断演出权，演出分红又能得一大笔。眼伤一痊愈，他就开始写那本书的序言。三天后才写好，虽然只有 1000 字，但足以见得海明威在总结性的文章上，功力大增。

他措辞很委婉，还用了一个隐语，很耐人寻味："作家总是用他的秃笔走到哪里写到哪里，做什么就写什么。既然知道刀具可以重新磨尖磨利，那么，不断地使用总比把它束之高阁，任其生锈要好得多。因为，长期不用，等到要用时才发现已经不行了。"

他在序言的结尾，忠诚地写下致辞：“作者怀着诚挚的爱谨将此书献给玛萨和赫伯特。”其实一直以来，他和玛萨之间的恋情早就为人熟知，不仅在巴黎，甚至巴塞罗那、瓦伦西亚还有纽约，都是人尽皆知。海明威从未承认过什么，一直很小心。但这次，他像下了决心一样，将其公告天下。

等到这本书出版时，海明威已经离开了怀俄明。书很精致，红色封面，很厚，这应该是他写过的最长的一部著作。海明威的作品太强调暴力，虽然暴力是20世纪30年代常见的主题，但他刻意地强调还是略显单薄。评论界依旧像往常一样褒贬不一，波林在纽约收集了一批最新评论寄给海明威。他的暴躁脾气又上来了，对爱德蒙·威尔逊的评论感到十分恼火。还好伯金斯及时打来电报告诉他，销量很好，头两周就卖了6000册。

海明威决定11月初去卡塔洛尼亚做一次访问，这是他最后一次出访了，这次出访结束他将回家安心创作。国际旅已经从9月开始从前线撤退，11月4日海明威和好友马修斯、迪尔默开始研究路线，11月5日就开着车往南直入塔拉戈纳和华尔赛特。

到摩拉镇时，海明威发现那里一片凄凉，几乎没有完整的房子，到处都有废弃不用的坦克和运输车无人看管。他们见到了第五军团司令部的里斯特将军，将军热情地接待了他们，但海明威还是看出了他眉宇之间透露出的忧郁神态。

第二天，海明威和马修斯决定去波尔市看看。在街上，他竟然偶遇了阿尔瓦·贝西。海明威很高兴贝西还活着，在这个混乱的年代，能活着已是万幸。海明威问贝西有没有听过自己在作家代表大会的发言，贝西说他一直没忘记。贝西看着海明威扬扬得意的样子，觉得他是真心想为战争中的西班牙做一些事。也确实有很多人因为海明威的发言而自愿来西班牙，可是这毕竟也只是微薄之力了。

这次采访即将结束，海明威作为一名作家，生活必须回归到正常的写作上了。优秀的作家就是要老老实实写作，把自己最本分的事做好。

海明威有太多事要担忧，他早已不是当年那个懵懂的青年。岁月给了他磨炼，也给了他阅历。在这样的经历中，他的文风逐渐改变，他想要涉及新的领域。

第七章

我希望，在只爱她一人时死去

每个人的爱情各不相同，或温柔或寂寞，

或难过或孤勇，但相爱的人，一定要相守在一起，

享受美妙的时光，接受现实的考验。

时间既能让人爱到荼蘼、恨到惊心，

也能让人不悲不喜、波澜不惊。

相信时光，也相信缘分。

缘来缘去，我自安然。

爱情里，只有唯一

最宝贵的东西，不是你拥有的物质，

而是陪伴在你身边的人。

战争带给人的是外在的聒噪、不安、恐惧，但经历过这样复杂的战争后，却往往带给人的是心灵的升华和宁静。也许这种升华来自于对战争中生与死的反思，在反思中思考更多，也能得到更多。

海明威从西班牙战争中受益匪浅，他的感触是自己必须做的事就是写作。过去他经常这样想，只要战争存在，自己迟早会被杀死，所以根本不需要顾虑什么。可是现在，他并没被杀死，所以要继续工作。

活着，是一件艰难的事情，如同写作。海明威曾用许多表达方式来描述战争，用各种方法认真细致地对它进行检验。可是，他却仍然觉得没有一本作品能真正代表他的全部思想观点，因为战争实在太复杂了。

人们对战争的看法是：战争不是好东西，虽然有时候必须进行。如果有人说战争好，那他一定是在撒谎。

年轻时，海明威在意大利参加战争。他热血沸腾，但是同时心里也充满恐惧。多年来，他在战争的硝烟中成长。如今，他坚定地对自己说：“我诅咒战争，让战争见鬼去吧，我需要的是写作。”

海明威是个言出必行的硬汉子，他也确实开始创作战争主题的作品。比如

《马德里的车夫》、《阿姆普斯塔》，除此之外还有一套短篇小说。金格里奇对海明威11月刊登在《绅士》上的两个短篇颇感兴趣，一个是《谴责》，讲述一位齐科特酒吧的服务生如何认出间谍的故事；另一个是《蝴蝶和坦克》，描述了一个叫彼德罗的市民与士兵们的纠纷。海明威写得很精彩，《蝴蝶和坦克》的声誉极好，甚至被斯坦贝克称赞为"一篇近年来难得的最好的短篇小说"。

他的剧本《第五纵队》也终于有了归宿，戏剧协会态度大逆转，竟然想请好莱坞的本杰明·格拉斯编剧改编此剧本用来演出。海明威不太认同这个编剧的修改方式，不过他还是决定静观其变。

果然，1月初，他奔赴纽约跟格拉斯商讨剧本的修改事宜时，发现格拉斯竟然把剧本改得面目全非、一塌糊涂。海明威恼火地发现，连剧名都被改成了《有名无实的第五纵队》。他给格拉斯提了很多意见，格拉斯也表示能接受。等海明威返回凯岛时，剧组已经开始挑选演员。

此时的海明威文思泉涌，他常常在脑中构思新作。《绅士》杂志社很高兴海明威大作不断，2月号刊才登出他的短篇《激战前夜》，反响颇佳。也就在这段时间，海明威构思了一个他颇为得意的小说，那就是《在湛蓝的大海上》。

故事情节是一个上了年纪的老渔夫，一次出海时钓了一条巨大的大马林鱼，并与之搏斗四天四夜的故事。这个故事在海明威脑海中"盘旋"了好几年，如今才有了付诸笔端的打算。

海明威决定去古巴，他想认真地写一本长篇小说，与西班牙内战有关。这次去古巴终于能踏实写书，每天都认真工作六七个小时。在以前，他绝对不敢想象要写一部如此恢宏的巨作。但现在他已经完成了1.5万字，因为对战争的感同身受，还有在前线的所见所闻实在太震撼，他每次提笔讲述，总觉不知疲倦，工作精力旺盛。

3月中旬，因为要看望儿子波比，他回了一趟凯威斯特岛。可是这次回来，波林让他大失所望。似乎波林已完全无心经营这场失败的婚姻，她在海明威离开凯威斯特岛时，交了很多朋友。这些朋友每天都来家里做客、拜访，使海明威无法静心创作。

离开家的时间比预计的早很多。4月10日他就到了哈瓦那，又开始他热爱的写作、钓鱼、运动的生活。玛萨前来陪伴他，她已经倾心爱上了海明威，只想每时每刻陪在他身边。他们准备在古巴租房子，可是海明威根本没有耐心料理这些琐事。一切都是玛萨在办，她是个精致的女人，再破旧的房子也能被她打理得井井有条，这让海明威欣赏不已。

也许是因为现在的感情生活跟第一段婚姻的破裂极其类似，海明威近来常常想起哈德莉。他在40岁生日那天，给哈德莉写了两封感情真挚的信，署名是曾经用过的“塔泰”，还有“爱德华·埃威雷特·华克逊”。他现在越发敬佩哈德莉，曾经和哈德莉一起度过的时光令海明威十分怀念。有一次，他真的去见了哈德莉，当时她和现在的丈夫钓鱼归来，看到车子旁多了一辆汽车，原来是海明威的。双方见面都很激动，10年未见，海明威能感觉到哈德莉现在很幸福，她终于有了好的归宿。

可他并不知道自己该往何处去，8月份波林大病一场。海明威很想好好照顾她，但自己却心有余而力不足，最终弃波林而去。他只是一再强调每天不工作实在很寂寞，波林也没有反驳。

她心里明白，不爱的理由已经太苍白，再弥补也无济于事。一切都要随风而逝了，海明威决定要去跟玛萨会合。

爱情终究抵不住诱惑，扛不过时间的变化，一切都无法挽回了。

可爱的大孩子

爱情让人更像一个孩子，

世界变得纯真且美好。

表明了态度，要比暧昧不清好得多。起码爱就是爱，不爱就离开。硬撑下去只会对两个人都不公平，两败俱伤的局面也不是最理想的结果。

海明威离开波林后，和玛萨约好去爱达荷州中部的索图斯山地，那里有一个美丽的太阳谷。他和玛萨要在那里度过一段轻松快乐的时光，认识这么久，终于可以正大光明地一起度假。

太阳谷位于肯特丘姆老矿区市镇，是一个小村子的别名。美国经济大萧条对这里几乎没有影响，而开辟新的滑雪胜地，这个村子成了吸引游客的驿站。

海明威喜欢这里是因为它冬天能滑雪、溜冰，夏秋又能肆意地享受钓鱼、狩猎的乐趣。这里景色十分美丽，小河清澈蜿蜒，数不清的野鸡在矮树丛里欢声尖叫。这里人流很多，道路常常灰尘漫天，车辆络绎不绝。海明威现在已经没有什么大的经济负担了，他只想带着玛萨好好享受这份幸福。他们去现代化的酒店大块朵颐，接着住进豪华的旅店。

第二天，海明威就认识了两个新朋友，他们分别是吉恩·万·盖尔德和劳伊德·阿诺尔德。他们一个喜欢绘画和写作，长相英俊；另一个是个高级摄影师，两人都不太想让海明威知道自己是做宣传工作的，聊天时比较躲闪。一开始海明威不太信任他们，但后来在总导游泰罗威廉的引导下，他和新朋友们一起游览太阳谷，也熟悉了这两个可爱的家伙。

海明威到哪里都会先制订计划，但每次的计划几乎都一样，半天写作，半天游玩。他的新小说已经写了 18 章，差不多是全书的一半了。这次的故事发生在马德里西北不格达拉马山区中的一个游击队营地。海明威还是决定根据真实情况做一定程度的更改，他喜欢立足于现实。

不久，却发生了一件十分令人悲痛的事，吉恩·万·盖尔德意外地去世了。那天是周日，盖尔德在河上打野鸡，没想到同伴的猎枪不小心走火，正好打中了他。海明威没想到，前几天还见到盖尔德兴高采烈地告诉自己新的狩猎地，他们还约好一起钓鱼，怎么转眼间就变成了这般光景。

11 月初，海明威和其他人来到肯特乔姆小山岗的墓地，如今这里沉睡着他的朋友盖尔德。受盖尔德的妻子所托，海明威写了悼词。他庄严地念着这篇悼文：

吉恩热爱自己的祖国。他出生在这个国家的西部，他通过作画来描绘他的祖国，通过写作来反映和歌颂他的祖国。他热爱这里的高山平地，热爱这里的一切，特别是当春天到来，积雪融化，花木吐出新芽，从蓓蕾初绽到繁花似锦的时候；他热爱阳光灿烂的夏天和高山上的牧草场；他热爱林中蜿蜒的小径和平静如镜、清澈湛蓝的湖泊……一年四季，他最喜爱的是秋天。秋天，到处黄澄澄、灰蒙蒙，棉花树上的叶子转黄了。……他喜爱万里碧蓝的晴空，那么浩瀚、虚幻……现在吉恩先我们而去。他壮志未酬，他的灵魂将回到他喜爱的地方，与山岳并存。

他不想对吉恩的死做过多悲伤与煽情，他只想客观地诉说出这种遗憾就已足够。

玛萨被派到芬兰去采访欧洲战场，海明威很舍不得她，但也没有阻拦。玛萨的事业心跟他是一样的，他知道新闻和采访对她来说意味着生命的意义。因为爱她，他支持她做的一切。玛萨一走，海明威感到很寂寞。于是，他把他们的房间206号改成了“海明威游乐场”，每天邀请朋友来打牌、玩乐。每天上午的写作工作一完成，下午就约上好友去打猎。

在这段时间，海明威认识了克拉拉。她是吉恩妻子的好友，也是海明威的朋友弗雷德的妻子。克拉拉带着自己的孩子来陪吉恩的妻子度过寡居的最初几周，她是个好心又善良的女人。克拉拉帮海明威处理那些积压的信件，这对海明威是个不小的帮助。

而海明威也在文学和艺术上给了克拉拉不少启发。他告诉她，写作用词一定要规范，如果写错一个词，很有可能在稍后的写作中产生不可估量的恶劣影响。克拉拉回芝加哥时，她忍不住流了眼泪，她总觉得，有一天海明威这个好友一定会给她人生中最大的一个帮助。

圣诞节快到了，可是海明威却心情烦闷。因为玛萨不在，他寂寞难耐。生活像一个巨大的牢笼，苦闷得让人只想飞出去。克拉拉和哈德莉都邀请他去芝加哥过节，但他却想把小说高潮部分写好再说。其实海明威很想回去跟孩子们一起，但被波林拒绝了。波林知道，海明威不过是想回来看看孩子，他对这个家已经没有留恋。

12月12日那天，海明威离开了太阳谷。他给波林的母亲写了一封长信，表达自己想过要带孩子们去彼格特。可是家庭生活的破裂，使波林拒绝海明威的一切请求。海明威希望波林的父母明白，他对孩子们的关心一如既往，也愿意一直在物质上照顾波林。这封信感情真挚，十分感人。

可是波林的母亲普菲弗太太的回信让他有些惭愧，她和丈夫为海明威与波林的婚姻破裂感到十分遗憾。他们无法理解海明威和波林到底怎么了，人生还有什么事能比家庭破裂更让父母痛苦的呢。他们很担心那几个无辜的孩子会受到创伤，希望海明威尽可能稳妥地处理好家事。

也许只有内心纠结、痛苦的人，才会到处寻找快乐的存在。婚姻再长，长不过爱情的维度。快乐很简单，但往往越是简单的东西越难抓住。

与玛萨相伴

生活和工作是天平的两端，

把它们分开还是融合，要看一个人的处理方式。

作家的职责莫过于创作优秀的作品，但作品是迎合自己的喜好，还是为读者而创作，那就要看作家个人的取舍。写作久了，自然就会和作品融为一体，在创作时加入个人的经历和观点。但这些都不重要，最重要的是它要能打动作者和读者的心灵。

终于，玛萨结束了在芬兰的工作。1940 年 1 月，她回到海明威身边，发现海明威的写作进度还不赖。她心爱的“大肥猪”没有在她离开时无所事事，而是工作娱乐两不误，这是她最爱他的地方。海明威已经把一部分样稿寄给伯金斯审阅，比如第一章开头那几段，还有法西斯在隆达本乡村展开大屠杀的场面描写。

天一寒冷，海明威就无法舒服地创作。他喜欢坐在床上写作，这样就能保暖。最痛苦的莫过于明明气温极低，还要在作品中描述某一个酷热难耐的上午。

待到2月之后，天气渐渐暖和起来。海明威重新安排了生活计划，上午写作，下午2点进餐，午睡时会阅览书报。他和玛萨会与一些巴斯克人打网球，这些人都曾为西班牙忠于共和政府派效力，但现在已遭流放。晚上大家累了就一起吃饭、喝酒。

海明威甚至买了一只大公鸡，去斗鸡俱乐部比赛。可是玛萨对这种生活方式并不满意，女人更需要浪漫。比如海明威带她去看一场电影，回来后一起喝杯红酒再入睡。

现在他越来越热爱自己的写作事业了，也许是因为他每次选取的题材都是自己最感兴趣的。一旦提笔，他就不可自拔地陷进去。无论什么时候，他都希望朋友们能对他的书做指正。他会给朋友讲述小说情节，或让他们看样稿，想听他们的意见。美国海军陆战队的飞行员本芬奈认为，海明威是把生活经验写进了小说。但海明威说："没什么，不完全是这样，有些地方是虚构的。"

4月初的时候，他已经写了32章。一开始他并不想写那么多，但现在觉得越发收不了笔，想说的太多。书里提到很多朋友们的名字，有的稍做了更改，有的直接拿来就用。比如杜朗，还有鲁卡兹将军，还有相当有名望的华尔特将军，在书里是高尔兹将军。那个被敌军奸污的女护士玛丽亚在这里也有了原型，但海明威暗自把玛萨的外貌给了这个人物形象。罗伯特·佐丹的形象和性格，多少跟海明威自己有些相似，尤其是他的火暴脾气。

最让海明威头疼的是给这部杰作取名字。他想了很多，比如“未被发现的国家”，但都不满意。他在圣经和莎士比亚作品集里仔细查阅，甚至看了《牛津英文散文集》，却还是一无所获。有一天，他随意翻看了约翰顿的诗作，一段话引起了他的注意：“无论谁死了，都使我察觉到自己的末日即将来临，因为我是人类中的一员。然而，丧钟到底为谁而鸣？它是为你敲响的。”海明威大喜过望，这不就是自己的心情吗，还有什么比这句话更适合给新书定名呢？就叫“丧钟为谁而鸣”吧！

然而海明威的生活并不平静，受了巨大创伤的波林丝毫没有改变她不依不饶的性子，总给海明威写信，让他对自己的损失负责。海明威已决意和波林分道扬镳，但答应每月支付给她 500 元以抚养孩子帕特里克和格雷格里。

玛萨跟海明威的生活也不太平静。因为房屋漏雨，把地面弄得一塌糊涂，玛萨爱干净，这简直让她暴跳如雷。再加上美国大陆传来的消息，那些虚假的政治宣传，让玛萨对美国和世界的形势都大为不满。可海明威正在写作的收尾阶段，根本无暇顾及她。她一怒之下，收拾行李去了纽约。

6 月，玛萨和母亲回到海明威身边时，发现他胡子和头发都长得可笑。海明威的习惯，是不写完不理发。他在路上遇到熟人就会跟他攀谈，跟别人讲述自己小说的情节，希望听听别人的意见。为此曾耽误和玛萨的母亲见面，又一次让玛萨怒气冲天。

这本小说一共有 43 章，海明威为之付出了的心血。现在初稿已完成，他需要把它们用打字机打好，尽快送去纽约。为了尽早完成任务，就连在酷热的火车上，海明威都在校对稿件。

等到火车到站时，他已经神思恍惚，不知身在何处。宾夕法尼亚车站，人流如海，海明威拖着行李，行李里面装着他满腹心血的宝贝。人群有着巨大的推力，将他推向着未知的方向前行。

他为了保证自己写的内容真实可靠，尽量不出差错，甚至请书中人物原型杜朗帮他审阅这部小说。杜朗感到很新鲜，同意了海明威的邀请。他看完小说，觉得很吸引人，这么有吸引力的作品一定能取得成功。

后期工作繁复冗杂，海明威寄出了样稿的完成版，等待着伯金斯和斯克里希纳的反驳意见。他还决定删除后记，因为他觉得小说结尾处乔丹在积满松树叶的地面躺着的场景，跟第一章的第一句描述他在地上躺 68 小时的情节遥相呼应。这样的效果远比后记来得意味深长，也更合乎艺术规范。

生活和工作就是天平的两端，是把它们分开还是融合，要看一个人的处理方式。工作无法脱离生活，但生活如果还要夹杂工作，那就未免太无趣了。最好的人生，在一切都和谐的生活里，有着充满乐趣的奋斗目标。

第三次婚姻

你对一个男人越好，

越是向他表示你的爱，他会越快地摆脱你。

总会有各种各样的女人以种种理由聚集在天才身边。他就像一块大磁铁，将一个个纤弱细小或者坚强不凡的“铁钉”牢牢吸住。

至于这种引力能否在激情欲望冷却之后，经得起现实生活的打磨，那可不是天才要操心的事。没错，他发出过警告："你对一个男人越好，你越是向他表示你的爱，他会越快地摆脱你。"当然，他更会推卸责任，对自己的自私、坏脾气、不良嗜好、风流成性视而不见。

海明威正计划着带玛萨和自己的两个儿子去太阳谷度假，两个人过了三年的非法生活，他们决定在波林决定离婚后就结婚。

这段时间海明威的工作任务繁重，大量的书稿需要他校对。闲暇时，当他们谈到海明威的父亲是自杀而死时，海明威证实了此事，并理直气壮地把自杀行为称为"司空见惯的事"。

他说，当一个人陷入绝境时，采用自杀的方式来解脱自己是被允许的。他还十分详细地告诉玛萨如何熟练地使用手枪。

长时间的高强度工作让海明威这段时间昏昏沉沉的，他连续 24 小时工作，急急忙忙地想抢在截稿日期之前完成。可是情况并不像他预料的那么顺利。他对于做一个循规蹈矩，尊重约期并为了践约牺牲周末休息时间，努力工作的人已不感兴趣。对斯克里布纳的编辑部"老爷"们一周只工作两天的那种不急不躁的作风大为厌恶。他埋怨上帝没有让他做一个无忧无虑的普通人，省得当一个专业作家，遥无止境地一页接一页地写。

海明威早就想把他的小说《丧钟为谁而鸣》卖给电影界拍成电影。在老熟人弗莱德的帮助下，这部作品继《永别了，武器》一书出版之后，成为海明威的又一成功之作。

当《丧钟为谁而鸣》即将出版的时候，出版社频频写信告诉海明威关于销量的估计。可他生来就是一个急性子，他打电话给住在纽约的杰恩，要他收集文学批评界以及新闻界对该书的评价。

在这部作品中，海明威在人物的塑造、对话、制造悬念以及面临死亡时，人们所表现出来的情感和态度等方面的描写已达到了新的水平。虽然小说里没有明显地反映西班牙内战包含的深刻社会性，但是读者不难从小说中看到人类将面临着同种类型的战争。

11 月 4 日，波林正式提出同他离婚，在离婚判决书上写明了男方抛弃女方的事实，故而孩子由女方照顾。对此海明威毫无异议，这段 13 年的婚姻没有让海明威表现出丝毫的懊悔之意，这期间他一共写了七本书，买了一艘船，还在岛上建了所房子。

波林见证了海明威从一无所有到现在的成就斐然。海明威十分高兴地看到他和玛萨结识往来了四年，现在终于成为合法夫妻，他兴致勃勃地开着车子，开始出发到纽约去，开始他新的生活。

转眼间，圣诞近在眼前，海明威给玛萨准备的礼物是去维吉尼亚购物。他还特意吩咐助手在买东西时不要说出他的名字，因为他最近出版了《丧钟为谁而鸣》一书而闻名，为了庆祝新婚和圣诞节，海明威到彼纳里奥去打野鸭。回家时已是满天星斗，他踏着星光回到那幢将永远成为他住家的房子，这样的情景颇为浪漫。

海明威是一个听惯赞扬的人，他最受不了的就是他人的批评，贝西在《工人日报》上发表了一封致海明威的公开信，谴责他，说他的这部小说内容是虚假的，歪曲事实的，里面充满着诽谤和不民主的思想。

他看了之后暴跳如雷，立即写了一封信回敬米尔特。信的内容如下：

亲爱的米尔特：

在这里我不准备说明你的信是如何的自以为是，逻辑是如何的混乱，思路是如何的呆滞。这里我只说明一点。照你说我在西班牙的时候只是一个狂热的捧场者。那太好了！你知道如下的事实吗？

在西班牙军队里除了第15旅外，还有59.5万士兵；我书中所描述的种种情况和行动都在你到前线去之前就发生，甚至结束了，特别是在阿尔瓦赫离开美国之前就成为事实了。另一个勇敢的抨击手迈克·戈尔德怎么不到西班牙去看看呢？我猜想他大概想留到下一次战争再去吧。

在我这本书问世之时，你和弗雷德对于马克思主义都一窍不通。我还记得那一天我劝弗雷德去读点书的情况……太好了，科学家给了我经验和智慧。那么到底是你要我为以前我未做到的为西班牙共和国的事业做出什么贡献呢？因为我没能在第15国际旅指挥一个营，我就成为一个狂热的吹捧者。太好了，科学家！你愿意怎么做就怎么做吧。不过从今以后咱们再不是朋友了，因为你发表了那封公开信。

显然你是相信你所听到的关于我的一切谣言，甚至不惜自己编造一些话对我进行谴责……自从你受伤以后，我再没见到你。彼此看法不同，这也难怪。因此，对于你还没有做完的事情，就别去议论，免得自寻烦恼。

在战争中我们曾经是伙伴和朋友，指挥过作战，后来受了伤，可惜缺乏经验。因此，你别以老战士自居，对我空谈一些实际上不存在的战斗。你有你的观点，我有我自己的观点。还是让我们等着瞧，到头来看谁对世界的贡献大。

我将始终坚持正确的观点，随时拯救你于危难之中，而你大可不断地谴责我，特别是有人指示你这样做的时候。

总之，太好了，看了你的信后，我觉得你像一把锥子，甚至在你高兴的时候，你大可用刀子刺你朋友的背……那时你就感到更高兴吧？

海明斯坦上

其实，海明威在此时表现出了些许的不淡定，他大可不必如此生气。他生来就是如此高傲，卓越的才能总能让他在人群中发光，这些批评算不得什么，因为当时《丧钟为谁而鸣》这本书已经销售了18.9万册了。

一位哲人说，他人即地狱。过分在意他人的目光，对于一个天才来说并不是一件好事情。海明威自诩为钢铁意志的人，但却脆弱得经不起外界的一丝风吹草动。

中国之旅

心若没有栖息的地方，

到哪里都是在流浪。

对于当时的西方人来说，中国是个遥远而神秘的国度。它的传说经久流传，也很少有人真正地走近过它。

海明威的作品与生活和法国、意大利、西班牙、古巴等许多国家颇有关联，但以中国为背景的作品绝无仅有，而他和中国的关系也鲜为人知。所以，这段东方的奇幻旅程也成为他一生中的神秘之笔。

事实上，最先是玛萨以《柯里尔》杂志战地特派员的名义到中国采访中日战争，海明威和玛萨新婚不久，不愿她只身来华，故以他在文坛的地位，轻易地获得在纽约发行的一家叫《PM》报纸的敦聘，担任中国战地特派员。于是，海明威夫妇双双到战时的中国采访，只是各自代表不同的报刊罢了。

1941 年 1 月底，海明威夫妇自旧金山乘船经夏威夷前往中国，目的地是重庆，但香港、马尼拉、新加坡各地也在采访之列。首站是香港，那时香港从中国内地去的难民聚集，日军有随时攫取之势，这大英帝国的殖民地形同危卵。

海明威在旅馆里兴奋得像孩子一样，要不是他太太阻止，几乎要买鞭炮来放。海明威喜欢吃中国菜，而玛萨看到中国菜就反胃，海明威还怪腔怪调地学会了几句广东话，能和当地的小贩苦力等沟通。

他们住在铜锣湾的一家豪华旅店里。虽然日本侵华战争已持续了四年之久，日本人在香港这个国际城市横冲直撞自由进出，但海明威并未感觉到紧张的气氛。

当海明威对香港不那么感兴趣时，便计划到战争前线去。但是因为那里的生活条件太差，天气寒冷，玛萨水土不服，手脚发肿，因而感到烦恼不安。当军部里的人介绍她喝一种蛇酒—— 一种瓶装米酒，里面泡浸着小蛇——和一种鸟酒，即酒里浸泡着布谷鸟。一见到这东西，她就要作呕。海明威却十分欣赏蛇酒，还说饮了蛇酒可以医治头发脱落。

海明威是经历过战场的人，他在第一次世界大战中出生入死，也见过西班牙内战的残忍杀戮，所以自然多了一些免疫能力。玛萨在此时则显得有些诚惶诚恐，她不知道丈夫为何能够在逆境中泰然自若，忍受环境的脏乱和疾病，还能正常饮食，正常工作与创作。

4 月初，江南一派春色。到处郁郁葱葱，生机勃勃。海明威夫妇乘飞机来到中国战时的首都重庆。这是一个灰色的山城。到处有被飞机轰炸、炮火击中遗留下来的痕迹。街道斜陡、多雾和湿淋淋的石级。他们住在旅馆里食品丰富，有大量热水供应，同地处前线的韶关相比简直是天壤之别。玛萨尽情地洗漱，享受近日来享受不到的卫生之乐。

没有人生来喜欢战争，此时的海明威，已经见过太多战场上的残忍和伤痛。他心疼这片土地，但却无力做些什么，只能深深祝福，全身而退。

生活，几番滋味

人生的路，悲喜都是自己的；

生活的苦，累与不累都得自己受。

不同的眼光，造就不同的标准。当同样的事物摆在人们面前时，总会因为不同的审美或不同的判断，显现不同的口味。

对于海明威而言，他对自己的作品充满自信。但是舆论袭来，他仍然显得有些心浮气躁。一部分人表示，《跨过河流》是令人失望的，苦恼的，困惑的，烦琐的，庸俗的。这些言论刺痛了海明威的自尊。当然，也有人对这部作品大加赞扬。海明威将所有言论都搜集起来，寄给阿德里安娜。

此时，海明威总是觉得右腿异常疼痛，忍耐不住，便找了医生做按摩，但是毫无效果。无奈之下，他去做了 X 光，竟发现腿内存有一枚 1918 年的子弹碎片。他考虑过开刀，但最终还是放弃了。

腿部的疼痛，加上报刊上的负面言论，让海明威的脾气越来越暴躁。他常常对玛萨发脾气，有时还当着客人的面挖苦她，有时又像个孩子一样，将脏乱的碗碟放在妻子的椅子旁。

不过，事情总还不至于那样糟。在争议声中，《跨过河流》的销量依旧很好，这让海明威有了些许安慰。有三位将军专门写信给他，感慨其作品所带给他们的感动和震撼。接着，好莱坞的团队想要购买小说的版权，不过，海明威有了经验，拒绝了25万元的买断价格，而是签订了“租借合约”，这样才能长久地分得利益。

10月28日，阿德里安娜与母亲一起来拜访。海明威欣喜若狂，他像个毛头小子一样，清晨睁开双眼，就能嗅到空气里的甜蜜味道。他爱慕着她，但是不敢言明。他不敢与她过分接触，也不敢与她共舞。但是，这种情愫就像一剂兴奋剂，让海明威的创作激情，上升到了最高值。

这个激情澎湃的男人，一边维系着与妻子的感情，一边默默爱慕着他心中的缪斯。他的笔，仿佛被重新唤醒了，开始活跃起来。他计划创作三本以海上生活为背景的书，分别为《年轻时候的海》、《远离家乡时的海》、《与大海在一起》。

完成这些作品后，海明威的灵感又蠢蠢欲动。他开始动笔描写一个叫圣地亚哥的老人的故事。16年前，这个故事就存在于他的心里，但是一直没有动笔，此时他终于鼓起了创作的勇气。

作品写到一半时，阿德里安娜与母亲搭乘飞机离开了这里。玛萨也一起随行，陪伴她们参观佛罗里达，再到纽约，而后回家。忽然间的孤独吞噬了海明威，他感到有些无所适从。空虚之下，他只能将全部精力都投入到了这部作品之中。

沉睡了 16 年的圣地亚哥老人，终于在他的笔下苏醒，并成为经典，广泛地流传于后世人的精神世界里。

作品完成后，出现了两个主动请缨的人，要为海明威做传记：一位是耶鲁大学的学生，一位是普林斯顿学院的教授。经过多方面权衡，海明威委婉地拒绝了他们。他说：“当我死去了，它不会比我的尸体显得更为重要。”

案头上的书稿越堆越厚，海明威也感受到了一种创作的满足感。他的《大雄狮》、《忠实的公牛》、《射击》等作品依次登上了报纸杂志。

但此时，他认为自己最重要的作品，就是《圣地亚哥老人》那篇。他经过精心删减，将作品减至 26531 个字。他将作品拿给朋友们传阅，所有人都不约而同地认为这部书稿蕴含着一种神奇的力量，是他以往作品所不存在的。

他将圣地亚哥老人的小说并入“海洋四部曲”当中，继续创作。不过，人与人之间仍然存在着认识上的偏差。不久，一位编辑联系到了海明威，表示对他的新作十分感兴趣，想要分批在杂志上刊登。

海明威很高兴，于是兴奋地与其详谈。当问及稿酬时，编辑表示，愿意用 2 万元购买《海上追踪》部分，用 1 万元购买《圣地亚哥老人》部分。这个结论如同一盆冷水，浇在了海明威的心头。

正在商讨出版事宜的过程中，另一个噩耗传来——海明威的母亲在田纳西州去世了，享年 79 岁。

当亲人的体温不在，当僵直的身体没入泥土的一刹那。海明威心头涌起万千酸楚。他知道，母亲在最后的岁月里并不快乐。

他忽然想起了童年时光，那时的母亲那样年轻美丽，他们的生活仿佛没有冷色，每一天都是幸福的。他开始懊悔自己的任性，如果可以，他想要收回每一个有可能伤害过母亲的行为或者话语。

悲痛中，海明威一个人乘着“彼拉”号出海，独自度过生日。临走时，他对查理士·斯克里布纳表示，如果自己有什么不测，可以将《老人与海》作为一本小书出版。这是“老人与海”这个名字第一次出现，他还不知道，这本书将会屹立于世界文学作品的巅峰，留下深远的影响。

生活赐予海明威很多，比如亲情、天赋、家庭。同时，生活也摇摆地拨弄着这些对他而言最重要的东西。让他时而狂热，时而心寒，时而幸福，时而孤单。

所有战争都是丑陋的

战争带来的灾难是永无止尽的，

一旦战争爆发，所要受到的牵连让人望而生畏。

人生中不可挽回的事太多。既然活着，还得朝前走。经历过巨大苦难的人有权利证明，创造幸福和承受苦难属于同一种能力。

1942 年，战争没有停止的意思。盟军的战斗滑入低谷，阴霾的氛围席卷远离战场的美国。

海明威觉得，这是新的，也是倒霉的一年的开始。因为他觉得在这一年里，美国和他自己都得从深坑里缓慢地长时间地爬出来，边爬边见机行事。

这一年，海明威在文学创作上并没有新的突破。事实上，他的注意力也不在于此，因为整个美国都弥漫着一种参战的氛围。

战争给人类带来了什么？身在战争中的人类，又要为战争做些什么？

海明威不断告诉自己，拍摄电影和出版文集可以激发士气，有助于美国士兵的作战，可是，他仍旧期望自己能对国家和社会做些更具体积极的事情。对他来说，与其写一些鼓舞士气的书，还不如到前线去打仗。他愿意到前线去打仗，如果他的儿子足够年龄参军，他也要动员儿子去参战，或者尽自己所能把钱捐给国家。

他申请到前线去采访报道，可是申请书却遭到了约翰·维勒委婉的拒绝。原因是在战争处于低潮的时候，前线部队不需要记者。于是，海明威开始考虑新的计划，在离家不远的地方开展工作。

不久之后，海明威夫妇应邀到墨西哥进行为期两周的客访。从墨西哥回来后，机会就来临了。

一些纳粹党人伪造护照进入了哈瓦那。古巴最有影响力的报纸《马瑞纳日报》是由一个仇视美国的古巴大富翁开办的。一些大型的西班牙俱乐部纷纷公开地倒向轴心国一边，反对美国。当时，德国协同攻击的潜水艇群正在加勒比海游弋，专门攻击盟国的油船和货船。

于是，有关方面决定在哈瓦那成立一个反情报组织，防止纳粹的第五纵队人员渗透，进入古巴。海明威说自己有这方面的经验，他努力争取能有这个机会去参加到战斗中。

5月初，海明威详细说明了自己的设想和计划，布莱顿大使就此问题同古巴总理磋商，最后同意授权给海明威着手筹办。

5月中旬，海明威着手工作。他接纳了来自社会各个阶层的成员，只要他们够勇敢。

根据美国大使的意见，他们这个组织的非正式名称为“罪恶之店”。但不久，海明威把它改称为“骗子工厂”。

这个组织关系不是很严密，它靠海明威个人的号召力、请客喝酒以及金钱把这些人串到一起来，靠口头或书信的方式传递消息。这些消息汇集到芬卡，海明威将其翻译加工最后送交给美国大使馆的佐斯。

5 月份还没有结束，海明威又到美国大使馆提出另一项建议。他建议把他自己那条小艇“彼拉”号装备起来成为一只伪装猎潜艇。艇上配上训练有素的水手，火箭筒、手榴弹、短引爆炸弹、二到三挺 50 毫米卡里希机关枪。

潜艇由海明威直接领导，它的航线主要在北海岸，远至巴哈马老海底隧道的东端，假装为美国自然历史博物馆采集科学研究标本。

巡逻活动在 6 月开始，然而，不久之后，海明威就发现敌人根本不上钩，他们的工作毫无成效，枉费心血。至此，他非常失望。从“彼拉”号的航海日志上可以详细了解到相关情况。

1942 年 6 月 12 日，巡逻至帕尔达·帕格托里奥……下午 5 点半返航。

6 月 13 日，凌晨 2 点至上午 7 点监视海面。天才蒙蒙亮就外出巡逻，距离 12 公里，一直到天黑才返航。下午 8 点，温盖斯特乘辅助船去巴希亚洪达。

6 月 14 日，凌晨 4 点监视海面。天亮前外出巡逻直到下午 1 点返航。下午 4 点，船停靠码头，搬运装备物资。

其间，玛萨回到圣路易斯看望她的母亲。海明威既指导“骗子工厂”开展工作，又同皇冠出版社的瓦特尔谈论出版《战争中的人》文集。文集的出版工作在 3 月上旬就开始了，纽约皇冠出版社打算出一个内容与战争有关的文集。瓦尔特想翻印海明威的《丧钟为谁而鸣》和《永别了，武器》，海明威的任务是给新书写个序言。

读过选登的战争文学，海明威更加渴望到战场上参加斗争。他能为战争做的，除了刊登战争文学，做一些毫无成效又令人失望的反侦察工作外，海明威更希望自己能像一个真正的勇士那样去战斗。

7 月中旬，海明威的两个儿子帕特里克和格雷格里到海明威那里去度假。玛萨却更加怏怏不乐，她渴望重新从事新闻工作。玛萨和海明威的关系越来越糟糕，但这跟海明威前妻留下的孩子并无关系。因为玛萨喜欢他们，而且同他们相处得很好。

真正的原因是海明威来去匆匆，行踪诡秘，出没于灌木林中。在家的时候，经常同“骗子工厂”雇请的人喝酒，一喝就是几个小时。最让玛萨难以忍受的是海明威的大男子主义，他常把海上巡逻时那套发号施令的办法用到家庭事务当中来。玛萨打算重新从事新闻工作，是出于真心的，但更是对海明威的反抗。

挣扎良久，玛萨还是离开了，她同三个黑人雇员乘坐一条 30 尺长的单桅小帆船走了。留下海明威同他的孩子们一起住在“单身汉”宿舍里。

西班牙内战爆发以来，海明威还是第一次单独同孩子们生活，他决定利用这段时间让孩子们接受反潜工作的训练，他们可以作为见习水手待在“彼拉”号上面。对于孩子们来说，这倒是件十分有趣的事。

可是玛萨不在海明威身边，晚上难以入眠，便长时间地熬夜。海明威回忆起他的第一次婚事，让美好的回忆填补他心灵的空虚。

43 岁生日那天晚上，海明威躺在床上久久不能入睡，往事一幕幕在他脑海里不断显现。他记得他同哈德莉到威格去的路上看到山洞口积雪里的那只干瘪的豹子躯体；想起了莫格希恩的赛马；庞普罗纳的盛大节日；斯瓦茨华德的夏假以及在柯迪纳钓鱼的活动……

人生就是一场轮回

最佳的人生状态不是没有负面情绪，

而是能够更好的应对它们。

夏日炎炎，酷暑难耐。海明威管理着“骗子工厂”的巡逻工作，长时间的暴晒之下，他的肌肤变成了古铜色。他开始不注重仪容，放任一脸的大胡子自由生长，像灌木丛一样浓密。

到大使馆时，他常因为不修边幅而遇到麻烦。布里格说：“海明威到哈瓦那去总习惯穿一条褪了色的蓝色运动裤，一件满是汗气的衬衫。甚至光着脚板走在哈瓦那市中心区如佛罗里达酒家所在地的大街上。”

每年 7 月份，海明威都要阅读弗雷德里克·曼宁的小说《命运的中途》或者《她的私有的人》，他觉得这是他读过关于战争中的人的最好的小说。

在记录战争，虚构小说方面，海明威自始至终都不会放弃一个宗旨——反映现实。他认为，只有这样才不至于自欺欺人。

8 月底，海明威写完了《战斗员》的序，并且邮寄了出去。它是一篇一万字的个人随笔。这篇序言是在海明威独自带着三个儿子的那个假期写成的。海明威曾说，作为父亲他要向这三个降临到这个乱得难以形容的世界的孩子负责。

书的内容有真实，也有虚构，但海明威的创作宗旨是逼真。他希望文集里所选的文章应该向读者说明战争到底是什么，而不是主观去假设一番。

《战斗员》文集和有限编辑俱乐部重印的《丧钟为谁而鸣》都在 10 月份出版。文集出版后很受好评，但购买的人并不踊跃。

在纽约时报的书评专栏上，赫伯特·戈曼发表了一篇书评说，书在战争的描写上真实可信，时而让人印象深刻，时而使人惊恐万状，有时候甚至受到深深的感动。

但是，海明威写的序言却引起评论家们的嫌恶。

哈华德·摩福德琼斯认为该书的内容选择不恰当，完全反映海明威的“死亡”及“如何死亡”的观点。

军事分析家华尔特·米利说，书的序言写得那么杂乱无章，漫无边际，不得要领而且怒气冲冲。

海明威决定不再领导“骗子工厂”，并告诉鲍勃·佐斯，他需要一个心腹来从事接收或联系秘密特务所提供的报告材料。他看好古斯塔夫，并同意他的妻子陪同他一起到古巴工作。

古斯塔夫先一步抵达哈瓦那飞机场，海明威亲自去接机，他们热情地拥抱，两个人都很高兴，可是古斯塔夫并不急着接管那个反间谍组织，他也并没有被《斗篷和剑》的惊人情节感动。

不久之后，玛萨回到了芬卡。她刚结束苏里南丛林之行，曼哈顿采访也告一段落，想回到家中好好进行休整。海明威讽刺地称之为“进行家庭采访”。

由于玛萨需要安静地处理业务、从事写作，所以她并不希望古斯塔夫的妻子到古巴同住。可是海明威已经许下诺言，只好执行。

鲍特到达的那天早晨，海明威和古斯塔夫开车到机场接她。鲍特看到迎面走来的人，脸色很不好，胡子也没有刮，带着一副邋遢相。她看到这样的海明威，感到很失望。

他们曾经在斯托克俱乐部跳过舞，在鲍特的印象中，海明威是个魅力无限的西班牙猛士，而眼前这个粗野的男人简直令人费解。这让两人的友谊在鲍特心中蒙上了阴影。

紧接着发生了两件事，让鲍特和海明威的关系变得更加糟糕。

第一件事，海明威一只心爱的小猫不见了，他猜想猫是被村里的狗吃掉了。事后，为了报复，他准备打死那个农民的恶狗。鲍特知道后，指责海明威行止残酷，这让两人的好友关系趋于恶化。第二件事更滑稽。一天晚上，杜朗夫妇——鲍特的朋友，同大使馆的朋友一同跳舞。舞会结束后时间已经很晚了，他们回到芬卡。车子开到玛萨的楼下，司机无心按到喇叭吵醒了玛萨。害得她那天晚上只得吃安眠药，第二天精神不好影响工作。

海明威对此十分恼火。他怒气冲冲地对古斯塔夫说：“我不知道你交的是些什么朋友，当时我身边要是有枪，我准会把他们全干掉。”对于杜朗夫妇来说，这是致命的一击。那天上午杜朗夫妇便离开芬卡回阿姆波斯曼都旅社去了。不久，玛萨给他们送去一束玫瑰花表示歉意，请他们多多包涵。

至此，海明威和鲍特的关系彻底僵化了。

然而，古斯塔夫在大使馆的工作却干得很出色。他懂得三种语言，并都说得漂亮而流利。他擅长写演说词，和人们相处得很好。他有个容貌动人的妻子，具有过去西班牙下级贵族那种彬彬有礼的风度。杜朗夫妇在哈瓦那社交圈中十分有名。

与此同时，海明威的家庭关系也越来越紧张，“玛萨的聪明资质常常与海明威的天才相冲突”。

五年的生活，玛萨觉得海明威的利己主义愈发严重。他想完完全全地控制住玛萨，为了反抗，每到夏秋两个季节，玛萨都要外出旅行。

在玛萨的眼中，海明威的才能已经不足以弥补他的利己主义了。他装腔作势、自吹自擂，对她许诺，明明没有做的却说做了。他敏感多疑，认为生活像一潭死水，没有什么魅力。

有天晚上，在哈瓦那的一个餐厅，众目睽睽之下，海明威在责骂玛萨对芬卡的服务人员太吝啬，买给他们的圣诞礼物太少了。然后他便独自开着那辆“林肯”牌汽车回家去了，竟然丢下她一个人不管。

还有一次，他喝醉了酒，玛萨为了安全起见，坚持要自己开车，海明威竟用手背抽打她。玛萨很生气，故意把车开得很慢，大约每小时 10 公里。然后把车子开进通往林地的一条坑道，把海明威留在那里自己走回家。

“骗子工厂”的工作仍在进行，只是这已经变成了一种业余活动，受到了人们的指责。

与此同时，大使馆委任佐斯，把在古巴进行情报收集的各类机构组合起来。罗斯福总统下令，整个反间谍组织都迁入美国联邦调查局。

联邦调查局派了 16 名情报人员到古巴，他们无一例外地对“骗子工厂”的活动表示藐视，这激怒了海明威。他愤怒地称这 16 名情报员为“佛朗哥的铁骑”。

经过海明威的申述，他取得了胜利，然而“骗子工厂”的活动已经停止了。忠心耿耿的特务们被解散了。至此，海明威早期为美国战争所做的贡献告一段落，他亲自导演的这出戏也就收场了。

画了一个圈最后回到原点，海明威嘲笑自己的生命就是一场轮回，不过，他收获了什么，失去了什么，只有自己知道。

第八章

若想征服全世界，先征服自己

荷尔蒙决定了男人都存在征服的欲望，

他们需要不停地征服，

征服女人、征服财富、征服世界等来满足他们内心的欲望，

从而获得胜利的快感。

感受到内心的召唤，便行动起来，

用意志力来指挥自己的身体，即使要放弃很多心爱的人和物，

即使会失败也在所不惜，

他们最终会因战胜自己而战胜世界。

自大的“爸爸”

维持一段感情，

需要互相妥协与退让，而不是倔强与任性。

1943年，黑白色调的蒙太奇开始了莫测的变换，彩色的光年都变得很慢，很慢……一如海明威在古巴的慢节奏生活。

这一年，西西里岛战役中意大利节节败退；德军库尔斯克会战战败，彻底失去了对东欧的领导地位；美国也在太平洋战区中获得了一连串的胜利，战局逐渐被扭转。这一年，海明威逍遥地做着所有人的“爸爸”，虽然没再有新的作品问世，可仍有着不菲的收入。他的《丧钟为谁而鸣》仅在美国就有78.5万册的销量，在英国更是售出10万册。这一年，海明威一直处于埋三怨四的状态，他在扎多斯俱乐部度过了他的第44个生日，他的性格开始变得更为古怪。

11月的大西洋，水面的平静掩藏不住歇斯底里的北风。被卷起的海浪呼啸着，拍打着海岸，冰冷的浪花冲进码头，越过栅栏，漫溢到路上。

托华德·桑切兹的纵帆船的系泊绳索被大风刮断，撞击在岩石上。11月9日，“彼拉”号设法进行营救。海明威身着两件毛衣，一件短上衣，坐在“彼拉”号的船尾给帕特里克回信。大风撕扯着海明威的胡子，他不断地往手上呵热气，摩擦取暖。这种天气真够呛。海明威想起了芬卡家里的猫，大概它也受冻了吧。如果这样的坏天气继续下去，他就要回家去看看了。

他惦记着那些大猫和猫崽，却并不挂念玛萨和波比，海明威说：“因为他们离开他太远了。”

10月25日，玛萨决定离开，她的小说写完了，打算到纽约再仔细修改。当海明威坐在“彼拉”号上惦念他的猫的时候，她大概已经从里斯本到达伦敦了。

其实，玛萨并不是非走不可的。只是，海明威和玛萨常常争吵，她大概也无法忍受海明威古怪又让人难以迁就的性格了吧。

不过，直接原因却是他喝酒愈来愈多，甚至可以用酗酒来形容了。

在佛罗里达饭店，你常常会看到他的身影，因为那里源源不断地供应基里酒。无论是谁，只要告诉他一些关于欧洲方面的新闻，海明威都会请他喝上一杯。

海明威一直想到欧洲去，可是又拿不定主意。他不能决定什么时候去，甚至于去哪里，去干什么，他都不知道。他能做的只有夸夸其谈，渐渐地，他开始变得狂妄自大，喜欢撒谎。

面对这样的海明威，人们觉得吃惊，甚至心灰意冷。因为大家不知道，他自孩童时起就有这个毛病：没有喝醉的时候，他很少撒谎，特别是对于重大的问题；然而，当酒精改变了他的思考时，他便成为了另一个人，一个喜欢说谎话的海明威。

人们注意到海明威在性格上的变化还表现在他十分乐意别人称呼他为“爸爸”这个问题上。这本是很多年之前的事情了。

海明威的孩子们叫他“爸爸”，玛萨有时候也出于幽默叫他“爸爸”。海明威的副官沃尔夫，在执行海明威的命令时常说：“好的，爸爸。”于是，这句话在卡扎多俱乐部已被广泛应用。

后来“好的，爸爸”越传越远，甚至传到了海明威最爱去的哈瓦那城里的酒店里去。其实“爸爸”这种称呼含有谄媚的意思，对海明威是有害的，因为它不能表示海明威在性格上受人尊敬的特点，只能表现他奇异的爱好和在他周围的人对他献媚的行为。

然而，海明威还是十分乐意被人称呼为“爸爸”的。玛萨对此却感到非常无奈。

有一次，玛萨同海明威一起坐“彼拉”号出海。“海明威，你身上太脏了。”玛萨对他说，“你为什么不经常洗澡呢?”

这句话激怒了海明威。玛萨又不愿意迁就他，这使他感到惊讶和伤心。他像个小孩子一样，任性地认为玛萨会屈就于他。于是，他生气了，并且生了很大的气。本来他计划到很远的地方去钓鱼，现在只租了一辆小车子，到了第一个港口就转回芬卡的家去了。

玛萨和海明威的另一个分歧在于到不到欧洲去。

玛萨坚持海明威应该到欧洲去。然而，海明威却坚持自己的看法：战争还会持续很久，不必急着现在去。

于是，玛萨开始怀疑海明威的爱国之心。

她觉得海明威留恋芬卡那个地方，他舍不得离开在“彼拉”号上工作的那些难兄难弟；舍不得那里美味的饭菜，好听的卡匹哈特唱片，一窝可爱的小猫，网球场和游泳池，从野鸭、野鸡，到河里钓鲈鱼，甚至是在卡扎多俱乐部那里打鸽子；当然更舍不得在佛罗里达饭店里喝的基里酒。

分歧、争吵、古怪的个性，玛萨终于受不了离开了他。

在玛萨和他两个儿子走后，海明威抱怨说芬卡的家变得又大又空，比监狱还要冷清。他费心驯养的猫布依斯和沃尔弗大叔现在已能为他守门。他要它们像竞技场里的狮子一样站在门前走廊上放哨。

日子没什么不同，可平淡中总有些许无聊，总有些龃龉不快。一切似乎都打不起精神来。圣诞节来临，但海明威也并没有往年的兴高采烈。

帕特里克和格雷格里回家小住，海明威为波比能在军队而感到自豪，自从林肯时代以来，波比是他家里的第一个军人，也是海明威家三代人中唯一在执法机关里工作的人。可他又对布里格抱怨说，波比是奉令执行一项警察任务的。

而玛萨没有回家，加重了海明威的愤愤不平。因为没有玛萨在身边，他简直寂寞死了。每次在海上忙了几个星期之后，他都拖着疲惫不堪的身躯，踉踉跄跄地走回家。到家后，喝上几杯酒，听几张流行的唱片，接着便倒在地上呼呼大睡了。

伦敦，我来了

没有什么能阻止一个勇猛的斗士，

连疾病也不可以。

远离战争，生活悠哉得略显寂寞，海明威更愿意给自己找些不必要的麻烦，他一直啃噬着生活中所谓的小烦恼。古怪的人，做的古怪的事，竟成为后人津津乐道的小故事。

他常发表声明，声称要备好马鞍，追随妻子的脚步，又不时提到要去纽约安排订购到欧洲去的船票。事实上，他并不急于立刻出发。我们不必怀疑他的勇气，但不妨大胆假设：这时的海明威是不是在迷惘中纠结着该何去何从呢？

3 月份，春寒料峭之时，玛萨回到家里，这出乎海明威的意料。玛萨说服海明威从古巴的事务里解脱出来，实施到战争前线去采访的计划。

海明威同意了，他收拾的行李十分简单：只有一支牙刷，一把梳子，没有带换洗衣服，但却带了两瓶苦药酒。原来海明威听说，由于敌人潜水艇在加勒比海地区的破坏，在英国买不到苦药酒。

如果你质疑他的做法，或许他会耸耸肩膀，摊开双手，表情带着玩味地说：“嘿，朋友，你能想象喝不到苦药酒的日子会多令人痛苦吗？”

到达伦敦时，正是下过雨的清晨。空气里有清爽的青草味，泰晤士河轻轻地荡漾，悠哉的生活节奏仿佛不曾遭到战争的蹂躏。海明威下榻在多切斯特旅店，经历过 1825 个日夜的战争考验，这里依旧豪华舒适。

这是海明威第一次去伦敦，可他却更习惯称之为“可爱的老伦敦城”。因为他的父母亲都是英裔，所以他把到伦敦去看作是回故乡。

海明威到伦敦不久，遇上了一位从美国北明尼苏达来的金发女郎。她的名字叫玛丽·维尔斯，刚满 36 岁。和海明威一样，也是记者、专栏作家。两个内心寂寞的人相遇，玛丽让海明威已经死去了的心复活了。

一个在非洲猎杀狮子的男人，当他决定出发的时候，最艰难的一步就已经完成了。你可以想象，他一定不会仅仅满足于做些安稳的工作，或许是因为那些和他的硬汉气质并不相符。他请求英国航空公司允许他跟飞行员一起到欧洲大陆执行任务。据消息透露，盟国军队将随时开进欧洲战场。

在等待任务期间，海明威在多切斯特旅店的住房成为他的老朋友和新朋友常去的地方。而当时玛萨还在大西洋的彼岸。

5 月 24 日晚，海明威应开普之邀到他家去做客。

海明威大部分时间都坐在角落跟彼得·哥尔在一起聊天。彼得·哥尔在盖伊医院工作，他身材魁梧，高鼻梁，是一名癌病专家。不一会儿，他们便熟络起来。

海明威得知彼得·哥尔医生的妻子是个德国难民，能讲几句英语。于是他很得意地拿出一封复制的布莱顿大使写给他的证明信，表扬海明威和他的部下不怕艰苦和危险，连续不断地在海上巡逻了两年。

海明威还解释说，他的胡子就是这样长起来的，由于在海上晒多了太阳致使他得了一种良性皮肤癌。哥尔医生听了也是半信半疑。谁知道这会不会是海明威醉酒之后的谎话呢？

25 日凌晨 3 点，晚会结束了。

天空的颜色灰蒙蒙的，路灯已经都熄灭了，东方泛起鱼肚白。海明威看了看天，今日太阳将会照常升起，他将继续等待他的任务。或许我们可以将他的古怪理解为前行中的一种迷惘，一个人，一个硬汉，一代向往自由而又迷茫的缩影，他的成长必定会是迷茫的间歇性前进。

黎明之前的黑暗，是此时此刻的光景，更是整个欧洲的年轮。

哥尔医生和他夫人主动开车送海明威回多切斯特旅店。实际上，哥尔医生那天晚上从 10 点钟起一直喝酒喝个不停，他的头脑可能还清醒，可身体绝对不会给他走直线的机会。

外面街道一片漆黑。他启动马达，车子沿着街道向前行驶。还没走多远，汽车就猛地向街边一个大水塔撞去。

海明威的头砸在车前的防风玻璃上。鲜血顺着脸颊流下，把他那一大蓬浓密的胡子都浸透了。他的头被玻璃划开一道很深的伤口。哥尔医生夫妇虽也被玻璃划伤了，但伤势不重，还能自已走路。

他们被送进了圣乔治医院。海明威得了严重的脑震荡，他的双膝因与仪表板相撞，肿得很厉害。外科医生在给他施行手术前把他的伤口洗干净，一共缝了 57 针。

这时，玛萨搭乘的轮船终于停靠在了利物浦。轮船在雾蒙蒙的大海里摸索行驶，经历了整整两个星期。最后登岸时，玛萨大大地松了一口气。

她是从记者的口中得知这次意外的。想到海明威是在参加一个通宵晚会后出的事，玛萨非常生气。战争还未结束，海明威不是来欧洲度假和打猎的，虽然这种情况并不罕见，可是非常时期中的享乐总是为人所憎恶的。

玛萨先去多切斯特旅店住下，然后到医院去看她的丈夫。

看到海明威狼狈的样子，玛萨哈哈大笑起来，提起他十分蹩脚地受伤，连海明威都觉得自己不太像个勇于战斗的人。妻子的嘲笑更让他感到委屈。事后他对人说，他的妻子简直“傻到不懂人情”。

此后，玛萨多了个绰号，不必怀疑，就是海明威的杰作，她被叫作“没有良心”。为了报复这个“没有良心”的妻子，海明威常常捉弄她，有一次竟然把她气哭了。

5 月 29 日，海明威伤愈出院。医生叮嘱他，拒绝烈性酒，可是一出院他便原形毕露，又喝起威士忌来了。

海明威并没有完全恢复好，可他坚持要到户外去活动。他要去看看赫顿和马卡达姆关于推迟英国皇家空军飞往欧洲大陆的计划。一旦动机形成，他就要行动。

没有什么能阻止他去做一个勇猛的斗士，连疾病也不可以。

渴望爱情的心永远年轻

人生离不开爱情，尝试着去爱一个人，

让爱在心里成长，从每个毛孔散发出新鲜的香味。

天亮了，心却凉了。西北风翻滚着，有些歇斯底里，浪花越过围栏闯进船尾。盟军的船，战争里的活棺材，漂浮在暂时歇息了的枪林弹雨中。没戴头盔的士兵是棺材里的“活死人”。

6 月 5 日晚，海明威一瘸一拐地登上战斗船，登船时下着蒙蒙细雨。他因为受伤而搁置的采访工作正式开始。一种略带荒唐的随军生活并没有让海明威感受到预想中的兴奋。

他和司令员鲍勃·安德森一起坐在船尾，拿出老式双筒小型望远镜，观察着海岸上的动静。报废的坦克、敌军尸体、冒烟的房子、残存机关枪的碉堡……战争遗留的痕迹刻在海滩上，刻在船上人的心里，刻在几十年后人们对第二次世界大战的阴影里。眼前这个地方正是奥马哈海滩的福克斯格林地段。

海明威并没有离开战船，此时玛萨正企图横渡海峡，设法上岸。她说：“我是到这里来看打仗的，不是来住在多切斯特旅店里。”她还写了纸条给海明威，想抓住所有机会讽刺他。看了纸条后，海明威立即在纸条边标注上一些尖刻的挖苦话。

玛萨讽刺得并无差错。因为，当她回到多切斯特旅店时，海明威正带着一个女人在她的房间里。在此期间，海明威住在旅店里接见来访者、继续向玛丽·维尔斯求爱、为柯勒杂志写出第一批报道文章……

6 月下旬，德国人开始大规模使用 V 型飞弹，而盟军用来对付德国飞弹的主要武器是一个中队的台风战斗机。有一天，海明威亲自跑到作战地区去观察。

飞行员们精神饱满，战斗机蓄势待发，海明威称他们为“暴风”战斗机。他渴望自己能像那些驾驶员一样，成为这次战争中的战斗英雄。玛萨如果知道了海明威的想法，一定会讽刺说英雄不可能是住在旅店中观战的人。

6 月 15 日下午，第 98 中队总部，一枚 V-I 型飞弹落在环形防线边上爆炸了。当时海明威正在军官食堂吃饭。

海明威和其他记者一起来到飞弹爆炸的地方，他从地上捡了一些飞弹碎片。其实，他清楚地知道记者是绝对禁止拿现场的东西的。

警察来的时候，海明威由于留着大胡子而很容易被指认出来，很快他意识到面临的情况，难为情得像是小偷被发现偷了东西。据当时人的回忆，他默默跟着警察来到他的住房把那飞弹的碎片交了出来。

此后一直到 6 月底，海明威以写诗给玛丽来消磨时间，有一首叫作《玛丽在伦敦》。这首诗内容略显奇特，或者不如称之为矛盾。既有感伤，又有期望；既富有情感，又有决心。诗的结构则是一种散文式的自由体诗。诗中表现出了海明威糟糕的心情。

来到伦敦后，海明威感到前所未有的寂寞。他常想起海上的生活和同事，然而现在陪伴着他的只有无休止的头痛。

但海明威和玛丽之间的爱情进展顺利，他很满意。

6 月底，海明威受邀参观摩斯奇托第 140 突击队。他对突击队最近的行动很感兴趣。这是盟军诺曼底登陆之后，进行的袭击盖世太保在欧洲大陆各地的总部的行动。这次任务执行得非常出色。

6 月 29 日下午，海明威进行了一次“特别出航”。

巴奈要海明威乘坐他的摩斯奇托 EGX 型飞机试飞。他们原本只想在英吉利海峡周围转一转，不承想发现大量敌人的飞弹，瞄准着朴茨茅斯，准备射击。枪林弹雨，他们周围响起了噼啪声，面对危险，海明威兴奋起来，他催促着巴奈往前飞，跟踪追击那颗飞弹。飞机降到第二颗飞弹的下方，慢慢地向它靠拢，盘旋后又回到朴茨茅斯防空网上空。突然，地面发射探照灯，随之一阵密集炮火向天上射击。刚一离开，他们的飞机后面就出现一道巨大的火光。飞机如同一片叶子般在强风中旋舞，另外有人打中了飞弹。

对于这次出航，海明威感到十分满意。惊险、刺激是唯一能激起这个男人兴趣的东西。

到伦敦已有六个星期了，海明威却始终没机会去德国。7 月初，海明威免费搭乘飞机横过海峡，满面笑容地来到参贝格瓦尔顿柯林乌德的驻地参加晚会。众人发现，海明威把那标志性的大胡子剃得光光的，海明威向他们解释说，医生同意他把胡子剃掉。谁知道他是不是因为大胡子太有象征性而被指认捡了弹片而怀恨在心呢?

狂欢会的气氛很是活跃，因为一些爱尔兰的深海潜水员也参加了他们的晚会。晚会上，这些潜水员边喝酒边唱歌一直到深夜。快天亮时，他们倒在地下胡乱地睡上一两个小时，然后……跳进水里潜入海底，来到世界上最危险的海域。

他们的性格真够悍勇坚强。这是海明威喜欢他们的原因。

战争里，所有的希望和憧憬都变得一文不值。抓住现在享乐，明天才不迷惘。逃不掉的是危险的任务，面对随时丧命的危险，他们为什么不可以尽情地狂欢?

住了一个星期，海明威去了摩斯奇托战斗队和皇家空军的其他作战单位，了解了许多情况，体会很多，感想也很深。

他同别人一起喝酒唱歌，仿佛无忧无虑。可是，寂寞、空虚、迷惘，对英雄的向往，40多岁的海明威有着近乎执着的等待和追逐。

海明威的职责要求他掌握敌我双方步兵和装甲车的情况和资料，但实际上他从没有认真写过。一个星期之后，他像来时那样悄悄地离开了。

他回到多切斯特旅店，继续过着他同玛丽·维尔斯的爱情生活。7月17日，海明威带玛丽到白塔出席了一次告别午餐会，这是他们第一次相识的地方。

接着海明威再次渡过海峡，他在伦敦的生活结束了。

没有失败，只有战死

诺曼底满足了海明威寻求刺激与辉煌的愿望，

浪漫的探险已经开始。

渡过英吉利海峡，海明威再次回到了诺曼底，时间是1944年7月8日。法国式浪漫并没有被战争消弭掉，海峡之滨，木质建筑和花岗岩建筑美轮美奂，这个地方散发着一种奇异的味道。

海明威在乔治·巴顿将军的装甲师待了一个星期，他把在那儿的生活经历称之为“流产”。他曾在日记中做了简短记载：

> 这个夏天这里一片灰尘和泥泞。兵车在泥路上驶过，留下的车辙泥深盈膝或是厚厚的尘灰在车子后面卷了起来盖住你眼睛，使你感到窒息……

7月24日，他来到第四步兵师的记者驻地，要会见这个师的指挥员。然而巴顿将军没有时间与他交谈，因为他的军队正在作配合总进攻的准备。

7月28日，发动总进攻三天之后。沙尘滚滚，绿色的山坡上笼罩着呛鼻的气味，空气中弥漫着窒息的热浪。海明威和第22团进行了场“和步兵一起进行一次艰苦而愉快的转移”。

他的睡眠得不到保证，时刻都在奔驰着。走过田舍，越过山岗，同敌人作战。公路上飞驰的战车，扬起呛鼻的尘土，他们在丛林出没，像是等待时机猎取战利品的狮子。

颠沛、刺激、险象环生的奔波让海明威找到了存在感。无疑，海明威是喜爱这次行动的，这在他给玛丽的信中也有所体现。

7月31日，计划的采访任务完成，海明威在威拉巴东向领导要了一辆摩托车，这辆摩托车附有单轮侧车，它是从德国人那里缴获来的。巴顿将军从师部汽车队给他调来了一个司机，他的名字叫佩基，是一个29岁的小伙子。

海明威开始了平静的生活，养精蓄锐，调整状态。

8月初，天气晴朗，清风徐徐，让人神清气爽。这是海明威最喜欢的天气。吃过晚饭，他赤着脚坐在一张桌子旁边给玛丽写信。

桌子底下有一只绒毛狗，耷拉着耳朵，正在一心一意地用嘴吮吸海明威的脚趾。信还没写完，他和同事们先打了一阵扑克牌。等他重新提笔写信时，天已全黑了。在信里，他想让玛丽听到战场上真正的枪炮声。他用了许多拟声词来模仿机枪射击的声音，例如，“嗒嗒嗒，砰！”这声音令人听起来十分紧张。

8月3日，上午，海明威和他的同事佩基来到威拉迪拉波勒北边的一个颇具规模的市镇，本地人叫它火炉城。美国人控制了这个城镇。

走在热闹的街上，海明威被当地人断定是位大军官。他们带着他去见市长，市长竟恭恭敬敬地送给他两大瓶香槟酒。

海明威正得意着回到停放摩托车地方时，看见拉罕上校的吉普车，上面架起了一挺机关枪，正向他驶来。拉罕上校是第四步兵师的长官，海明威参与过他和巴顿将军的军事会议，当时，拉罕上校曾惊叹于海明威的军事智慧。

上校到城里执行公务，现在事情办完正准备返回司令部。海明威因为对上次的“转移”充满好感，他从侧边的一个袋子里拿出一大瓶香槟酒送给了拉罕上校。吉普车开走了，上校坐在车子里，手上抱着那瓶大香槟酒。

海明威久久地站在街边目送车子远去，就像拳击场里拳击员站着对峙，准备迎击对方所做出的姿态。

海明威写信告诉玛丽·维尔斯，说巴顿将军派他到即将进攻的地方去进行侦察工作，还十分风趣地把他的摩托车叫作“未列入名册的非正规骑兵”，并配给他枪支弹药。

征得巴顿将军的同意，海明威开着他“未列入名册的非正规骑兵”去请开普将军过来一起度周末。

之后，他和佩基决定动身去找拉罕上校的指挥所。指挥所在圣波斯城堡附近，那里有一座屋顶尖端破损了的教堂，是圣波斯村里的标志性建筑。

海明威与他的司机佩基调换了位置，坐在摩托车的后座。

村里的房子鳞次栉比，房顶是黑色的，其余部分则是灰色，沿着主要街道，绕过重叠的小山峦向南延伸。拉罕的指挥所在大路右手边的远处，离开大路，转入小道，走一会儿就可到达。

可是，他们离开大路后忘记转弯，于是只好绕了一个大弯，来到山脚下一条直通德国人反坦克炮阵地的小径。佩基急刹车，想停下摩托车，可是刹得太猛，坐在车上的开普将军和海明威都被甩进路边的沟里。

海明威摔得最重。他的头撞在一块巨石上，接着反弹过来，背又碰到另一块大石头。德国人听到了响声，用机枪向那辆摔在地上的摩托车扫射。他们被困住，等待时机撤退。

夜幕降临时，德国的反坦克炮撤走了。海明威和他的同伴才慢慢往后爬，绕了一个弯，开始寻找拉罕的兵团所在地。

第二天，海明威写信告诉玛丽·维尔斯他被“一颗坦克炮弹弹片击中了”。他详细地描述着他遇袭的故事，“坦克车上的机枪朝他扫射，还有两个持着机枪的士兵也向他开火。敌人的坦克车开走后，海明威立即抢救那部摩托车。由于车子损坏得十分厉害，只好用别的车子把它拖走”。

海明威极力渲染他辉煌的成绩，他因此而遭受伤痛，无非只有一个目的——博取玛丽·维尔斯对他的爱。

几天之后，海明威迎着微咸的海风，横渡海湾，到圣米歇山去做一次短期休假。

他们过海时正值退潮，海水与天空一色，浅滩上露出沙洲，沙粒金黄，在8月余晖的映衬下闪耀着光芒。远处山坡上寺院的塔楼也发出耀眼的光泽与沙洲交相辉映。

住在圣米歇尔期间，海明威写了一篇名为《将军》的文章。文章主要是根据他同巴顿将军的友谊写成的。其中巧妙地穿插了作者虚构出来的对话和其他情节。

诺曼底满足了海明威寻求刺激与辉煌的愿望，浪漫的探险已经开始，他将在法国虚构接下来的故事。

解放后的巴黎

走在戈贝林大街上，德国人四年占领的巴黎，

从外表上看来没有什么大的变化。

我们行进在戈贝林的大道上，

我们行进在戈贝林的大道上，

我们行进在戈贝林的大道上，

这是我们生活的地方……

戈贝林是巴黎的街道，1925 年，海明威曾经把这首歌教给他的儿子，以便万一小孩迷了路，人家可以把他送到曾经在他们家里当过保姆的玛丽·罗佩奇家里。

1945 年，盟军的下一个目标是解放巴黎。海明威和部队一起，向戈贝林大道行进。

8 月 23 日，总攻开始的前一天，下了一整天雨，士兵们坐在敞篷车里，被淋成了落汤鸡。待雨下得小些，海明威和佩基带领自己的部下抄小路，他们便小心地沿着公路蜿蜒前进，想要赶到勒克莱将军的装甲兵团前面去。

他们误入了德国的坦克营，海明威和佩基走进附近一家被敌人炮火打坏了的咖啡店。在那里，他结识了山姆·马萨尔，他是一位军事历史学家。

24日，盟军发起了总攻。

25日，刚过中午，马萨尔上校突然命令队伍停止前进。不久，密集的枪炮声从布伦树林里传了出来。炮弹击倒了一棵树，成为了他们的天然屏障。

海明威和布鲁斯绕过车道向一座约30米远的房子跑去。一阵轰隆声过后，兵车和坦克开进了广场，伴随着不断从车上扫射出的子弹。

这些战车开走后，人们听到远处传来的声音。然后，他们看见那幢房子一边，三楼阳台上有一个人正猫着身子走。那人是海明威，他正用法语大声喊话，说后面那幢房子里有德国人。海明威用卡宾枪掩护他们撤走。

在浓烟淹没了街道，能见度很低的情况下，人们的视线受到了阻碍。登上城楼，海明威仿佛看到，在爱丽舍宫，那里有汽车正着火燃烧。在杜拉里斯花园里仿佛也有一辆坦克在燃烧。触目所及，熟悉的场景尽收眼底。炮火中的建筑却格外英朗，带着浓重的血色般浪漫，竟令人心生神往。

金色的圆形屋顶，里面有在战争中残疾的军人在疗养；梅地列因的绿色屋顶、圣凯尔以及其他熟悉的风景……街道上有敌人的坦克，不过它们都在燃烧着。敌人狙击手不断向凯旋门的一侧开枪射击，不一会儿一颗德国炮弹落在那里炸开了。

他的视线越过马路，看见六名持枪老兵正守卫着无名战士纪念碑，旁边还有一位退伍民兵在帮忙。这场战事里，不知有多少无名的人默默倒下。

海明威一行人发现附近有一家歌剧院，里面有很多人正在欢乐地说笑。他们是颓败街景里盛开出的向日葵，走近他们，仿佛自己也是向着光明的。走进人群，男女老少把他们团团围住，先吻一吻他们为快。呵，久违的法国式浪漫，海明威心里想着，面上抑制不住地流露出愉快。

据海明威后来回忆，那是黑色的一个星期。七天里，他提着脑袋进行工作，唯一的愿望就是活着回到巴黎。后来，他好不容易才达到这个目的。

人群慢慢散开后，他们趁机把车子开走到了瑞芝旅店去。

旅店表面设施完美无缺，好似这里不曾受到过战争的摧残。可是店里的情景却出卖了它，里面除了一位神情镇定的经理，别无他人。

实际上，这家旅店一直开门营业，即使在德国占领巴黎时期也不例外。旅店中住的几乎都是军人，海明威他们定了 50 瓶马提尼鸡尾酒。他们找不到服务员，鸡尾酒的质量也很低劣。

不过，海明威很习惯住在瑞芝旅店的生活。粗犷中带着点惬意，战后余生的人总是有一些愉快的情绪。

驻军巴黎的德军投降，海明威本可就此事写篇报道发回杂志社。但他没有写，反而十分慷慨地把他的打字机借给《纽约时报》的记者佐德里斯科打一份关于解放巴黎的报道。

而他自己，到了晚上招待了七个美军军官，他选择和好朋友们在瑞芝旅店喝酒庆祝巴黎的解放。海明威说：“在这最后极度兴奋的 24 小时中，我们谁也没有写过一行字。谁要是这样做了，他准是个大笨蛋。”

走在戈贝林大街上，海明威不敢相信眼前的情景。巴黎，这个世界上著名的城市，经过德国人四年的占领，从外表上看来没有什么大的变化，或许这是一座城池的包容力。

他觉得这不可能，可又是事实。于是他在恍惚之中觉得自己曾经死去，现在灵魂又返回故地，高高兴兴地大踏步走在巴黎的马路上。

无论海明威走到哪里，他都很受欢迎。在圣日尔曼林荫大道的里普的布拉塞尔，人们热情地招待他喝马提尔白兰地。在奥地安大街赛尔维亚·彼奇的书店，他与老朋友会面，大家都高兴得说不出话来。

海明威穿着军服同赛尔维亚一起拍照留念。赛尔维亚仍精心地保存着《一无所获的胜利者》，那是1937年春天，海明威从西班牙回巴黎时送给她的，上面有海明威的亲笔签名。

海明威拿起钢笔在那原来签字的地方添上了两个字——“赞许”，并写上新的日期：1944年8月25日于巴黎。不过，那天确切的日子是26日。

《法兰西义勇军报》在巴黎解放后的第一个星期刊登文章报道说，海明威先生给人们一种印象，“他是个刀枪不入的强悍者”。对于法国报纸的恭维，海明威并不那么乐意，可是报纸却热衷于宣传海明威的传奇式事迹。

海明威没有忘记写信给玛丽·维尔斯。在这段时间里她一直住在巴黎。他在信中告诉她从雷姆波兰特到瑞芝一路上所发生的情况。

自巴黎解放以来，海明威的工作很顺利，但并未因为自己亲身加入战争，参与多次的军事行动而有意炫耀自己，捉弄别的记者。他只是据他所知详详细细地告诉别的记者盟军进军解放巴黎的胜利是怎样得来的。

丢失了的战友们

战争带来了各种伤害，

海明威像一匹老迈的越野赛跑的马，又丑陋又奇形怪状。

9 月 24 日，比利时，大雨。炮火降落后硫黄味道散满空气，血腥味伴着焦灼的战争，让海明威灵敏的嗅觉遭到难以遏制的伤害。他的雨衣遗失了，刚刚下雨时又正好在外面，回来的时候身上都湿透了。

听着猛烈的炮火声，他不得不在巴切特多停留一个小时。收拾好狼狈的湿衣服，海明威难得地平静了下来。

窗外，雨滴有力地砸下来，然后逐渐变小，最后变成蒙蒙细雨随风飘散。离家远行，旅途艰难，海明威觉得很不公平，为此，他作了一首诗：

昨晚丢失了三个，

今天又把他们找回来。

树林里黑压压地不见天日。

这首朦胧难懂的诗歌，并未受到大家的一致称赞，连海明威自己也有些不知所云，所以他干脆放弃继续写下去了。

等待、无聊消磨着他的时间和生命。整个 9 月，从旅途的开始到结束，海明威脑子里出现一种战争与和平互相交织混杂的奇异观念。他想起大概一个月之前，他在巴黎与玛丽的会面，令他十分愉快。

那是 8 月底，巴黎的天气很温和，海明威在瑞芝旅店接待他的来访者。玛丽很早就从英国乘飞机到达莱曼斯机场，她一直很忙，但还是抽出时间去看望了海明威。

玛丽到达酒店时，海明威早已在门口等候。玛丽发现海明威的军服上除了第四步兵师的四条常青藤叶的肩章外再没有其他的任何徽章和标志。他走上前，十分高兴地紧紧拥抱玛丽表示欢迎，然后领她走进房间去见他的“部下”。

在接见的来访者时，还发生了一件有趣的事情。这天天气很好，屋里充满了阳光的味道，海明威悠闲地坐在椅子上，他正和部下拆卸枪支，一个衣着讲究的大汉闯进屋里，他是安德雷·马尔罗克斯。

马尔罗克斯毫不客气地告诉海明威，他的手下有 2000 人，语气挑衅意味十足。海明威只是冷漠地看了他一会儿，平淡地说：“攻占巴黎时你的部队又不协助我们，你知道我们损失了多少人吗?”

接着，他让手下给他倒了一杯酒，然后继续干手上的活，谁也没去理那位上校。这位趾高气扬的上校如坐针毡，不一会儿自感没趣，便站起来径自走了。海明威就是用这种方法来对付这类人的。

巴黎解放后，海明威一心忙着他的文学创作，然而，他在第四师的朋友们却在乘胜追击北逃的敌人和巴黎东部的残敌。

9 月 1 日，海明威收到了巴克·朗哈姆的信，“见鬼去吧，海明威！我们都在同敌人激战，你却躲在后方”。

这番话刺激了海明威，虽然他认为自己在解放巴黎中已经鞠躬尽瘁。他决定再投入战斗。第二天清早，海明威整理好行装，由迪康开车离开凡登到北方去。这是他参战以来最蛮干的一次行动。

他在战地日记中用十分潦草的字迹描述了路上的情况。

抵达波格特时，汽车轮胎爆裂了。接着来到迪威，露宿在田野里，夜里刮来的凉风使人感到秋天已经来临，凌晨三至六点在迪威司令部，出发到维卡赛阿辛，钉子进入轮胎，又炸开了。接着第三次车胎破裂。3000名德国宪兵驻扎在弗尔，桥梁被炸毁。我们侦察了那座桥，桥可以修复，约翰部下的人都逃跑了，50个骑自行车者向前侦察，在X公路上发现敌人，42个骑自行车的人，转入右手边小路，霍斯德朗士兵，公路对面有两条可供逃跑的路线，在X地方有四个俘虏，在车站有六个，麦吉尔斯村旁有三辆坦克，磨坊附近也有三辆坦克，战斗仍在继续。

9月3日，海明威在庞默雷尔赶上了朗哈姆。朗哈姆见到海明威后说看到海明威一路平安，非常高兴。海明威说，他的到来证明他并不是怕死。然而，临时组织起来的特遣队已经解散，所以没有必要待在那里。于是海明威又匆匆赶回瑞芝旅店31号房间重新过着安稳生活。

9月7日上午，海明威再次离开巴黎，赶往比利时。

9月12日，追击敌人战果最佳的一天，海明威亲眼看到第一批美国坦克进入德国境内，非常兴奋。

这日早上，德国的装甲部队仓皇逃跑。朗哈姆向前追赶，抢占海米尔高地。海明威小分队朝北走。路线成半弧形，像钳子的另一边一样钳制着敌人。当他们爬过一座高山时，他们发现山那边就是德国。“喏，德国就在我们面前。”海明威高声喊着说。

在山坡下面的一个干草堆旁，他们停了下来。只见两辆德国坦克朝村子那边开去，全速前进。坦克的前面有滚滚浓烟，那是美国炮兵打出的炮弹。

不久，海明威一行人穿过一小片林子，朝河边走去。河上有一座简易的火车桥。涉水过河，他亲眼看到第一批美国坦克进入德国境内。这时是1944年9月12日星期二下午4点27分。

9月18日，海明威从师部回来，他好奇得像个孩子，迫不及待地想知道他不在时发生了什么重大变化。朗哈姆带他去参观原来两军激战的地方。虽然盟军伤亡人数很多，损失很重，但敌人的西墙防线终于被突破了。想到这里，海明威抬眼看了看窗外，雨依旧下着，让人厌烦。

9月末，秋高气爽的季节快过去了，代之而来的是寒风和雨水。

他拿起笔，写信给玛丽，说他非常盼望可以尽快回巴黎去。

虽然只有45岁，但海明威已感到自己老了。他不再是一个幽默的、有趣的青年，善良和温和这些词语跟他的关系也不大，他觉得自己越发不引人注目了。他像一匹老迈的越野赛跑的马，又丑陋又奇形怪状。

赫特吉纳之战

在荷枪弹雨中，艰难地活着，

比争取胜利更加让人绝望。

整个 10 月，海明威心中都有一种痛苦的滋味。

他开始变得缄默，不再热衷于炫耀自己的威猛，这或多或少跟战争有些关系。

10 月 17 日，海明威仍然住在瑞芝，他写信给朗哈姆，感谢他为自己的人格做担保。那个“著名”案子使他承受了很大的精神压力。

事情的经过是这样的。

10 月的一个上午，海明威等到了他一直关心的消息——“大约在 10 月 4 日，你将由军用飞机或政府的摩托运输工具从现在所在地送到总司令部去。”一石击起千层浪，人们不断地问海明威，1944 年 8 月 18 日至 25 日他在雷姆波立特搞了些什么活动。

关于这样的指控，早在海明威第一次参加战争时就存在了，很多记者同人指控他违反了《日内瓦公约》。

这次，提出控告记者认定海明威的房间有杀伤炸弹、反坦克手榴弹以及地雷、德国制反坦克火箭炮等各种小型武器。他自己对他的记者同行宣称，他再也不写通讯报道了。海明威在雷姆波立特的房间中摆设的地图也变成了不小的麻烦。如果控告属实，海明威很有可能丧失战地记者资格，并立即被遣返美国。

海明威为自己做出了辩护，指责上述控告纯属无中生有。案件审理结束时，巴克上校安慰海明威，要他不必为此事着急。

焦虑，这一次海明威不知道结果如何，因为他在工作中究竟做了什么，他比谁都清楚。

回巴黎的路上，阴云密布，天气很冷，应该就快要下雪了。空荡的街景，他一个人漫无目的地踽踽独行。商店的橱窗里陈列着奢侈品，他买不起，他只能从玻璃上看到自己苍白的倒影。

海明威去了玛丽家，可惜并没有见到她。现在，他需要做的是到一家坐满了人的酒吧去喝酒消愁，他想忘记自己有生以来第一次犯下的伪证罪。

他或许有很多怪癖，比如酗酒、爱撒谎，不过这都是在一些无关痛痒的事情上。然而，此时，海明威再也无法面对那个诚实的自己了。可是他必须这么做，如果承认了事实，将被灰溜溜地遣送回家，那么一切的荣誉都将烟消云散，那样，他便被打败了。他说，“人生来只能被打倒，但不能被打败。”

不久，有关方面宣布他无罪。

海明威就是在这种情况下打发日子度过 10 月份的。无聊地坐在屋里，他感到羞耻，现在唯一想做的就是到战场上去厮杀。

窗外，政法部花园里的树叶开始变黄了。窗内，海明威渴望爱情和战争的心情调和起来，不发生矛盾。他给玛丽写了另一首诗，是利用 9 月 28 日至 10 月 9 日每天早晨上厕所的时间思考写成的。

这就是他的新的真正的爱情。

玛丽·维尔斯那敏锐的眼光，

那光洁可爱的脸蛋，

那吸引人的胸脯。

这一切就像船头的装饰那样美丽可爱。

在写这首诗的同时，海明威开始考虑写一本以他的战争经历为题材的长篇小说，记述他自己的经历。

只要敌人还在，战争就不会结束。炮火燃烧后的二氧化硫味充斥在空气中，夹杂着无数生命的炮灰。

在海明威回到瑞芝后六个星期左右，第四步兵师将向敌人发动一次新的攻势，这场战役被称作赫特吉纳战役。任务是在杜朗的欣兰市附近西边茂密山林地带开辟一条55平方公里的道路。河水湍急又冰冷刺骨，污泥又深又滑，这任务似乎不可完成。

越是难以完成的任务，越能让勇猛战士亢奋。听到这个消息，海明威又出发了，带着他的愧疚和羞耻。他决定在敌人的身上发泄自己痛苦的精神包袱。

11月15日傍晚，在汤姆·奇南中校的营部指挥所里，他们看到了风尘仆仆的海明威。

当天晚上，海明威同朗哈姆在设在汽车上的团部办公室谈天，喝着海明威带去的威士忌酒。他们一直聊到深夜。海明威谈到他儿子波比和妻子玛萨。波比自10月28日起就失踪了，至今下落不明；玛萨向他提出离婚。

战争毫无预兆地打响了，但在此次战争中，海明威是十分循规蹈矩的。白天，他去周围观察情况，但从未惹是生非；晚上，工作结束，他常找爱德华上校和朗哈姆上校谈天。

此后，在每次战斗中，从来没人见过海明威鲁莽行事。他敏感，判断力强。他懂得战争的残酷，懂得人在战争中的作用，他懂得如何参与到战争中去。海明威认为自己有一种与生俱来的勇气。战斗只是对他勇气的一种测试。

赫特吉纳战役非常激烈，危险性很大，海明威无法到作战现场去采访观察，不过有一次例外。

那是一次紧急情况，朗哈姆设在林间的指挥所被敌人发现了。敌人派了一个排隐蔽在100米以外的地方，对指挥所严密监视。

10月22日上午，敌人向指挥所发动进攻。司令官米特切尔上尉当场被打死。海明威带着卡宾枪迅速冲向前，他们打退了敌人，摧毁了他们的迫击炮，俘虏了残存的敌人。

这场战斗速战速决，海明威的行动不但积极而且勇敢。

这是一次艰难的战斗，敌人采取了“树海爆炸”战术，他们用大炮向美军射击，炮弹落在树林里，和着树枝爆炸，在高速催动下的脆弱枝丫也变成了杀人利器。

天气的恶劣更加让人难以忍受，雨夹雪让人感到又冷又潮，泥泞的道路寸步难行。他们发动一次又一次的攻势，不久，兵团就只剩下了残兵老将。

这仿佛是一场无休止的战争，他们看不到希望与骄阳，只能不断提醒自己，打起精神，因为你不知道下一秒的炮弹是落在敌人头上，还是落在自己身边。艰难地活着，比争取胜利更加让人绝望。

大雾弥漫，灰蒙蒙的，能见度很低。海明威看不清周围的事物，身上传来了几分寒意。他们开着一辆被枪炮打得七零八落的吉普车在满是泥泞的路上行进，突然他听到一种奇怪的撕裂声。

“跳车！”海明威大喊。他们立刻跳下吉普车，躲到路边的土沟里去。

朦胧的天空里，出现了一架德军老式飞机。飞机飞得很低正疯狂地向大路扫射着，海明威乘坐的吉普车被打得伤痕累累。

土沟里埋有敌人的地雷，飞机也可能卷土重来。海明威那羊皮镶边的夹克沾满了污泥，他笔挺挺地站在沟里，一点也不慌张。

他从网袋里拿出一壶酒来，让华尔登先喝。这是一种掺了别的酒的马提尼，喝起来很有感觉，可是华尔登并不喜欢。这一天的经历，对他们两人来说，标志着令人害怕的赫特吉纳战役的终结。

赫特吉纳的战斗持续了 18 天，可是朗哈姆兵团损失惨重。据不完全统计，11 月 16 日至 12 月 3 日期间伤亡人数就达到 2678 人。其中有 12 名军官和 126 名士兵被打死，184 人失踪，1859 人受伤，还有将近 500 人因发生其他事故而伤亡。

二战尾声

二战已近尾声，

希望与骄阳没有放弃这片被血染红的土地。

二战的最后一个冬天，西德的寒风呼啸着，仿佛想卷走所有的罪恶和鲜血，用一个干净的大地迎接盎然的春天。战争要结束了，海明威的二战生活也将结束。

12 月初，海明威从赫特吉纳战场回到了巴黎。这次战争，海明威历尽艰险，略显疲惫，他开始考虑回美国的事情了。

恶劣的气候让海明威得了重感冒，胸部和头部都疼痛难忍，还经常咳血，本就毫无血色的脸在浓密的黑胡子衬托下，显得更加苍白。每次上厕所呕吐完回房时，他总要扶着摆在一边的桌椅等家具，步履蹒跚地走向自己的床。他卧床休息，仍旧接待来访者。

12 月 24 日中午，玛萨到达海明威那里。她在 11 月份已经公开宣布要同海明威离婚，宣告他们的婚姻已经破裂。此行的目的，被海明威称为“圣诞节前夕的大反攻”。

12 月 24 日晚，海明威到巴顿将军那里吃鹿肉饭。宴会上，劳克特上校直言不讳地批评起师部领导，巴顿将军听了立即令他退席。后来，海明威同玛萨一起来到巴顿的宿舍。在那里，他们坐在圣诞树旁边闲谈了一会儿。

25日上午，海明威和玛萨到朗哈姆的营指挥部参观。他坐在司机旁边，举止略显傲慢，这让玛萨十分生气。她不知道朗哈姆深谙法语，所以她开始用法语严厉地责骂海明威。

朗哈姆不动声色，但他观察到海明威耳根越来越红，终于他忍无可忍，转过身来，对玛萨十分尖锐地说："你可能还不知道吧，朗哈姆的法语比你讲得好得多。"之后，海明威没有再和玛萨交谈。

一直到参观结束，他才十分冷漠地对玛萨说，他已实现了她过去到作战的最前线的愿望。确实，从1939年起玛萨有好几次到了前线，玛萨觉得海明威说的话特别刺耳。这并不比他公开使用她私人的绰号——"摩基"好多少。

元旦前夕，海明威思想上的痛苦又加深了。事情的缘起是这样的：

比尔·华尔登到卢森堡旅店办理登记手续。在那里，他第一次见到了玛萨。玛萨看起来十分迷人，她有着高挑的身材，赤黄色的披肩长发。华尔登邀玛萨吃晚饭，玛萨愉快地接受了。

那天下午，他们还同一些小孩子在山坡处玩耍，这些小朋友有着卢森堡市小孩的特点，脸颊长得红红的。他们的游玩十分愉快。

之后，华尔登回到旅店，发现海明威坐在房里。于是，他对海明威说："我刚才和你的太太在外面闲逛了一会儿，我准备邀请她吃晚饭。"海明威很不自然地咧嘴笑了笑说："那么，我也去。"

这次的晚餐最终却不欢而散。海明威严厉而大声地斥责他的妻子。谁知道他是不是在吃醋呢？或者仅仅是因为觉得自己的东西被别人抢走了而感到不快。

晚饭结束后，海明威的气仍旧没有消。回到旅店后，他脱下身上的制服，到服务员工作室拿来一只水桶和一把拖把，把水桶罩在头上当作钢盔，把拖把扛在肩上作为长矛，大踏步地向厅堂那边走，准备去围攻玛萨。

这次同玛萨矛盾的激化，海明威事先是没有料到的。

此外，海明威在12月参加了万劳特斯特的进攻战，这是这次战争中敌我的最后一次交锋。

第二年1月初，海明威再次回到瑞芝旅店，继续以长者自居，在旅店中接待那些到巴黎度假的军人。

大约在这个时候，海明威打听到他的儿子波比生命没有危险，或者说他还活着。他被关在德国人的一个俘虏营里。

1月下旬，玛丽离开巴黎去伦敦，在那里一直待到瓦伦登节前才返回巴黎。

海明威多次提到，他很留恋第四师和第22兵团的军队生活，但是他也开始着手计划回家的事情了。

战争即将结束，海明威为了国家而战斗的角色即将转变，他的内心催促自己尽快回到古巴。在那里，他将开始与他自己的斗争，重新拿起笔写作，照管好自己的"老部下们"，即三个儿子和玛丽·维尔斯。

安逸的日子，不适合时刻准备进行战斗的海明威。近日，他备受头痛的折磨。他的头痛症跟他在战争期间发生的四次严重的脑震荡有很大关系。

3月2日凌晨三时，他睡醒过来，发觉头不痛了，觉得很奇怪。海明威仔细地想了想，把这归结为"神奇的热水"起的作用。原来前一天晚上睡觉前，他洗了一个热水澡。

3月2日下午，他外出订购去纽约的飞机票。这几年，海明威在巴黎过着繁忙的社交生活，他的精神时刻都处在喧闹的状态。此刻，他十分期盼能够回到芬卡的家中，同孩子、爱人还有被他训练得可以看守大门的大猫们过一段清静舒适的生活。

他了解到他的孩子帕特里克和格雷格里的学校要到 3 月 14 日才放暑假。他想同孩子们一起回古巴去。

回家之前，他先寄回 3000 元供修理房子和美化环境之用。回家后，他可能永远不喝酒，也避免同外界的人接触，特别是避免同那些他自 1939 年起就一直给予热情支持的西班牙内战的第 12 旅的老战士们的接触。

离开巴黎前，海明威十分潦草地写了一封短信给他“心爱的玛丽”，说他将永远爱她。此次回古巴，是为将来他们的生活做准备。他发誓，他们不在一起的时候，一定对她忠贞不渝，永不变心。最后，在信末的落款是“爱你的丈夫，大山”。

3 月 6 日，星期二，海明威和奥威尔将军搭乘一架返航的轰炸机回了美国。飞机在经过伦敦时作了短暂停留。海明威借此机会去探望了玛萨。玛萨正住在多切斯特医院治疗，她得了严重的感冒。但海明威在那里只待一会儿就走了。

飞机抵达的一刻，海明威有一种新生的冲动，从此他生活的画册又重新翻过了一页。

第九章

爱是一个人快乐的真实理由

爱是人生的本性，如同太阳要放射光芒。

若把爱拿走，地球就会变成一座坟墓。

惧怕爱情的人就像半具僵尸，任何时候，

为爱付出的一切都不会白白浪费。

爱让人简单和快乐，充实和丰富生活，

并通向人生的高度和深度，推动着世界的发展。

自由背后的孤独

在驶向爱情的路上，大家都是自己船上的船长，

按自己选择的航道奔向它。

乘坐轰炸机跨越大西洋，海明威觉得旅途冗长而乏味。不过，跨越黑暗奔向光明，这样的冗长是令人期待的吧。

二战期间的美洲，是远离战场的地方。这里有一种自由的空气，洋溢着激昂的热情，在欧洲紧张的气氛和节奏一下子缓和了下来。

海明威在纽约逗留了一周，见了很多亲戚朋友。帕特里克和格雷格里分别在纽约和佛罗里达州读书，在跟帕特里克和格雷格里会合后，他们一起返回古巴。海明威将和两个儿子在古巴度过春假。

春假结束后，两个儿子返校读书。海明威现在唯一的期待就是玛丽了。他耐心地等待着玛丽的到来，只是等得近乎发狂了。他说自己此时的痛苦与寂寞，就好像是一个被关进监狱进行炼狱涤罪的人所承受的。

海明威又变成了一个人，他深切地感受到了孤独和寂寞。他集中回复书房的信件，企图利用这些事来分散自己的注意力。然而，心灵没有栖止的人，做再多也是徒劳。

到了晚上，长夜难熬，直到天光。为了晚上能睡得好，他特意加大了白天的活动量：开车到哈瓦那去，到了之后，步行到他以前去过的那些熟悉的地方。

1944年的一场暴风雨破坏了家中的一部分庭院的建筑。他花费很多时间和金钱休整房舍，他的署名一度变成了"E.海明威——作家和农艺家"。那一段时间，海明威花在干农活上的时间确实比在创作上要多得多。

他请了几个工作人员：一个中国厨师、一个管家、一个女佣、一个汽车司机和两个做杂事的小孩子。这些人的到来，让芬卡的家渐渐有了生气。

3月13日上午，海明威接到了玛丽的电话。她已经到了纽约，只是，她必须先到芝加哥看望她的父亲，解释她为什么要离开原夫诺尔·蒙克斯并准备同海明威结婚。

3月19日，芬卡的家已经修葺好了，海明威还选了一些书，摆在新的书柜里。游泳、射击、打网球，海明威的生活开始恢复正常。他打电话告诉玛丽，他计划往后的写作安排是：书信录，简易短篇小说、内容较复杂的短篇小说和长篇小说。

5月2日，玛丽终于到来了。海明威专门去机场接她。玛丽发现他的身体比3月份在巴黎时好多了。

他吃得多了，也胖了不少，他对家里的佣人和爱畜特别好。他主动承当管理家务的责任，等玛丽的西班牙文能胜任此项工作时，他才交给她。玛丽很快就适应了这个新的生活环境，并且非常喜欢这个地方的热带气候，生活似乎一切都很美好。

其实，玛丽不知道，现在的情形同1939年玛萨初到这里来时的一样。

玛丽的到来消除了海明威的寂寞。他发现玛丽喜欢他的猫、海洋和钓鱼，她也会游泳，愿意同他一起乘坐"彼拉"号到海上航行。海明威很快写信告诉朗哈姆，赞扬玛丽勇敢、善良、无私、能干和美丽。

波比被释放了，他将回到芬卡的家中休养。这是那年春天最令人高兴的消息了。波比仍像过去那样高高兴兴，爱交际，可是他极需休息和调整。

海明威为他儿子是个军人而高兴，他十分自豪地对他的朋友们说，他的儿子右肩受伤，伤口至今仍可放进一只拳头。

波比十分愉快地在“彼拉”号上吃格雷格里做的饭菜，同他父亲到饭店喝冰冻的代基里斯酒，并且像他的两个弟弟一样，很快地就接受了玛丽为他们的母亲。

6 月 20 日，海明威开车送玛丽到飞机场乘飞机去芝加哥。路上不幸发生了一次车祸，但海明威和玛丽都没有受重伤。

由于在车祸中玛丽还是受了些伤，需要治疗，她和诺尔·蒙克斯办理离婚手续的时间又推迟了。其间，玛丽的父母亲同意了玛丽与海明威结婚。玛丽的父亲还寄给海明威三本有关宗教方面的书作为第一批礼物。

8 月底，玛丽乘飞机去芝加哥办理离婚手续。海明威没有陪她前往，主要原因是他同玛萨的离婚需要他在古巴继续住半年。但美军最高领导机构授予海明威荣誉勋章，表彰他在朗姆波立特的出色工作，这让海明威很高兴。

玛丽在芝加哥没有回来，海明威邀请朗哈姆和他的妻子到古巴度假。9 月 22 日，朗哈姆夫妇到达芬卡，他们会在那里逗留两周的时间。海明威第一次见到朗哈姆的妻子，这个迷人的主妇给海明威留下了很好的印象。海明威认为她坦率、诚恳、勇敢、聪慧。恰巧她的原名也叫玛丽，身材又和玛丽·维尔斯差不多，只是她的头发过早地变得灰白了。

海明威热情地招待了老朋友，他们白天去哈瓦那观看拳击比赛，晚上去娱乐场。他们到中国人开办的饭店吃晚饭，到俱乐部打鸽子，乘小艇“彼拉”号和他的辅助艇出海钓鱼。其间，海明威的头痛症犯了几次，他坚持说是精神紧张引起的。因为他一方面急于写出东西来，另一方面想招待好客人，尽量让他们感到愉快。

事实上，海明威是在自我欺骗。从战场回来后，他很难静下心来写作。他不承认在欧洲战场上受到的脑部伤害已经影响到了他，觉得创伤很快就会痊愈，到时候，他又能恢复到原本一切美好的样子。他正在积极做准备，要大干一场。为了他的创作事业，他开始了与自己的战斗。

他为《自由世界的宝藏》文集写了序言，这篇序言很好地展现了海明威这一时期的思想。他写道：

现在世界大战已经结束。阵亡战士的灵魂已经归天。现在摆在我们面前的是一个陌生的世界，我们的职责是去认识它，但是并不容易。在战争中，人们必须奉公守法，遵守纪律，必须具有才略和胆识以及坚强的决心。在和平时期，他们的职责是对于旧的不合理的东西加以反对、抨击，甚至反抗，同时始终不懈地寻找一条通往全人类能共同过着幸福生活的社会的道路。美国在这次战争中显示出她强大的威力。值得庆幸的是，她不是受人憎恨的国家。除了众所周知的成绩外，美国在这次战争中杀死别国的无辜平民比我们的敌人所杀死的还要多。这是我们感到十分痛心的。原子弹是一种能毁灭一切庞大之物，包括我们自己在内的一种炸弹。我们不应该像法西斯那样疯狂，恃强欺弱，横行霸道。我们也不应该有虚伪，假装虔诚或图谋报复之心。相反，我们要自己教育自己尊重别的国家的权利、地位和职责。

接着，他的两篇战后短篇小说问世。第一篇《杀人者》，卖了 3.7 万元；第二篇《佛兰西斯梅坎布幸福而短促的一生》，得了 7.5 万元。

爱让奇迹发生

只有爱情，

可以使人敢于为所爱的人献出生命。

1945年的圣诞节，丑陋的战争终于走到了尽头，黑白的世界焕发出晶莹的色彩。流转着目光，迎接着新的未来。这也标志着海明威那段不平凡的日子彻底结束了。

12月21日，玛萨正式同他离婚，海明威把它当作给自己的圣诞节礼物。波比在家里休养三个月之后，决定到西部的蒙塔纳大学继续完成学业。

1946年3月14日，海明威同玛丽在哈瓦那举行了婚礼。

这是一次简单的婚礼，仪式是在一个律师的办公室里举行的。那办公室的房子是老式的，天花板很高，房里的家具是暗黑色的。

参加他们婚礼的，除了海明威两个年纪最小的儿子和温斯顿·盖斯特外，还有一些古巴朋友。婚礼仪式完毕后，他们来到佛罗里达饭店吃午饭喝“喜酒”。

这件事大大地刺痛了玛丽的心，可是第二天上午气氛就缓和下来了，他们的婚姻关系又恢复正常。但是，海明威觉得自己在玛丽面前降低了身份。

1949年初，海明威重新开始他的创作生活，他着手写一部新的奇特长篇小说《伊甸园》。在这部小说中，海明威试图把他过去和现在的生活经历混合在一起，但又显得很不相称。小说的部分内容是对他同哈德莉和波林的回忆，约略涉及他目前同玛丽的生活，颇有离题之感。

7 月份，玛丽有了海明威的孩子。海明威开始安排，准备带她到太阳谷去。那个地方在战争期间曾被海军占用，现在又归还了。

第二天早晨 7 点钟，他们还在去往太阳谷的路上，玛丽突然从痛苦中醒来。胎儿异位，她左边的输卵管突然破裂。这时他们正在纳特罗纳县，不巧的是医生刚好外出钓鱼，并未在医院。

不久，玛丽的血管破裂，脉搏消失，不省人事。一位实习医生一边脱下手套，一边要海明威向他的“亡妻”告别。

接着，海明威创造了在死亡边上的奇迹。通过这件事，玛丽同他的关系变得更加和睦。

海明威匆忙地穿上医生的工作服，戴上面罩，让那位实习医生在玛丽手臂上找血管，清除输血管里的杂质，然后把针头插进玛丽的血管给她输血。此时，他一直守候在她的床边，一步也没离开过。

奇迹出现了，玛丽的脉搏恢复了跳动，呼吸也恢复正常。这时主治医生也回来了。玛丽得救了。事后，海明威理直气壮地说，这件事本身就可以证明，死亡是完全可以避免的。

他整整十天守候在他的妻子玛丽身旁，没有任何怨言。他的儿子们早就在凯特州等候他。29 日他同他们会合，然后带他们到开斯普住了一个星期。

9 月初他们出发去太阳谷。来到爱达荷州太阳谷，海明威欣喜若狂。这里空气清新，打猎的收获也让海明威感到十分满意。10 月中旬开始，他们几乎每天晚上都能吃到自己打的猎物，有山羊、羚羊、鹿、野鸡和野鸭。

不久，波比到他们那里去钓鳟鱼，庆祝他 23 岁生日。在他生日那一天家里放映了影片《杀人者》。这部电影是由马克赫林格制片，由巴特朗卡斯特和阿瓦加德纳主演。这是第一部根据海明威最喜爱的自己的作品拍摄而成的电影。

玛丽的身体正在逐步地恢复。海明威觉得，自从那次紧急事件发生后，玛丽对他的信赖和真诚大大增加了。

海明威在写给朗哈姆的信中表达了此时的心情，“拔掉这支可恶的刺，排除了危险，我们折下这朵对一个男人信赖和忠诚的饱经风雨的花。”

爱情的保质期

获得爱情的办法有很多，

但保持爱情却需要智慧。

没有什么会永垂不朽，也没有什么会恒久不变，因为这世界上唯一不变的就是改变。即便你现在幸福美满，也会有一天荆棘满地；就算你现在走投无路，总有一天会绝处逢生。现实就是这样，世间的一切都在改变，永远不会和上一秒一样。然而，更让人感到可怕的是，这样的改变我们始终无法预测，也无法避免。

“伊甸园的幸福不可能永存”，这是海明威在 1946 年说的一句话。事实证明，的确如此。

1947 年最初的几个月里，海明威住在古巴，倒也相安无事。妻子玛丽的身体正在逐渐恢复，儿子们度假之后也回到了学校。一切就像是暴风雨来临前的平静，但不幸终究还是会发生。

4 月份，帕特里克和格雷格里去看望他们的母亲，却在途中遭遇了车祸，格雷格里的膝盖被撞伤了，但幸好还不算严重，休养几日就痊愈了。帕特里克虽然只是受了些皮外伤，可是嘴里总是嚷嚷着头疼。海明威觉得，儿子的头疼是脑震荡后没有休养好导致的。没过几天，帕特里克就突然发高烧，甚至有些神志不清。

然而祸不单行，玛丽的父亲因为前列腺癌一病不起，玛丽只好去芝加哥看望父亲。这个时候，海明威便将自己的家变成了一个临时的医疗所，自己每天负责晚上值班，并且还把值班的情况仔细地写到了夹纸板上。或许是他这样的细心感动了上帝，5 月的一天，整整一个月没有进食的帕特里克吃了一小块牛排，这让海明威高兴极了。

虽然被妻子评价为一个“耐性子”的人，但实际上，海明威很容易急躁动怒。正因为如此，当海明威看到威廉·福克纳在报纸上说他是懦夫的时候，他顿时怒不可遏。他把所有相关的文章都剪了下来寄给了朗哈姆将军，要求他将自己 1944 年在战场的英勇表现如实地告诉给威廉·福克纳。当威廉·福克纳收到朗哈姆将军的信的时候，也觉得自己做了一件蠢事，真诚地向海明威道了歉。

对于那枚十字功勋勋章，海明威认为自己理应得到。虽然心中这样认为，但当他真地接受了铜质星字勋章的时候，还是激动不已，高兴得说不出话来。只是，这样的兴奋还没能持续到芬卡，海明威就接到了一个噩耗：伯金斯在 6 月 17 日去世了。在那封还没来得及寄给海明威的信中，伯金斯写道，“海明威是我唯一的好朋友。”对于海明威来说，伯金斯亦是他最忠诚的朋友。如今，他去世了，也就不必再为世事所苦恼了，这也未尝不是一种解脱。

转眼间，盛夏到来了，海明威将玛丽送到了波林那里治疗内脏并且休息。等到 7 月份玛丽回来的时候，帕特里克的病情已经大有好转。一连串的不幸似乎已经过去，厄运也仿佛远离了他们。

然而，这一切只是人们所希望的，新的厄运幽灵再一次降临。某一天，海明威突然发觉，自己的脑子里有些嗡嗡的沉闷的声音，那种奇怪的声音就宛如农村公路旁挂起的电话线一般。经过赫雷拉医生的检查，发觉海明威的血压有些异样，医生建议他要控制好自己的饮食。

对于这样的结果，海明威只告诉了玛丽一个人。他不想让别人担心，也期望新鲜的空气和足够的运动能够让他恢复健康。

时间是最好的证明，到了年底，海明威的血压已经恢复正常，体重也减轻了 28 磅。当医生得知海明威的情况时，感到十分的吃惊。

虽然自己重获了健康，但海明威还是被身边人的死亡吓住了。开始时伯金斯的突然去世，然后是凯蒂·多斯帕索斯死于车祸，远在西班牙的两个朋友也相继死去，汉斯·凯尔将军和凯洛斯·威兹瓦尔基将军也因为不同原因去世了。诡异的是，就连家里的厨子拉蒙好端端的也因为突发心脏病而死去。一切的不幸，就像是天主在发怒，随手打翻了生命之船。

注定，1947 年是多灾多难的一年，让人对即将到来的 1948 年不再抱有任何的乐观期待。

但是，和海明威的料想恰恰相反，新一年的春天过得十分顺利。一整个春天，海明威都在和考莱和罗斯小姐通信。在给考莱的信中，海明威只字未提自己的信仰和经历。而对于罗斯小姐，海明威则表现得十分友善，诉说着充满着幽默的名人轶事。

6 月份，又一个夏季来到。海明威得意地婉拒了加入美国文学艺术学会的邀请。与此同时，他还给出版社寄去了一些信件，谈的都是自己的家庭琐事。到了这个月的月底，帕特里克将要回到学校读书，为此，海明威还特地为儿子准备了一次航海活动。

海明威为再版的《永别了，武器》写序言，在海上巡航中已经写了一半，回来四天后，就已经完全写好了。在序言中，海明威简单地讲述了一些过去的事情，把重点放在了写这本书时所经历的困难和欢乐。这是一本配有插图的书，但是对于插图，海明威却并不满意，他也根本不相信插图能够起到传神的作用。不过，任何一本书的插图，都或多或少会让作者失望，对于这些，他毕竟是个外行。

7 月份，为了庆祝自己 49 岁的生日，海明威又举行了一次航海活动。因为受到《永别了，武器》一书的影响，他总觉得自己才 30 岁出头。这一次的航海十分的顺利，海明威为生日庆祝会的成功而感到无比地高兴。他说，他期待自己下一个生日的到来，希望这个世界上能有更多的人了解他、知道他，并且尊重他。

海明威的 49 岁生日是难忘的，也让他整个夏天都沉醉在欢乐之中。他想将那支自动步枪作为参战纪念品送到博物馆里面去，并计划在战后去欧洲旅行。

正当海明威酝酿这个计划的时候，却收到了自己的律师毛里斯·史佩塞患重病的消息。海明威还清晰地记得自己第一次见到史佩塞的情形，不觉沉浸在回忆中，很快他就收到了一份电报，称史佩塞已经于 8 月 7 日逝世。对于这个律师，纵然海明威对于他的一些为人处世方法不看好，但相识一场，还是对他表示深切悼念。

事已至此，似乎一切事态的发生都证实了海明威的话，“伊甸园的幸福不可能永存”，对于身边人相继离去，海明威满足于自己的现在，毕竟，他比他们活得长久。而对于自己即将到来的50岁，海明威总是感到伊甸园的门外，狂风怒号，冬雪飘舞。

“女儿”安娜

纯爱的世界中，

人是自由快乐的，没有道德的限制。

沉浸在过去，这是让人无法自拔的。对于曾经的美好，怀念会让人不舍，而倘若曾经的一切是一场噩梦，是悲凉与酸楚，那么回忆只能让人徒增痛苦，让人深陷其中而又无法自拔。这样的身不由己才是让人矛盾与纠结的。

对于海明威来说，再一次回到意大利，让他感慨万千。时隔30年，在踏上这片土地的同时，曾经青春年少的经历，也一幕幕地浮现在了海明威的脑海中。

海明威写信对朗哈姆将军说道：“天啊！巴克，这真是一个美妙的国家！”虽然海明威是重回“故土”，但玛丽则是第一次来到这里。只是初见，就被花朵的芬芳和紫色的迷雾深深吸引住了。重回意大利，让海明威欣喜若狂，而当地的意大利人，也热情地像接待贵宾那样盛情款待他们，因为无论是普通百姓还是中层贵族，都喜欢诵读海明威的作品。

从柯迪娜到贝璐诺，再到特雷威，最后到达的是威尼斯，这座充满魔力的水城。海明威和玛丽所到之处，都深受当地人们的欢迎。那个时候的海明威相信，整个城市都是属于他的，甚至认为自己在年轻的时候，曾经两次帮助保卫过这个城市。他仿佛看到了自己同其他的士兵并肩作战，虽然只是幻想，但在海明威看来，一切就像是事实一样存在。

记忆中作战的情景是那样的逼真，这让海明威决定到自己负伤的地方去看一看。沿着崎岖的公路，他来到了一长排黄色的平房面前，这就是他 1918 年受伤的地方。海明威本想在这个地方举办一个纪念仪式，但是条件不足，他便用一根小木棍在地上挖了一个小洞，然后放上一张纸币，再用土埋上，填平，作为纪念。这象征着海明威曾在这片土地上流过血，献过钱。

11 月份，入了冬，海明威大部分的时间都同玛丽住在一起，而另一部分时间则住在托西罗岛上的一个小客栈里。在那里，他可以每天写作，或是出去打野鸭。最重要的是，借助望远镜，还可以看到他 30 多年前居住过的地方。这样的一个地方，让海明威很是满足。

等到玛丽游览完佛罗伦萨回来之后，海明威和她在乡村的南部租了一间小屋，准备冬天过冬。12 月初，海明威同康卡罗科齐勒一起外出打鹧鸪，第二天又到了猎区狩猎，同行的还有一位叫作阿德里·安娜的女子，那是一个还不满 19 岁的女学生，在威尼斯的一所女子教会学校上学。海明威很喜欢安娜柔柔的声音和彬彬有礼的态度，后来，他便开始称呼安娜为“女儿”。

狩猎的战利品被海明威放进了车子的后备箱，准备同玛丽回柯迪娜。对于即将到来的圣诞节，上天赐予了海明威一个很好的礼物，那就是《我的老人》卖得了 4.5 万元。这给了海明威很大的鼓舞，到了新年前夕，他决定写一部关于天空、海洋、陆地的小说，因为海洋部分是重点，所以他写信给出版社说自己已经开始写了。事实上，海洋也是海明威生命中的重要组成部分。从 1936 年到 1944 年，全部都是海明威的海上生活。

在这之后，海明威夫妇却遇到了倒霉事：玛丽在滑雪时，不小心碰伤了踝骨；紧接着海明威就受了风寒，在床上躺了整整半个月；最不幸的还是 3 月份，海明威的左眼角被擦破了，继而感染，并被医生诊断为丹毒，属于皮下组织的一种传染病。海明威认定这是自己开车或者走路时，灰尘颗粒进入眼睛里引起的。由于这种病会影响大脑神经，于是海明威住进了帕杜尔医院。经过了一段时间的治疗，他的病情终于得到了控制。

6 月份，结束了意大利的访问，海明威的写作遭到了中断，原因是在巴哈马钓鱼。日子过得飞快，一个月过去了，又到了海明威的生日。生日那天，一切都很美好。唯一让海明威扫兴的是没有一个美国人因为崇拜他而向他打电报庆贺。

金秋落叶，海明威已经信心满满地认为能在 11 月份写完那部长篇小说，因为那一次的意大利之行给了他很多启示。而对于书中形象的塑造，海明威选择了“女儿”安娜，对于角色的名字，海明威选用了“蕾娜塔”，其原本的意思是再见，而他赋予主角这个名字，是想要表达再生的精神。蕾娜塔的形象是新生、纯洁、勇气，这也正是海明威所追求和向往的。

而在爱情的描写上，海明威运用了感应性的、冲动的手法，这同《永别了，武器》一样。除了寻求表达象征性的意义外，在描写蕾娜塔和上校的关系方面，也同《伊甸园》有着相似之处。他仔仔细细地介绍男人、女人，以头发颜色、形象、食物等为话题的谈话内容。虽然一切看上去都很顺利，但有时也会让海明威感到不愉快。

按照这样的进度，海明威 10 月初写完小说的计划可能要落空了。因为他们要去往纽约和巴黎。他安排好手边的工作，收拾好行李，就在 11 月 16 日的晚上，他们的飞机抵达了伊德维尔机场。

抛开书稿的烦恼，短暂的六个月之后的再一次旅行，还是让海明威感到心情舒畅。

放下她吧

爱情可以填满人生的遗憾，

但是，也会制造更多遗憾。

岁月流逝，悄无声息，大自然在这样的循环中周而复始，可是人们却在时光中沧桑老去，再无青春。

远处的码头边，海明威正抱着一只大皮箱站立，而玛丽在一件一件地清点行李。彼时的海明威已经是一位半百老人，灰白的头发，乱蓬蓬的胡子，无一不衬托着冬季的苍凉，原本还算不错的身体也因为写作而筋疲力尽。完美的背后是操劳，紧张之后是松垮。人们只会关注海明威的书籍，却不会在意背后的他是如此模样。

对于纽约，海明威并不感兴趣，这不是他向往的城市，这个地方只能暂时居住，不能长时间停留。

就在旅店的房间里，海明威打电话叫来了马伦迪特里奇共进晚餐。随着客人越来越多，晚宴的气氛也越来越浓烈。当霍特齐纳到来时，海明威便带着他到卧室去给大家画一张画，留作纪念。海明威认为自己这样的借口很奏效，很快，霍特齐纳就把海明威的手稿拿给了总编梅耶看了，之后又叮嘱他到了巴黎之后把后面的手稿补上，这样的结果还是让海明威感到安慰和满意的。

在“法国之鸟”的邮轮上的时光，海明威将自己大部分时间和精力都用在了写书上。偶尔，他会去锻炼一下身体，或者到酒吧间喝一点酒，或者与船上的水手们闲聊叙旧。就在某一个灰蒙蒙的早晨，“法国之鸟”停在了法国巴黎的港口。在这里，海明威和霍特齐纳共同组织了一个“辛迪加”小组，就在小组一边喝饮料，一边研究马术之余，海明威完成了书籍的初稿。对于书中的最后一个场面——康特威尔上校骑上摩托车，却因为心脏病突发而一命呜呼，海明威很是满意，也让玛丽和霍特齐纳感动得流泪，但最后，还是海明威把他们的情绪扭转了过来。

这是一本用十足的干劲完成的一本书。为了完成这本书，海明威昼夜伏案，疲惫不堪，即便是自己像那佛劳伯特海滩上的海浪一样，他也觉得美丽，觉得值得。

圣诞节前夕，海明威与妻子玛丽要同威尔特斯夫妇到法国南部的一个庄园去，而在巴黎的旅行也就以此结束了，随后他们便来到了威尼斯。

柔美舒适的威尼斯总是能让生活充满着希望和生气。1950 年新年伊始，威尼斯广场上落满了一层厚厚的白雪，这让玛丽有了想去柯迪娜看雪景的想法。于是就在 2 月初的一个周末，他们开车来到了柯迪娜。白茫茫的雪地，晶莹纯洁，此时正是旅游旺季，就连酒吧间都座无虚席。而海明威又开始了自己的工作，玛丽便一个人去滑雪。然而，也就是在柯迪娜，海明威患上了一种皮肤病，医生断定是火药对皮肤产生的过敏现象。

从柯迪娜回到了威尼斯后，海明威的皮肤病还是没有痊愈。不久之后，他又收到了霍特齐纳的来信，信中说他已经被《世界报》杂志解雇了。这两件事加在一起，让海明威很是心烦。

而偏偏此时玛丽去滑雪，再一次扭伤了左脚踝骨节，伤势比前年还要严重，本就情绪低落的海明威因此更加沮丧，似乎这一次的旅行并没有他想象中那样愉快。

气候的转变，让海明威得了支气管炎，身体的状况每况愈下，让人担忧。

相聚就要有离别，而离别总是让人心疼与不舍。短暂的重逢过后，海明威夫妇又要回纽约。这一次的离别尤其让海明威感到不舍，心中就像是有一把锋利的刀子在不停地搅动，让人窒息。这个曾经充满朝气的城市，在离别时却是那样的黑暗压抑，阴森恐怖。

离开了威尼斯，海明威整日沉浸在过往的美好回忆中。他会坦言，坦言自己同时爱上了两个女人——玛丽和安娜。这样的感情不能算是不道德行为，只解释为自己运气不好罢了。如果能够成功，到底是对他的写作事业很有帮助，因为海明威始终认为，真正的写作来自于爱情。

日子是自由自在的，海明威可以按照自己的意愿想做什么就做什么。于是，他带着玛丽乘坐“彼拉”号，去探访了海上的印第安人，还去了巴西亚洪达和米亚诺两地。也就是在海上时，他们遇到了一件出乎意料的事情。

那一日，海上的风浪出奇的大，船只不能再继续前行，只能停靠到避风的地方去躲避。这个时候，海明威也爬上了驾驶台，格雷格里把船转向了一边。突然，一个巨浪扑了过来，船只失去了平衡，而海明威也倒在了湿淋淋的甲板上，头部不偏不倚地撞在了夹钳上，鲜血直流。他这一撞还真是撞得不轻，伤口很深，缝了三针。医生说，还好海明威脑壳结实，头皮厚，不然早就没了性命。对于这样的说法，海明威幽默地认为是一种对自己的文艺批评。

整个夏天，海明威都没有给任何人写过信，或多或少，都是有些寂寞的。没有交流，也会让他莫名的烦躁、激动和恼怒。这样的自己让海明威感到很不适应。也许，让他改变的只有两个原因，一个是自己的头部受了伤，经常会感到头疼不适；而更重要的，或许是他对安娜的爱受到了挫折而感到不愉快。

这是矛盾的，但海明威认为自己根本不需要精神方面的医生来给自己治疗。不论是寂寞悲观的情绪，还是骄傲感和失败感，其实，不管是哪种类型的思想和精神上的毛病，都是可以医治的。甚至，海明威还想到了用死亡来解除自己的痛苦。但是，海明威也深深地知道，自己不能再这样继续下去了，他要为自己的孩子做出榜样。他是父亲，是他们的依靠，也是他们的骄傲，不能懦弱地选择死亡，那样只会让人鄙视和唾弃。

时钟在嘀嘀嗒嗒地响着，生活在继续，写作也需要继续。只有重拾勇气和信心才会让人点燃生命之火，照亮别人，也照亮自己。

失恋之痛，创作之泉

从某种意义上说，人永远都不会老，

时间只会让容颜老去，灵魂却变得越来越动人。

期望越大，失望越大，这是不变的规律。

对于《跨越河流》这本书，海明威给予了很高的期望和评价，但事实上，这本书却并没有受到人们的欢迎，反而让人感到失望和担忧。

新书出版发行的时候，玛丽正在探望她的父亲，海明威给她写了一封信，告诉了玛丽，外界对于他的那本书大致可分为两种：一种把他看成了一个大脓包，而另一种认为他书中的语言艺术和文学艺术水平很高。事实证明，第二种是少数。

但是，一切的失望并没有让海明威垮掉，随着出版时间的延续，《跨越河流》的销售量也在逐渐地增加，海明威也收到了很多崇拜他的人的来信，甚至还有人想出25万元购买版权，但是被他拒绝了。从《永别了，武器》一书中，他得到了不少经验，显然，这样直接卖掉版权是不合适的。但相对于之前外界的评价，这样的转变或多或少也给了海明威一些安慰。

不知道是什么原因，1950年12月份的海明威突然觉得自己的创作欲望和能力大大增加了，直至三个星期过去，这样旺盛的力量依旧没有衰退，这让海明威开始计划写三本关于海上的书，其中《远离家乡时的海》已经写完。

转眼间又是一年来到，辞旧迎新，总是让人喜气洋洋，笑容满面。新年清晨的爽朗、干净、清新，再一次激发了海明威的创作能力。彼时的他，已经开始着手写一位古巴老渔民和一条大马林鱼的故事。这位老人的名字叫作圣地亚哥。早在 16 年前，海明威就有这样的想法，但却一直没有开始，现在，海明威已经有了足够的精力和准备，将这个故事完整地写出来。

就像是一台不知道疲倦的机器一样，海明威每日都废寝忘食地创作，连续 16 天，每天都能写 1000 字。如此顺利，仿佛是一个吉利的开始。

在新一年的 2 月下旬，这本书终于完成了初稿，圣地亚哥老人也终于捕获了那条巨大的马林鱼。可是在回到哈瓦那的途中，它却被一条凶猛的鲨鱼给吃掉了，结果还是什么都没有得到。

关于这个老人的故事，已经搁置了 16 年之久，而这一次能够如此顺利且迅速地完成，确实让人感到无比的吃惊，或许海明威本人也说不清楚到底是为什么。

经历了《跨越河流》，对于这一本即将出版的新书，海明威没有了把握。考莱曾经在一本书的序言中说道，海明威不止继承了自然主义艺术手法，他更善于把统治者的权力与探索人们内心世界，昼伏夜出的那些作家想要表达的东西结合起来，如此一来，书中的那些人物就会有着独一无二的特点和惊异的效果。对于这本新书中的圣地亚哥老人，海明威依旧运用了这样的手法来刻画。

很快，海明威又开始着手创作另一本关于海洋的书。随着桌上案头的书稿一天天地多了起来，海明威的创作也即将完成，曙光就在不远处，让人心头一亮。而更让人心情愉悦的是，海明威发现自己的很多篇文章都在杂志上发表了，比如《大雄狮》、《忠实的公牛》以及《射击》，另一篇序也正在印刷中，那是为弗朗科斯山姆的《非洲动物画册》而写的。

似乎，很久以来，海明威的写作事业都没有如此的顺风顺水了。

当然，这些文章与他即将出版的新书还是小巫见大巫，因为最大的收获仍然是圣地亚哥老人。同以往一样，海明威将书稿拿给了朋友们看，好征求他们的意见，因为他相信，自己的朋友们看了一定会与自己有着一样的感受。这本书仿佛有着奇妙的力量，而这种力量是别的书所没有的独特神奇。

怀着极大的热情，海明威又创作了另外一本关于追捕德国潜水艇员的小说。热情与精力，总是能带给人们不一样的结果。在两个半月的紧张之后，这本书也顺利完成了。海明威写信告诉查理士·斯克里布纳，这本新书与《圣地亚哥老人》的质量差不多，但不同的是，书中人物的对话更加精简明确，动作也更加迅速。

因为新书的迅速完成，海明威和玛丽还小小地庆祝了一番，度过了一个愉快的周末。之后的海明威又回到了《海洋三部曲》第一部分的创作中去了。原本计划好的三部曲，如今已经变为了四部，其中第三部海上追踪和第四部圣地亚哥老人已经完成。

炎热的 7 月，玛丽去了新奥尔良。留守空房的海明威感到很寂寞、很空虚，他曾写信给玛丽，抱怨过自己不想这样的生活。为了不再独自忍受，海明威决定一个人乘上“彼拉”号在海上度过他的又一个生日。原本海明威想要带上自己的书稿，可是临要出发的时候，他又放弃了这样的想法。因为毕竟是出去航海，带上书稿，海明威就不能无所顾忌地钓鱼、读书、游泳、睡觉了。

远离了工作，也就远离了烦恼，只有自由自在，只有无拘无束，一切都是那样的清新明朗。显然，海明威这样的决定是明智的。

悲伤也会传染

悲伤却也像潮水那样，

总是接踵而来。

大自然无时无刻不在遵循着它自己的规律。就像是那湛蓝的天空并不是永远都万里无云，人的一生也会经历一场又一场不幸的洗礼。这不幸，或是像3月里连绵不断、淅淅沥沥的小雨；或是像6月里那狂风大作后的倾盆大雨。无论怎样，这一切都唯有自己了解，旁人是难以体会的。而生活也大抵如此，那些幸运与美好不会一直眷恋着你，因为有喜有悲的，才叫人生。

遥望大海，它的一切总是变幻莫测，前一刻还晴空万里，无风无浪，下一秒就会乌云密布，狂风怒号。这是大海的神秘与刺激，也是吸引人们探寻的关键所在。

就在海明威从海上返航的时候，不巧遇上了糟糕的天气，或许是因为不幸的事情会传染，所以接下来发生了诸多不幸的事情：因为潮湿，墙上长出来了小菌子；家里的鞋子、衣服全都沾上了绿霉；书房里的书册，一夜之间也绿霉遍布。

这似乎是一次“霉运”，如果仅仅是如此，倒还好些。可是，刚刚度假回来的玛丽接到了父亲癌症复发的消息，这样的事情可不同于家里东西发霉这样的小事，的的确确是走了霉运。

容易激动的海明威已经有很长时间没有发脾气了，这是一个好现象，但却也是在下意识的情况下才能做到。想要如此便需要有安静的环境，也只有这样，才能写出更好的作品。

可让人遗憾的是，安宁平静却是不易获得，因为生活就是生活，需要经历酸甜苦辣，平淡无奇便没有了值得回忆的，世上更多的人，还是在痛苦的呻吟中度过的。海明威也被身边的朋友所影响着：以前的警卫员，如今还在监狱里饱受折磨；伊凡·西普曼因为患了癌症而做了好几次手术；还有一些同行中的朋友会经常地让他动怒，甚至是忍无可忍。

海明威母亲的去世和玛丽父亲病情复发的事情，让海明威感受到了死亡的威胁和生命的脆弱。随着身边人越来越多地离去，自己年龄逐渐地增大，海明威意识到，死亡对于自己来说并不是遥远的事。也许，他的内心中不再愿意接到这样不幸的消息，哪怕是一封信、一个电话、一个电报，都让海明威有着不好的预感，它们就像是死神的信差，每一次到来都会给自己带来悲伤的消息。

不久之后，海明威这样的看法就得到了应验。

波林在三藩市打电报给海明威，似乎格雷格里在洛杉矶出了什么事情，要他去洛杉矶。很快，第二个电报打来了，但却不是波林，而是波林的妹妹吉尼。这一次，带来的是一个真正不幸的消息，波林在当天的凌晨于洛杉矶的一家医院去世了。

这样一个女人，是海明威曾经爱过的，但也因为不爱而抛弃了她，但毕竟作为夫妻在一起生活过，她突然离去还是不可避免地让海明威伤心无比。这样的哀痛就像是海浪在扑打避风港里的小船只一样，虽然来势凶猛，但却转瞬即逝。

可是悲伤却也像潮水那样，总是接踵而来。刚刚走出了波林病逝的痛苦，海明威又接到了贝克的来信，同样，也是一个不幸的消息：普林斯顿学院院长高斯突然去世。紧接着，在巴斯格海上航行多年的船长朱安杜纳贝蒂亚心脏病病发多次，被送到了劳卡治疗休养。而后不久，《纽约人》杂志的编辑哈罗德·罗斯也离开了这个世界。

死亡的威胁让海明威认定要保持自己的心情舒畅，因为他不想某一天，自己也和他们一样突然死去，留有遗憾。

死亡，压抑着人们，让人们小心翼翼，让人们害怕忌惮。可就在这死亡的笼罩之下，海明威的工作却表现得十分出色，这还是值得庆幸的。

又一年即将过去，1952年已经缓缓走来。新的一年，上帝送给人们的礼物却是一股寒冷的气流，这让气温骤降，难挨的日子足足有一个多月，可这样的痛苦却远不及精神上的难受，因为命运再一次行使了它的权利：家里的女佣克拉拉自杀身亡了。

时隔不久，又一个身边的人死去了，这让海明威的精神上从未有过地紧张。为了摆脱这样的阴影，海明威与家人沿着古巴海岸做了一次简单的海上度假旅行。蓝蓝的天空、无尽的大海、徐徐的微风、飞翔的海鸥，一切的美好似乎都没有受到之前的影响，仿佛过往的不幸都不曾发生一样。但这只是“仿佛”，事实上，它们的的确确发生过，逃避不能抹去它们的存在。

海明威以为，来到了海上，就能够不再接触到糟糕的事情。但他们离开之后，家里还是接到了一个让人悲伤的电报，是的，这是一个死讯，查理士·斯克里布纳因为心脏病发作而离世。对于海明威来说，这是一个噩耗，也是一个损失，因为他恐怕再也找不到像查理士·斯克里布纳这样忠诚的朋友了，再没有哪一个朋友可以让自己如此地推心置腹，而自己也永远地失去了一位挚友。

当然，没有人会一直生活在不幸之中，还是会有好事情发生的，不然一个人长时间地处于阴暗和悲伤之中，怎能继续走下去？

对于海明威来说，好事情就是之前创作的《圣地亚哥老人和马林鱼》能够出版了，而海明威也相信，它向读者揭示了人们的无穷作为和应有的尊严，这样深奥的书，虽然篇幅小，但还是会受到人们欢迎的，对此，他深信不疑。

人生无常，就像手中还残留着夏末的花香，可清晨梦醒却望见的是满地的落叶。生活就是如此，宿命就是如此。上天不会让你一直相安无事，也不会让你永远悲痛万分。悲喜交加，才是人生的真谛。

第十章

读懂生命之重，看淡时光之轻

最痛苦的是，消失了的东西，

就永远的不见了，永远都不会再回来。

却偏要留下一根细而尖的针，一直插在你心头，

拔不去，它想让你疼，你就得疼。

生命不是要超越别人，而是要超越自己，

人要对付的，其实仅仅是自己的“意志”和“智慧”。

老人与大鱼的故事

他是一个永不言败的硬汉，

有着非凡毅力和坚强决心，感动无数的世人。

1952 年的 5 月到 7 月，海明威将自己的精力与时间都花在了《老人与海》这本新书上。《生活》杂志已经同意在 9 月份全文刊载他的这部作品。这无疑让海明威受宠若惊，因为《生活》杂志之前从来没有这样的先例，重要的是，杂志所给的稿酬也十分优厚。

刹那间，事情变得如此明朗，虽然如此，但还是会让海明威感到一丝丝的担忧，生怕自己乐极生悲。内心的不安让海明威的脑海中突然出现了许许多多的疑问，或许这些只是庸人自扰罢了。

这样的不安直到月中才得以消除，因为瑞斯发电报给他，说《生活》杂志寄给的钱已经收到，并且存进了银行，只是有一部分要纳税。有些事情就是如此，只是口头的承诺并不会让人相信，唯有真真实实地做到，才会让人信服。同样，对于书中虚构的人物特性，如今的我们无须再去否认了。

不过，就在那一年的 7 月份，海明威与一个评论他作品的人发生了激烈的争论，这个人就是耶鲁大学的查理士·方顿。

有人告诉海明威，说查理士·方顿在写一篇关于海明威的新闻训练的博士论文，而文章中涉及了他的私生活。对于查理士·方顿这样的做法，海明威提出了严重的抗议，他认为自己像是被美国联邦调查局，或是德国的盖世太保跟踪一样。对此，查理士·方顿回信表示愤怒和不满。

而海明威则温和地解释道，自己原来有一本关于奥克派克的小说可以写，但是因为怕会伤害一些人的感情，所以没有动手写作。现在他自己才明白，那些凶猛的野兽正在虎视眈眈地注视着他，只等他一死去就冲上来啃食他的尸骨。查理士·方顿回信再一次表示了自己的愤怒。

然而就在 7 月 13 日的晚上，海明威给查理士·方顿寄去了一封信，称自己愿意支付他到古巴来的路费，如果他能够来到古巴，自己将会与他共同度过 53 岁的生日。冷静下来的查理士·方顿也做了平静的解释，他希望海明威可以体谅现在的自己，体谅他所处的环境。如此，一段风波就这样过去了。

作为《纽约时报》的书评家，哈维·布雷特想要邀请威廉·福克纳对《老人与海》加以评论。然而威廉·福克纳却婉拒了这样的请求。对于威廉·福克纳这样的做法，海明威在发了一顿牢骚之后，也开始怀疑自己是不是误会他的意图了。也许这样的冲动源自海明威那点火就着的坏脾气。

其实，任何一部伟大的作品都有这一种不受时间限制，无法解释而又神秘的东西存在。而这样说不清、道不明的东西，一个真正优秀的作家却可以用简单的几句话来充分诠释说明。或许，海明威对于威廉·福克纳的要求太过于苛刻了，可这样的苛刻却也远远低于他对于自己的要求。

还好这些话没有让威廉·福克纳知道，因为在这之后不久，威廉·福克纳就给一家小杂志寄去了自己对于《老人与海》的评论。

《老人与海》是海明威最好的作品，时间将会证明，他这本小书的质量会超过我们任何一个人的作品，我指的是他的和我的现在的作品。这一次，海明威发现了我们的造物主上帝。直到现在世界上的男男女女都是自己用泥土做成的，他们的胜利和失败都是在彼此的斗争角逐中产生的。这正好证明他们自己或彼此之间是多么的残忍。但这一次，海明威写的是怜悯之情。发生了什么事情？在哪里发生？事情是这样的，那位老人必须去捉鱼，可是后来没有捉到，而那条鱼必须被捉，可是后来不见了，最后大鲨鱼把老人捉到的鱼吞掉了。上帝创造了他们，爱护他们，怜悯他们，这一切都是天经地义的，但是不管上帝创造什么，爱护谁，怜悯谁，海明威和我都不愿意看到他再继续这样下去了。

不知道海明威看到这个评论会有怎样的表示。我们只知道他在给朋友寄去的信中说道，这是一件奇妙的事情，这篇评论对很多人甚至是他自已都产生了深远的影响。

随着《老人与海》出版时间的到来，海明威的心也激动难耐，就像是圣诞节里，小孩子得到了心爱的礼物一般兴奋。然而这本书带给海明威的只是精神上的快感，因为纳税之后的稿费少得可怜。

很多人看过这本书之后都赞叹不已，而书籍的总出售量也超过了10万册，很多人向海明威致电，祝贺他取得这么好的成绩，更有人为能够亲自见一见海明威而流下激动的泪水。

美国的评论家欣喜若狂；《生活》杂志的读者来信中几乎全部都是赞扬的话语。

时间证明，海明威并没有因为衰老而变得残暴，他的这本《老人与海》成为了一件伟大的艺术珍品。

由于《老人与海》的畅销，雷朗·哈华德来到古巴找到了海明威，想要把这本书改写成电影剧本。在原则上，海明威是同意这样的做法的。而这也让他想起了曾经在非洲狩猎的一次情形，想再去一次非洲，于是海明威拿出了一本名为《在非洲的一次狩猎》的书给玛丽，好让她能够先熟悉一下怎样处理食用有关的猎物。而他自己，早已经擦好了那支 0.577 的猎枪，跃跃欲试，准备在非洲大草原上大展身手，捕获那些犀牛和狮子。

残酷的猎枪

做自己想做的事，

不要用年龄和其他东西来束缚自己。

非洲，一个古老而又年轻的斑斓传说。

神秘的埃及金字塔坚定地屹立，千百年不变。茫茫的非洲大草原成为了动物的园地。黑白条纹的斑马在成群地奔跑，凶猛的狮子在各自休憩，敏捷的猎豹在飞速狂奔……是的，这里是属于动物的世界。

此时，海明威的心早已经飞到了遥远的非洲，他迫切地想要到高耸的山峰去看一看，想要拿起那把擦拭好的猎枪去狩猎。可是，他的期望却落空了，因为需要同哈华德处理一些紧急的事情，所以非洲狩猎的计划便一拖再拖。不过，在去非洲狩猎之前，海明威倒是迎来了一场持枪追捕人的射击“演习”。

一天夜里，海明威正在玛丽的卧室睡觉，突然听到一阵窸窸窣窣的声音，于是，海明威轻手轻脚地跳下床，拿起了一支猎枪匆忙地走出房间。黑暗中依稀可见三个鬼鬼祟祟的身影，断定了这是盗贼入侵，海明威向那三个黑影开了枪，在慌忙逃窜时，一个盗贼受了伤。

那残酷的子弹没有用在非洲的大草原上，而是用在了自己的家门口，确实有点讽刺。

经过了这一次的“演习”，海明威总是担心着曾经的厄运会再一次找上门来。可越是如此，命运就越是跟你作对。果不其然，不久之后，海明威便接到了妹妹松尼的电话，说自己的丈夫因为心脏病突发而去世了。在他安慰完妹妹之后，紧接着玛丽便开始高烧不退，喉咙也跟着疼，甚至影响到了脖子的转动。而最让海明威夫妇感到伤心痛苦的，则是家里的那只名叫威力的猫，因为双腿被汽车压断了，伤势过重，无法医治，所以它只能一路爬行，惨叫连连，叫人心疼不已，海明威不忍心它继续这么痛苦，只能向它开了一枪，结束了它的生命。

世界上最让人痛苦的莫过于生离死别，而死别，往往比生离更加残忍、更加让人绝望。无论是人，还是动物，不管高贵，还是低贱，一个生命的离去，总会让人伤心落泪。

转眼到了 5 月的中旬，《观察》杂志的编辑找到了海明威，表示愿为他即将在非洲写的文章付以优厚的酬劳，这让海明威信心满满，开始着手准备非洲之行所需要的物品，等待再一次的出发。

为了非洲狩猎的顺利，海明威已是做足了准备。在前往非洲的旅途中，海明威就开始减少自己的进食了，在船上的健身房里每天都能看到他的身影，就连飞靶射击，他也会多次获胜。

开始的这一切，都十分的顺利。可是过了不久，厄运似乎就降临了：让人兴奋不已的狂欢节因为大雨而停止了；玛丽的身体再一次出现了状况，得了重感冒。虽然有一些小状况，不过却并未影响行程，因为海明威心心念念的非洲已经近在眼前了。

在离内罗毕40公里的动物保护区内，海明威离开公路，进入草地，还没有走上数公里就遇见了一头犀牛，那头犀牛站在矮树林边，有一条腿被打伤了。玛丽留在了车内，所有的男人持着猎枪向前行走。

夕阳的余晖洒满了非洲的草原，显然，玛丽有些担心和焦急了，因为她觉得海明威离那头犀牛实在是太近了，近到仅仅只有12步的距离，就在这时，海明威举起来猎枪，刹那间，只听见一声枪响，那头犀牛乱蹦了起来，海明威接着又是一枪，犀牛便朝着丛林荆棘跑去。不死心的海明威沿着血迹一路追寻，可是天色渐渐暗了下来，一切都变得模糊不清，也只好作罢。

第二天天刚亮，海明威就和朋友一起继续寻找那头受伤的犀牛，结果发现那头犀牛死在了昨天晚上去过的那个地方，但海明威并没有把犀牛挪走，而是用犀牛的尸体来引诱一些其他的动物，这样才能捕获更多的猎物。

猎区的管理员丹尼斯说，这个地区有400余只大象、20多头小狮子、十几头犀牛，小动物更是数不胜数。受海明威的影响，玛丽也打起猎来，她的第一个战利品是牛羚，而海明威的收获则是长颈羚羊。

几天之后，他们乘车向东行驶，来到了一个马赛人的村落。在那里，海明威将长颈鹿作为诱饵，引诱狮子上钩。隔了一天，当他们来到第一处诱饵地方的时候，海明威似乎听见了一种树枝折断的声音，不一会儿，就看见不远处的林子里有几头大象正在吃动物的尸体。

于是，他们悄悄地绕过弯，伪装成了印第安人的样子走过去，却发现那只长颈鹿的尸体已经被吃得所剩无几。正当他们要转身走过来的时候，突然发现又有三只大象朝林子那边走去。

就在一行人快要走到车子旁边的时候，一头牛犊看见了他们，一瞬间，成群的野牛匆匆忙忙地向公路边逃去。那些野牛的身上布满了红颜色的尘埃，稍小一些的牛犊则紧紧地跟在母牛的身后。这一景象着实让海明威感到吃惊与诧异。

辽阔的非洲草原，光是想象，就会让人们的心中澎湃不已。似乎，它日日夜夜都被神秘和刺激笼罩着，它的宁谧与悸动，会让人回归自然的纯真，也会让人体会生命的野性。

没有打到满意的猎物，还是让海明威感到有些失望。可是，就在他停留在赛伦格的最后一天，心中的遗憾被幸运地弥补了。

蒙蒙细雨中，他们乘车准备回家，就在途中，他们看到两只狮子正在吃诱饵，见到狮子，海明威的信心又激增了。他端起了猎枪，朝着其中一只扣动了扳机，枪响之后，那只狮子既没有大声地吼叫，也没有倒下去，而是一下子就跑开了。经过半个小时的寻找之后，管理员丹尼斯找到了那只受伤的狮子，并向它又开了两枪，狮子应声倒地，没了性命。

而后的几日，海明威又捕获了一只猎豹。虽然前几日一无所获，但最后还是战果颇丰。对此，海明威调侃地说："我不是一个弄虚作假的人，但却是一个十足的牛皮大王。"

也许，这句话还不够完整，也不够具体。准确地说，他们都是天之骄子，如此才会来到非洲。

意外的死亡威胁

在和平世界中，

劫难给人造成的心理伤害要比想象深得多。

古老的尼罗河，孕育着埃及人的生命，那样缓缓地被太阳的坚毅照射得金光灿灿，仿佛河面上镀了一层薄薄的金子。从布隆迪流经坦桑尼亚、卢旺达、乌干达、扎伊尔、苏丹、埃塞俄比亚，浩浩荡荡地流向埃及，最后流入地中海。蜿蜒的河道，高大的椰枣树，漂荡的小船，一切的美景就宛如一幅动态的油画。

他们驾驶飞机一路向北，途中的美景让玛丽如痴如醉，也拍摄了许多的照片。在看见尼罗河之后，他们就开始沿着维多利亚尼罗河朝东迂回继续向前，只为让玛丽拍摄到壮丽宏伟的墨奇逊大瀑布。身处在美丽大自然之中的他们，丝毫没意识到，一场死亡威胁正在向他们慢慢逼近。

飞机在瀑布的上空盘旋了三圈，可依旧没能找到最佳的拍照位置。就在这时，一群朱鹭突然从飞机前面掠过。为了不与鸟群相撞，驾驶员罗伊慌忙地调回机头，不想电线却缠住了螺旋桨，并且猛烈地击中了飞机的尾部，顿时，飞机失去了平衡，只能就近寻找一个可以临时降落的场地。如此，他们便第一次踏上了乌干达的土地。

飞机的意外事故让海明威一行人在乌干达迫降。这个陌生的地方让玛丽感到害怕，但这个时候他们最需要的就是沉着冷静，等待时机求救。

幸运的是，这个时机很快就到了。

第二天，海明威正在捡柴的时候，不经意地抬头一看，一条白色的船只正在向他们这里驶来。于是，乘着这条船，海明威来到了阿尔伯特湖，然后又沿着东海岸到达了布提亚巴。搜寻人员为他们安排了一架12个座位的飞机，准备送他们前往安提贝。

不得不说，那架飞机还是不错的，只可惜跑道实在是太糟了。本应该平坦的跑道如今看起来就像是犁过的田地一样凹凸不平。不得已，海明威一行人勉强地上了飞机。

飞机马达发出了震耳欲聋的摩擦声，只起飞了一小会儿，便摔了下来，一动不动了。一瞬间，火苗蹿了起来，慢慢地燃烧到了玛丽座位的窗口外面。惊慌失措的玛丽立刻解开安全带，寻找左舷的出口处，可偏偏出口处的门关着，无论怎样都打不开。马斯和罗伊只能将上面的玻璃打碎，与玛丽一同从小窗口爬了出来。

就在几天前，他们已经经历了一场飞机坠落事故，没想到几天之后的得救，带来的依旧是一场飞机事故。接连两次的意外，让海明威心有余悸，但好在他们幸免于难。

不过，他们虽然捡回来一条命，但却都不同程度地受了伤。海明威的头被撞破了，出了很多血，左耳后也在滴着血水；玛丽的膝盖被撞伤了，十分疼痛，还影响到了她的行动，让她在走路的时候一瘸一拐的。遭受了如此的事故，海明威夫妇的身体已经伤痕累累，只能随着警察威廉斯和他的妻子来到马辛迪市镇去休养治疗。

为了不让家里人担心，玛丽在来到马辛迪市镇的第二天就给父母打了一份电报，报了平安。但海明威的的确确受到了死亡的威胁。他脑震荡、左眼有偶发性失明、脾脏积肾失调、左耳听不见、肝脏破裂、脊椎骨破裂、右臂和右肩扭伤、左腿扭伤、括约肌失去知觉，甚至他的脸部、头部和手臂都是一级烧伤。

尽管海明威的身体多处都受到了飞机坠落事故的伤害，但幸运的是没有进一步恶化。面对死亡的威胁，海明威还曾写信对安娜说，如果自己真的死了，那么他唯一的遗愿就是她能伤心，其他的朋友能感到悲哀。

也许是自我安慰，也许是逞强。但事实上，这两次的死里逃生还是让海明威感到无比的惊恐与后怕，更让人心惊胆战的是，死亡威胁并没有因此而停止。

就在西摩尼以北的海滩上，建好了迎接海明威和罗伊的营地，帕特里克和亨尼以帕西维尔都在那里。因为身上有伤，海明威行动起来十分不便。可也就是在这个时候，营地附近燃起了大火，其他人都去游玩、钓鱼了，只剩下海明威一人，他奋不顾身地去参加扑灭林火，但因为身体的原因，没有多久就掉进了火堆里。

当人们将海明威救出来的时候，只见他的衣服还在冒着烟，本就行动不便的他，脚步更加踉跄，腿部、腹部、胸部和腰部也都不同程度的烧伤了，左臂和右臂的烧伤情况更是严重。突然受到了这样的烧伤，海明威只好留在渔船上，等待“非洲”号轮船去威尼斯。

也许是前几次的意外事故让海明威惊魂未定，他思想上也留下了阴影。就在西班牙马德里停留期间，海明威专门找到了医生，进行了一次全面的体检。医生叮嘱他要多注意休息，控制饮食，并且还要求他尽量少饮酒。对于体检的结果，让他安心了不少，而医生的嘱咐，海明威也尽可能地去遵守。

他会吃得很少，也会减少自己的工作量，每天除了看书，就是打盹或者眺望大海，他也会适当地做些锻炼，或是到游泳馆去游泳。劫难之后的生活，却是如此的安逸平静，似乎，一切的不幸都即将过去。

不管生活是怎样，不管自己曾经是否去过乌干达，在海明威的心中，自己是并不愿意扮演“李尔王”的。虽然他刚刚死里逃生，虽然他的身体还没有完全康复，虽然他刚从非洲回来，但彼时的海明威已经开始怀念非洲的草原与山林了。

问鼎诺贝尔

成功并不能用地位来衡量，

而是依据他在过程中，到底克服了多少困难和障碍。

浩瀚世界上，没有任何一种胭脂能够涂抹时间，没有任何一件衣服能够掩饰灵魂，也没有任何一种古册能够填补空虚。

每一天的黎明，都代表着崭新的开始。时光匆匆，它不会为了哪一个人停下或者放慢自己的脚步，因为流逝就是岁月的使命。美好年华是如此的宝贵，只有知道自己想要什么，该做什么，才能与这样的宝贵彼此平衡。

对于海明威这样的作家来说，名誉只是写作生涯的一部分，他更想要的，也更重要的则是让自己的作品流芳百世。显然，海明威所出的书已经不少了，但这不是终点，他还要继续将那些望尘莫及的东西用自己的文字表达出来，让它们看得清、摸得着，要让它们顺其自然、合情合理，从而，让人们有如获至宝的感觉。

此时此刻，外界已经谣言四起，称海明威已经获得了诺贝尔文学奖。对于这样的言语，海明威自己也表示怀疑，不过他却在猜想，如果自己真的能获得诺贝尔，那么就能拥有一笔不需要纳税的奖金，倘若真的如此，他就会去买一架一八零型的飞机，再置一些不动产。

半真半假的谣言让人们心生猜疑，也满足不了人们的好奇心。不过很快，这样的谣言就被证实了。

十月金秋，朗哈姆将军从欧洲返回到了美国，由于长期患有疝气症，他决定到医院接受治疗，摆脱痛苦。也就是在住院期间，朗哈姆接到了一个电话，那熟悉的声音只要一听，便知道是海明威。电话里，海明威告诉了他一个好消息——他已经得到了从瑞典寄来的 3.5 万元奖金。但高兴的同时，海明威却在为怎样发表演说而感到苦恼。

10 月 28 日，正式宣布海明威获得诺贝尔文学奖的一天到来了，而让海明威苦恼的事情也随着庆祝会而降临。

在座无虚席的芬卡庆祝会上，哈威·布莱特从纽约打来电话，要求与海明威对话。

“请告诉我，在 1901 年设立诺贝尔文学奖之前的作家中，你最愿意把你的奖让给谁?”哈威·布莱特问道。

只见海明威毫不犹豫回答道：“作为诺贝尔文学奖获得者，我感到十分遗憾的是，就美国而言，马克·吐温和亨利·詹姆斯都没有获得这项奖。一些比他们更著名的作家也没获得这项奖。如果这项奖能授给艾萨克迪尼生和伯那德·伯伦森，那我就很高兴，因为他们都致力于以绘画为题材的创作上；如果这项奖能授予卡尔桑德波格，那我是再高兴也没有了……我非常尊重瑞典科学院的决定，并引以为荣。因此，我本不应发表这一类的意见和看法。不过，无论是谁获得这种荣誉，谁都应该特别谦虚。”

这样的回答让布莱特十分满意，海明威也如释重负，心底的那块石头总算是落了地。

这一次的诺贝尔文学奖给海明威带来了荣誉，带来了金钱，同样也带来了烦恼。为了这件事，他不得不暂停自己的写作，自己的私人生活也受到了打扰，还必须去参加自己本就厌烦的社交活动。

11 月份，海明威接到了美国驻瑞典大使馆的来信，信中表明，美国大使从报纸上了解到海明威的身体欠佳，如果不能亲自来瑞典领奖，美国大使将代替他领奖。不过，诺贝尔基金会主席斯坦尔表示，即便是海明威不能够亲自到来，也希望他能够写一篇演说稿，以便在会上宣读。

不用去瑞典，不用去面对媒体，不用去面对公众社交，海明威自然是乐意的。于是，他应信中的要求，写了下面这篇演说词。

瑞典科学院全体成员，先生们，女士们：

我不善于辞令，也没有多少话可说。谨衷心感谢阿尔弗雷德·诺贝尔委员会诸位委员们如此慷慨地授予我这一奖励。凡是知道比自己更著名的作家没有机会获得此项奖励的作家，一定会怀着十分谦恭的心情来接受此项嘉奖的。关于这些伟大的作家的姓名，我想，在此不必一一列举，因为与会的人都可以根据自己所知和良心列出他们的姓名来。同时也不可能要求我国的大使先生在会上宣读一篇能充分表达一个作家内心所要说的话的讲稿。

一个人所写的东西不一定能立刻被别人领会清楚，但有时候是可以做到的。不过最终是会十分清楚的。根据这种情况和作家自身所具备的才能，他或者流芳百世或者昙花一现。尽管人们能为写作列举许多优点，但它终归是一种孤独寂寞的生活。

有人试着把作家组织起来以减轻他们寂寞之感。我觉得那样不一定能提高写作质量。一个作家是处于集体社会之中，还是过着孤独生活，他的作品的质量常常随之受到影响。由于作家是单独地进行工作，因此，如果是一位出色的作家，他就必须面对永恒，否则每天都会走下坡路。

对于一个真正的作家来说，每写完一本书只是标志着他要写出更高水平的书的开始。作家应该写他从未写过或别人写过而失败了的东西。这样有朝一日，机会到了，他就会成功。如果文学作品只是把人家的名作用另一种方法重新写过，那是太容易不过了，因为在我们前头已有很多伟大的作家，他可以不要别人帮助，任取所需。

作为一个作家，我已经说得太多了。作家只写出他所要说的话，而不是去讲他所写的东西。请允许我再次表示感谢。

诺贝尔文学奖带来的风潮一直刮到了 1955 年的中旬。颁奖之后的半年里，海明威都饱受来访者的痛苦折磨。为了这一笔从瑞典来的奖金，海明威真真实实是喜忧参半，烦恼不已。

光环背后，总有些常人不会遭遇的麻烦。这是名利的代价，也是生命的必然馈赠。

病痛折磨肉体

肉体的折磨，

有时是一种精神的解放。

一年又一年，再美的景色也抵不过时间的流逝，那一去不复返的决绝，让人们的心中徒生无限的悲凉。

送走了 1955 年，迎来了 1956 年。这个时候的海明威因为血液里的红血球数急剧降低，已经是卧床不起了，可偏偏玛丽这个时候也闹起了贫血。到了 5 月底的时候，海明威的体重已经下降到 217 磅，他计划在家里待上一段时间来休息调养，尽量让生活过得愉快一些。

三个月之后，海明威有了新的想法，那就是去欧洲旅游，他希望换一个环境，去看一看不同的城市美景，这样心情就会跟着变好，自己与玛丽的病也会因此而得到改善。

于是，海明威夫妇登上了“法国之岛”号邮轮，开始了又一次的起航。

秋季的西班牙，最重大的事件就是彼拉狂欢节，从 10 月 12 日开始，连续四天都会有举行庆祝活动和斗牛表演。这段时间里，海明威除了喝酒外，就是下午去看斗牛表演。看到激烈场面的时候，他也会跟着激动不已，海明威会和在场的每一个观众一样，起立欢呼，鼓掌喝彩。很多观众认出了他就是作家海明威，纷纷拿出门票请他签字留念。

对于几年前在非洲的狩猎时光，海明威感到留恋怀念，一颗心再次飞到了美丽的丛林草原。于是，海明威买了去蒙巴塞的船票，计划到非洲去旅行。

一切都安排妥当，可谁知，埃及总统下令关闭了苏伊士运河，麻烦也就接踵而来了。苏伊士运河不能通行，他们乘坐的轮船只能绕道好望角，这样一来，就要多浪费好几个星期才能到达。

与这相比，更让人担忧的还是海明威的身体状况，他的眼眶不断肿大，鼻子也会时常地出血。经过医生的检查，发现海明威的血压在逐渐升高，胆固醇指数达到了380，已经属于危险的程度，而且动脉周围也有发炎的迹象，肝功能也不是很正常。

这样糟糕的身体根本就不适合去非洲，但海明威却不以为然，不过他的身体状况的的确确是每况愈下。在11月30日那一天，海明威请来了路易斯·施瓦兹医生为自己诊病。

事后，路易斯·施瓦兹回忆道："我去海明威家那天，天气晴朗。路上一想到我即将见到一位我所敬佩的人，我感到欢欣鼓舞。一到海明威的住房，只见入口处放着一口大箱子。海明威躺在床上，一见我就微笑着欢迎我。看到他那杂乱的白色短胡子，我原来紧张的心情顿时缓和了下来。海明威踌躇了一下，然后小声地对我讲起他的病史。海明威夫人坐在一旁不时地更正海明威所说的话。他像个很听话的小孩子一样，完全听从我给他规定的治疗要求，没有半句怨言，认真合作。我每星期去看他一次，连续一个月。"

有时候，玛丽会带着海明威外出运动，或是到奥蒂尔去散步，或是过河去逛书店，或是去练习射击。也有些时候，弗朗科斯索摩带他到阿丹斯的树林里打野猪。生活就是这样，一直到了1月隆冬，海明威夫妇乘坐"法国之岛"号返回美国。

1957 年的春天，是海明威忧郁的季节。因为患有慢性肝病，所以不能喝酒实在是让他难受。然而，这还只是一个开始，这一年对于海明威来说，仿佛事事都不如意。

9 月份，海明威和玛丽去了纽约休假，可是结果却让人失望透顶。海明威总是隐隐地觉得，这个城市发生了一些奇怪的变化，变得没有以前那般吸引人了，可却说不上是哪里出了差错。总之，这是让人奇怪的感觉。

恼人的痛苦一个接着一个。新年的前夕，玛丽的母亲因病去世了；古巴的天气也是反常的恶劣；从西部来袭的暴风雨不断侵袭，让海里的鱼消失得不见踪影；三藩市的印第安人出现了失业和饥饿的情况。似乎一切都是那么的悲观，也让海明威陷入了精神上的痛苦，悲哀和落寞让他不知道自己该何去何从。

不过，作家依旧还是要写书创作的。从 1957 年的秋季到 1958 年的夏天，海明威一如既往地写了一本新书，是关于 1921 年到 1926 年的巴黎生活。新书的开始就是他与费兹吉拉德的友谊。

然而，此时海明威的记忆力已经大不如从前了，那些人或者地名他已经记不起来到底是叫什么，但他却有着深切的爱，这是不变的。他爱巴黎的街道和树木，爱哈德莉和他的儿子，爱那汩汩流淌的清澈河水，爱那里清新爽朗的冬天。

海明威在没有写短篇故事的时候，就会重写之前的那部《伊甸园》。但海明威十分清楚，那本讲述巴黎生活的书必须要先出版。对于埃日拉·庞德的故事，可谓是又出彩又幽默，是一个不折不扣的亮点。

不得不说，这篇文章写得很及时。因为 4 月 18 日，庞德案件终于有了最终的结果，熬过了 13 年的监禁生活，庞德终于得到澄清，也已经获释了。重获自由的他与女儿一起住在意大利米拉诺的施奇洛斯。

或许，我们能够理解海明威身体状况的改变，或许，海明威也意识到了，所以才花了将近两年的时间来治疗自己的病。对于他身体的状况，亟待解决的就是胆固醇偏高的问题。不过，曾经发炎的动脉，如今已经趋于正常了，而血压也有所降低，飙升的体重也降到了 207 磅。治疗时间最长的还是肝脏，直到 9 月份才治好。

这样的好转让玛丽欣喜若狂，激动的她一度认为海明威的脑力和身体回复到了飞机坠落事故之前的状态，不过显然，玛丽有些过分乐观了，但这样的乐观还是让人有所期待的。

精神矍铄的花甲老人

无论发生什么事，

勇敢且愉快地接受人生，安静地微笑着。

生命中的悲欢离合，是我们不能避免的，就像那天上的月亮，有完满的时候，就有缺损的时候，亦如那奔腾的海水，有涨潮的时候，就会有退潮的时候。

流年总是那样的公正，从不会对某一个人分外照顾，岁月的河如海流，只能匆匆向前，不肯退后半分。流年中的海明威已经不再是一个毛头小伙子，如今，他从 59 岁迈向了花甲之年。

此时的海明威感到了前所未有的焦虑，因为生命中剩下的时光在一天天地减少。而焦虑中，他又禁不住向往西部山地的清新。有些时候，我们就应该做自己想做的，跟随着自己的心走，不要顾忌太多，才能得到意外的快乐。

如此，海明威约上了贝蒂和奥托布鲁斯，想要一同前往利伊德阿诺尔德在凯特丘姆的出租房。让人想不到的是，玛丽和贝蒂早已经先去芝加哥，在那里等他们的到来。

海明威一行人来到了凯特丘姆，受到了那里朋友的热情款待。就在那里，海明威等待着狩猎季节的到来。自从上一次在非洲发生了飞机坠落事故之后，海明威就再也没有打过飞鸟。随着身体的逐渐恢复，现在的海明威反应还算比较灵敏，眼力也比之前好一些。

等到了感恩节，海明威已经打了 18 只绿头雄鸭，虽然这是飞禽最多的季节，但海明威还是没有想到这里会有如此多的野鸡和鹧鸪，而且又嫩又肥。

对于在凯特丘姆这样的“家庭生活”，海明威感到十分满意。但与此同时，古巴的形势却让人担忧，海明威在时刻担心着吉巴内战会蔓延到他所在的那个岛屿。

不过，这样的担心显得有些杞人忧天了。因为 1 月初的时候，卡斯特罗领导的军队攻占了首都哈瓦那，曾经执政的巴底斯达也逃亡到了特鲁基罗。这让海明威松了一口气，那颗悬着的心也安稳了下来。

和古巴的转变一样，海明威的身体也有了明显的好转。他的肾病和肝病以及血压与胆固醇都恢复得很好，达到了正常的状态。身体上的健康也让海明威的心情变得明朗欢快，往日燥热的夏天在海明威的眼中也变得美好无瑕，充满着喜悦与轻松，仿佛此时的海明威就是一个十几岁的孩子，热情洋溢。

又一年的 3 月初春，海明威与朋友离开了凯特丘姆，来到了新奥尔良。在此返回了基威斯特岛，而后，改乘飞机返回到了哈瓦那。

在家里小住的这段期间，一切都如往日般安宁，但戏剧作家坦尼西威廉斯的到来，却给海明威的平静生活带来了一个小小的插曲。因为他同海明威的谈话，预示了这个盛夏会有不祥的事情发生。

5 月，海明威同玛丽来到了康绍拉，然后，又出发去了马德里观看斗牛表演。这一次的旅行，海明威夫妇住在了市中心的一家新开的旅店，这里的服务人员把他们当作贵宾一样招待。纵使海明威在某些方面有些不满意，但对于公众还是喜欢的，因为他知道，自己在这里是个受人敬仰的白发老人。

5 月的天气就像是小孩子的脸，说变就变。5 月末的最后几日，上天像是生气了一般，不见好天气，而玛丽又偏偏在这个时候感冒发烧，是不可能再陪海明威去看斗牛比赛了。为了每一次的斗牛赛，他们都要坐上汽车走很远很远的路，这样的颠簸实在是让玛丽吃不消，但海明威却是兴致勃勃，乐此不疲。

狂欢节的时候，海明威去了郊外野餐，还去了依拉迪柯游泳。这个美丽的地方是海明威无意间发现的，风景宜人，让人沉醉。海明威很怕这样的美景会像其他地方一样因为遭受破坏而消失不见。

不过，多年后再次来到这里，却依旧如古老悠远的丛林一样完好存在。山坡下依旧长着一片原始的苔藓，山毛榉也依旧绿荫葱葱，让海明威安慰不已。

花甲之年的生日很快到来，恰巧海明威寿辰那天，也是卡曼奥涅兹的 30 岁生日。为了让海明威有一个别样的回忆，玛丽精心筹备了庆祝会，因此还在康苏拉市多住了一个月。

喜庆和热闹成为了庆祝会的主题，但在欢声笑语中却隐藏着一丝丝的危险和哀伤。原本已经逐渐康复的海明威，肾病再一次复发，因此也请来了赛维尔医生。

也许是因为治疗的缘故，海明威的卧室里会摆放许多用来化验的盛着小便的玻璃瓶，而海明威本人也连续好几天有些行为失常，常常会有一些出人意料的表现。

就像是对玛丽，面对妻子尽其所能准备生日庆祝会，悉心照料他的生活起居，海明威都会毫不在意，熟视无睹，甚至他还会抱怨玛丽把所有的钱都花在了庆祝会上。但事实上，筹办庆祝会所需的钱大部分都是玛丽给《体育报》写稿得到的稿费，并没有花家里的钱。

有时海明威还会嘲笑玛丽的脚。因为在郊外野餐的时候，玛丽不小心伤了自己的脚，所以行动有些不便，会跛着脚走路，无可救药的海明威还强迫赛维尔医生公开表示说明玛丽的脚并没有受伤。这样的做法有些让人不能容忍，但对于朋友的相劝，海明威却一意孤行，不愿接受。

事到如今，海明威不得不闷闷不乐地承认，这一次的西班牙之旅将他折磨得够呛，也证明了此前花甲之年的不幸命运的预测。因为是年事已高，海明威变得十分敏感，也十分紧张。但他却并不认为这是高龄给自己带来的烦恼。相反地，头发花白的海明威仍然认为自己很年轻，仍然是精神矍铄，仍然可以谈笑风生。

也许，骨子里的海明威希望自己可以返老还童，希望时间可以静止，但这只是美好的希望。时间不会因为某些人的意愿而真的暂停，我们也不能认为自己就是那个独一无二的宠儿，对于那些无可奈何的事，只希望心中的那份美好会亘古不变。

震惊世界的枪声

与其在恐惧中等待死亡，

不如勇敢地面对。

对于狩猎，海明威似乎上瘾了。他享受那种胜利的喜悦，喜欢那种主宰的感觉，他喜欢刺激、喜欢野性、喜欢自然。可是，狩猎在给海明威带来愉悦的同时，也给他带来了痛苦与烦恼。

那一年的深秋，海明威同玛丽和乔治·赛维尔外出打猎。由于没有站稳，玛丽脚踩的圆木松动了，失去平衡的玛丽一下子摔在了结冰的地面上。这一摔可不轻，玛丽的左手肘骨当即断裂。

赛维尔花费了两个小时才把她的左臂包扎固定好。这样突如其来的不幸让海明威感到头疼、苦恼，他开始抱怨计划好的狩猎度假被打乱。

海明威的61岁生日悄无声息地过去了，与之前的花甲之年寿辰相比，可谓是天壤之别。虽然只是过去了一年，但海明威似乎苍老了许多，也改变了许多。他开始变得很少外出，没有重要的事更是不会出家门。

这样的海明威，让戴维斯夫妇感到诧异。如今的他，精神变得十分脆弱敏感，他开始猜疑，开始沮丧，也会恐惧和内疚，仿佛所有人类可能存在的情绪都会在他的身上出现，而且还是不断变换。

海明威会经常做噩梦，也会通宵不睡，度日如年很准确地形容了他现在的生活，每一天就像是一个24小时的梦魇。他会孤独，也会惧怕，想要融入大家，却会因为见到陌生人而紧张。曾经在西班牙他热爱的斗牛表演比赛，如今也再无吸引力，海明威甚至认为那是一种“腐化堕落，无关要紧的玩意儿”，那些参加斗牛表演或者比赛的人都是自私至极的。

秋季的9月，当刊登《危险的夏天》的第一篇连载文章的《生活》杂志到达海明威的手中时，当他看到了封面上那个笑容灿烂，露出牙齿的人像时，顿时吓得往后跳了一下，说道：“多么可怕的脸孔！”他不明白自己当初为什么会做了这样一个糟糕的决定，也不明白为什么事情会到了如此的地步，但他还是为这样的蠢事而感到羞辱和厌恶。

海明威是孤独的，是彷徨的，他需要有人陪伴，需要有人安慰。他一遍又一遍地在信中把玛丽叫“可怜的小宝贝”，他盼望玛丽能到自己这里来，能让自己不再孤单。

7月份的海明威同往日一样不出家门，整日整日地待在屋子里。担忧与焦虑充满了他的思绪，他为远在西班牙的瓦来担心，为在英国的霍特齐纳担心，为他在古巴的房子担心，为他的纳税金额担心，也为他自己的身体担心。这样的情绪压抑着海明威，让他忧心忡忡。

终于有一日，他担忧的心情像洪水一样爆发了，任谁也劝说不动，海明威就是想要去爱达荷看一看才安心。为了满足海明威的要求，只能设法送他搭上了开往爱达荷的火车。即便是这样，海明威的脸上也无半点笑容，似乎这样做并不能让他宽慰。

甚至还有更不可理解的事情发生，当海明威把汽车开回停车场的时候，不小心碰到了另一辆汽车。对此，海明威感到十分不安，时刻在担心会有警察来抓捕他。即便是他取下车牌交给了车主，即便车主告诉他车子刮伤得并不算严重，海明威依旧不能放心。

有时他还会对玛丽说，他们现在所住的房子即将被迫卖掉，因为他已经无法再承担房税。玛丽曾试图联系银行，用来证明他们还有足够的钱财来付税款。尽管这样，海明威还是不愿相信。

随着时间的流逝，海明威精神错乱的现象也越来越严重了。他还会担心联邦调查局因为移民签证问题而派人跟踪自己。到了 11 月的中旬，海明威邀请霍特齐纳到爱达荷，他自己会开车到火车站迎接他。就在回去的路上，海明威特别认真地对霍特齐纳说，现在联邦调查局的人正在跟踪他。

一年一度的感恩节即将到来，此时海明威的病情已经严重到了非住院不可的地步，他的忧郁情形愈来愈严重，行为也愈来愈不可理喻。医院的罗姆医生只好采用电疗法治疗海明威的疾病。经过了一段时间的治疗，除了偶尔的头疼和失语症之外，海明威还算是比较正常。

在住院期间，海明威还同医院的医生和护士交起了朋友，对他们大谈特谈自己在非洲的狩猎时光。

但对于那些曾经捕获的动物的名称，海明威却记不住了，急得直掉眼泪。玛丽和医生都知道，海明威的记忆力减退是源于电疗的副作用。然而，这样的治疗却没能将他的神经错乱彻底治好，眼看着海明威饱受着痛苦的折磨，作为妻子的玛丽却束手无策，只能默默流泪。

病情的再一次加重，让海明威有了自杀的念头。为了不让意外发生，玛丽将家里所有的枪都锁在了地下室，但海明威还是有两次企图自杀，无奈之余，玛丽将海明威留在了罗切斯特治疗，但受到惊吓的玛丽还是会感受到自杀威胁的存在。

就在那一个清晨，一个星期天的清晨，天空晴朗无云，亮灿灿地露出了湛蓝，同往日一样，海明威很早就已经醒来了。

起床后，海明威披上了一件大红色的“皇帝袍”，沿着楼梯缓缓地走下楼来。一抹阳光照在了宽敞的客厅中，留下了斑斑驳驳的光影。海明威明白，家里的那些枪支都被玛丽锁在了地下室里，但他却知道地下室的钥匙放在了厨房水槽上面的窗台上。于是，海明威拿了钥匙，轻手轻脚地走下了通往地下室的楼梯，悄悄地打开门锁。

开门的瞬间，一股潮湿的霉气迎面扑来。海明威挑选了一支双管猎枪，再从子弹匣里取出几颗子弹，重新把门锁好后才离开了地下室。

再次回到客厅，海明威看见窗外的太阳已是明媚高照，暖暖的阳光让人心生温情。越过客厅，海明威来到了耳房休息处，这是一间小巧得像一个神殿模样的房间，墙上的时钟“嘀嗒嘀嗒”地履行自己的职责，地板上镶嵌的花砖是如此的华丽洁净。

多年以来，海明威恪守着一个信条——活着，则应勇敢地活下去。但是，现在的他已经不再是原来的海明威了，因为曾经那个坚守的信条已经被另一句话语所取代：“面临死亡，则应勇敢地死去。”因为这句话，让海明威下定了决心，也坚定了自己的想法。

他用力地扣动扳机，让一声枪响结束了他辉煌的生命。内心汹涌的人，终是让黯淡了却了自己的灵魂，从此，世界上再没了那个敢于藐视一切的影子。

后记

作为20世纪美国最伟大的小说家，海明威那一枪，不仅打飞了自己大半个天灵盖，而且给整个美国，甚至全世界沉重的一击。人们忽然意识到，某种至关重要的东西骤然间从这个世界上消失了。海明威一死，他们自己的一生也仿佛黯然失色。人们痛不欲生，仿佛海明威“把我们的生命也给毁了。如今我也是个死人了”。

在《弗朗西斯·麦康伯短促快乐的生活》这个短篇中，海明威干脆让威尔逊借用莎士比亚的语言，直截了当地说：“我一点也不在乎，人只能死一回……反正今年死了的明年就不会再死。”他终于在暴力下经受住道德与勇敢的考验，他的死证实了他人格上的尊严，在这里笔者极力地歌颂了“硬汉子”不畏死亡、百折不挠的人生态度。

《赌徒、修女和收音机》中的赌徒挨了两枪，不但咬紧牙关一声不哼，还幽默诙谐地谈笑自如，显示出对死亡的“轻松”和“高雅”。

《五万元》中的拳击师忍住剧痛打倒了犯规的对手，破坏了一个双重骗局。这一个个血肉丰满的人物形象都是生活中的不幸者和失败者，但又都是精神上的强者和胜利者，这就是风靡欧美的所谓“硬汉子”性格。

海明威在创作上的一个突出特点，就是塑造了一个个有血有肉的、个性鲜明的人物形象。这些人物中大多是士兵、记者、斗牛士、猎人、渔夫、职业拳击家等，海明威用真诚的心去热爱他们，用简朴的笔墨去赞美他们。在他们身上，读者可以看到一群与众不同的“硬汉”性格的人物形象。海明威的主人公是他根据自己的亲身经历，经过艺术加工而创造出来的集中了他的所有特征的典型人物。海明威是个直觉论者，他认为艺术形象的生命和灵魂在于其高度的真实感。“作家的工作是说实话”，因而很强调凭直感写作，他的小说题材大多取自于个人经历和亲身感受。

“人可不是造出来给打垮的，可以消灭一个人，就是打不垮他。”这就是老渔夫圣地亚哥的做人准则和风度。他笔下的圣地亚哥也和自己一样，年轻时争强好胜。掰手腕时，为了胜过一位黑人大力士，他使出了全身的力气，终于以顽强的毅力使那黑人成了他的手下败将。

到了老年，他便失去了当年的锐气，而且运气很背，在海上打鱼时，接连 84 天打不到一条鱼。但他还要再出海打鱼，他必须证明自己是有技能和勇气的。在第 85 天，他终于侥幸捕获到一条硕大的马林鱼——自然界美好的东西的象征，但却被大群鲨鱼抢夺去了。

他进行着无望的搏斗，直到精疲力竭，一败涂地。在和鲨鱼的争夺战中失败了，最后他只能带着一副光秃秃的鱼骨架返回港口。固然老人的结局是悲剧性的，但我们在他的身上感觉不到什么悲观失望的伤感情调。

可见，在海明威的创作生涯中，年轻时的海明威笔下的“硬汉”形象是立于不败之地的勇士，反映的是年轻的海明威的朝气和一往无前的进取心。而晚年的海明威笔下的“硬汉”形象，则是饱经沧桑、屡受挫折但又不甘失败的精神上的胜利者。这在他晚年的小说《老人与海》中尤为突出。

《老人与海》中的圣地亚哥，是海明威的最后一位悲剧英雄，也是他一生塑造的“硬汉”性格的最后总结。